प्रभावी बातचीत का तुरंत एवं आसान तरीका

डेल कारनेगी

Om Books International

प्रथम संस्करण, 2025

Om Books International

ओम बुक्स इंटरनेशनल
कॉर्पोरेट एवं संपादकीय कार्यालय
ए-12, सेक्टर 64, नोएडा 201 301
उत्तर प्रदेश, भारत
फ़ोन : +91 120 477 4100
ईमेल : editorial@ombooks.com
वेबसाइट : www.ombooksinternational.com

विक्रय (सेल्स) कार्यालय
107, अंसारी रोड, दरियागंज
नई दिल्ली 110 002, भारत
फ़ोन : +91 11 4000 9000
ईमेल : sales@ombooks.com
वेबसाइट : www.ombooks.com

आईएसबीएन : 978-93-6395-835-7

भारत में मुद्रित
10 9 8 7 6 5 4 3 2 1

मैरीविले, मिसौरी में 24 नवंबर, 1888 को जन्मे डेल कारनेगी एक किसान के बेटे थे, जिन्होंने वॉरेंसबर्ग के स्टेट टीचर्स कॉलेज से अपनी शिक्षा पूरी की। एक विक्रय प्रतिनिधि के रूप में, कारनेगी ने बहुत समय तक आर्मर एंड कंपनी के लिए कार्य किया, उन्होंने लेक्चरर (व्याख्याता) बनने के अपने सपने को पूरा करने के लिए 1911 में विक्रय को छोड़ दिया। उन्होंने न्यूयॉर्क में अमेरिकन एकेडमी ऑफ़ ड्रामेटिक आर्ट्स में भी भाग लिया लेकिन एक अभिनेता के रूप में उन्हें ज़्यादा प्रसिद्धि नहीं मिली। एक लेखक के रूप में, उनकी कुछ प्रकाशित कृतियों में अब्राहम लिंकन की जीवनी, जिसका नाम *लिंकन द अननोन* है, स्वयं–सहायता पुस्तकें; जैसे– *हाउ टू विन फ्रेंड्स एंड इन्फ्लुएंस पीपल* एवं *हाउ टू स्टॉप वरीइंग एंड स्टार्ट लिविंग, लिटिल नोन फ़ैक्ट्स अबाउट वेल नोन पीपल,* आदि सम्मिलित हैं। उन्होंने सार्वजनिक भाषण की कला पर कई पुस्तकों का सह–लेखन भी किया है।

प्रतिभाशाली सार्वजनिक वक्ता उत्पन्न नहीं होते, बनाये जाते हैं। प्रभावी बातचीत का तुरंत एवं आसान तरीका (द *क्विक एंड इज़ी वे टू इफ़ेक्टिव स्पीकिंग*) पुस्तक आपको सार्वजनिक रूप से बोलने की कला में प्रसिद्धि प्राप्त करना सिखाती है।

विषय–सूची

भाग–I

प्रभावी बातचीत के मूलभूत सिद्धांत

भाग–II

प्रभावी बातचीत की तकनीकें

भाग–III

प्रत्येक बातचीत के तीन पहलू

भाग–IV

बातचीत करने के दो तरीके

भाग–I

प्रभावी बातचीत के मूलभूत सिद्धांत

1

प्रारंभिक कौशल अर्जित करना

सन् 1912 में मैंने सार्वजनिक भाषण की कक्षाएँ पढ़ाना शुरू किया, जिस वर्ष टाइटैनिक उत्तरी अटलांटिक के बर्फीले पानी में डूब गया था।

वर्षों से, इन कक्षाओं में, लोगों को यह बताने का अवसर दिया जाता है कि वे इस प्रशिक्षण से क्या प्राप्त करने की आशा रखते हैं। स्वाभाविक रूप से, शब्दों के प्रयोग पद्धति भिन्न–भिन्न होती है अर्थात् कहने का तरीका अलग–अलग होता है, परंतु अधिकांश विषयों में केंद्र एवं मूल इच्छा आश्चर्यजनक रूप से समान रहती है : "जब मुझे खड़ा होने और बोलने के लिए कहा जाता है, तो मैं इतना सकुचाता हूँ, इतना भयभीत हो जाता हूँ कि मैं स्पष्ट रूप से सोच–विचार भी नहीं कर पाता, ध्यान केंद्रित नहीं कर पाता, याद नहीं कर पाता कि मैं क्या कहना चाहता था। मैं आत्मविश्वास, संतुलन और अपने पैरों के बल खड़े होकर सोचने की क्षमता प्राप्त करना चाहता हूँ। मैं अपने विचारों को तार्किक क्रम में एक साथ लाना चाहता हूँ, मैं किसी व्यावसायिक या सामाजिक समूह के समक्ष स्पष्ट और आश्वस्त रूप से बात करने में सक्षम होना चाहता हूँ।"

क्या यह जाना–पहचाना लगता है? क्या आपने अपूर्णता की इन्हीं समान भावनाओं का अनुभव किया है? क्या आप सार्वजनिक रूप से दृढ़तापूर्वक और प्रभावी ढंग से बोलने की क्षमता प्राप्त करने के लिए एक छोटी सी कीमत चुकाने को तैयार हैं? प्रभावी ढंग से बोलने की क्षमता प्राप्त करने में आपकी रुचि का प्रमाण यह तथ्य है कि आपने इस पुस्तक के पृष्ठों को पढ़ना आरंभ कर दिया है।

मुझे पता है कि आप क्या कहने जा रहे हैं, या आप मुझसे बात कर पाते तो क्या कहते : ''लेकिन मिस्टर कारनेगी, क्या आपको सच में लगता है कि मैं आत्मविश्वास विकसित कर सकता हूँ ताकि मैं एक समूह के सामने खड़ा होकर स्पष्ट और धाराप्रवाह तरीके से उनसे बात कर सकूँ?''

मैंने अपने जीवन का अधिकांश समय लोगों को उनके डर से छुटकारा दिलाने और उनमें साहस और आत्मविश्वास पैदा करने में मदद करने में बिताया है। मेरी कक्षाओं में हुए चमत्कारों की कई कहानियाँ हैं, जिन्हें मैं किताबों में भर सकता हूँ। इसलिए यह सवाल नहीं है कि मैं क्या सोचता हूँ। मैं पक्के तौर पर जानता हूँ कि आप यह कर सकते हैं, अगर आप इस किताब में दिए गए सुझावों और निर्देशों का सही तरीके से अभ्यास करेंगे।

क्या ऐसा कोई कारण है कि आप दर्शकों के सामने खड़े होकर वैसे ही नहीं सोच सकते जैसे बैठकर सोचते हैं? क्या ऐसा कोई कारण है कि जब आप किसी सभा को संबोधित करने के लिए खड़े होते हैं, तो आपके पेट में घबराहट हो और आप काँपने लगें? आप जानते हैं कि इस स्थिति को बदला जा सकता है। प्रशिक्षण और अभ्यास से आप अपनी घबराहट को दूर कर सकते हैं और आत्मविश्वास हासिल कर सकते हैं।

यह पुस्तक आपको अपने लक्ष्य तक पहुँचने में मदद करेगी। यह कोई साधारण पढ़ने वाली पाठ्यपुस्तक नहीं है। इसमें बोलने के नियम या तकनीकें नहीं बताई गई हैं। इसमें सिर्फ यह बताया गया है कि कैसे आप अपनी बोलने की कला को सुधार सकते हैं। यह पुस्तक आपको वहीं से शुरू करने में मदद करती है, जहाँ आप अभी हैं, और धीरे–धीरे आपको बेहतर बनाती है। आपको बस इसमें दिए गए सुझावों को मानना है, हर बार जब आप बोलें तब उन्हें इस्तेमाल करना है, और लगातार कोशिश करनी है।

इस पुस्तक से सबसे ज्यादा लाभ उठाने और जल्दी से सीखने के लिए, ये चार महत्वपूर्ण सुझाव आपके लिए बहुत उपयोगी होंगे :

एक

दूसरों के अनुभव से प्रेरित हों

ऐसा कोई जीव नहीं है, बंधन में या बंधन से बाहर, जो जन्मजात सार्वजनिक वक्ता हो। इतिहास के उस दौर में जब सार्वजनिक भाषण एक परिष्कृत कला थी जिसमें वाक्पटुता के नियमों और प्रस्तुति की सूक्ष्मताओं पर बारीकी से ध्यान देने की माँग की गई थी, सार्वजनिक वक्ता के रूप में जन्म लेना और भी कठिन था। अब हम सार्वजनिक भाषण को एक प्रकार की विस्तृत बातचीत के रूप में जानते हैं। पुरानी भव्य आडम्बर युक्त शैली और ऊँची आवाज़ हमेशा के लिए गायब हो गई। हम अपनी रात्रिभोज की सभाओं में, अपनी चर्च सेवाओं में, अपने टी.वी. सेटों और रेडियो पर जो सुनना पसंद करते हैं, वह सीधा संवाद है, जो सामान्य ज्ञान पर आधारित हो और इस प्रस्ताव पर आधारित हो कि हम चाहते हैं कि वक्ता हमसे बातचीत करना पसंद करे, न कि हमारे विषय में।

इसके उपरांत भी कई स्कूली पाठ हमें विश्वास दिलाते हैं, सार्वजनिक भाषण कोई समाप्त होने वाली कला नहीं है, जिसमें वर्षों तक आवाज़ को बेहतर बनाने और वाक्पटुता के रहस्यों से संघर्ष के पश्चात् ही इसमें श्रेष्ठता प्राप्त की जा सकती है। मैंने अपना लगभग पूरा शिक्षण करियर लोगों को यह प्रमाणित करने में बिताया है कि सार्वजनिक रूप से बोलना सरल है, बशर्ते वे कुछ आसान, किंतु महत्वपूर्ण नियमों का पालन करें। सन् 1912 में जब मैंने न्यूयॉर्क शहर में 125वीं स्ट्रीट वाईएमसीए में अध्यापन कार्य आरंभ किया, तो मैं इसे उतना नहीं जानता था जितना मेरे पूर्व छात्र जानते थे। मैंने उन पहली कक्षाओं को लगभग वैसे ही पढ़ाया जैसे मुझे वॉरेंसबर्ग, मिसौरी में मेरे कॉलेज के वर्षों में पढ़ाया गया था। परंतु मुझे जल्द ही पता लग गया कि मैं गलत रास्ते पर था; मैं व्यवसाय जगत में वयस्कों को इस तरह सिखाने की कोशिश कर रहा था जैसे वे कॉलेज के नए छात्र हों। मैंने देखा कि वेबस्टर, बर्क, पिट और ओ'कॉनेल को अनुकरणीय उदाहरण के रूप में उपयोग करना बेकार है। मेरी कक्षाओं के सदस्यों को बस इतना साहस चाहिए था कि वे अपनी पिछली टाँगों पर खड़े होकर अपनी अगली व्यावसायिक बैठक में एक स्पष्ट, सुसंगत रिपोर्ट बना सकें। ज्यादा समय नहीं बीता था कि

मैंने पाठ्यपुस्तकें खिड़की से बाहर फेंक दीं, सीधे मंच पर पहुँच गया और कुछ सरल विचारों के साथ उन साथियों के साथ तब तक काम किया जब तक कि वे अपनी रिपोर्टें विश्वसनीय ढंग से नहीं दे पाए। यह कारगर रहा, क्योंकि वे और अधिक के लिए वापस आते रहे।

मैं चाहता हूँ कि आपको मेरे घर में या विश्व के विभिन्न भागों में स्थित मेरे प्रतिनिधियों के कार्यालयों में प्रशंसा पत्रों की फाइलों के पृष्ठों को पलटने का अवसर मिले। वे उन औद्योगिक नेताओं में से आते हैं जिनके नाम अक्सर द *न्यूयॉर्क टाइम्स* एवं द *वॉल स्ट्रीट जर्नल* के व्यावसायिक अनुभाग में उल्लिखित होते हैं, राज्यों के राज्यपालों और संसद के सदस्यों से, कॉलेज के अध्यक्षों से लेकर, और मनोरंजन जगत की प्रसिद्ध हस्तियों तक। इनमें घरेलू महिलाएँ, मंत्री, शिक्षक, युवा पुरुष और महिलाओं जैसे हज़ारों लोग हैं जिनके नाम अभी तक उनके अपने समुदायों में भी अच्छी तरह से ज्ञात नहीं हैं, अधिकारी और कार्यकारी प्रशिक्षु, मज़दूर, कुशल और अकुशल, संघ के पुरुष, कॉलेज के छात्र और व्यवसायी महिलाएँ हैं। इन सभी लोगों को आत्मविश्वास और सार्वजनिक रूप से स्वयं को भलीभांति व्यक्त करने की क्षमता की आवश्यकता महसूस हुई। वे दोनों उपलब्धियाँ प्राप्त करने के लिए इतने कृतज्ञ थे कि उन्होंने मुझे प्रशंसा पत्र लिखने के लिए समय निकाला।

मैंने जिन हज़ारों लोगों को पढ़ाया है, उनमें से एक उदाहरण मेरे मस्तिष्क में तब आता है जब मैं लिखता हूँ क्योंकि उस समय इसका मुझ पर बहुत बड़ा प्रभाव पड़ा था। कुछ वर्षों पहले, मेरे पाठ्यक्रम में सम्मिलित होने के तुरंत बाद, फिलाडेल्फिया के एक सफल व्यवसायी डी. डब्ल्यू. गेन्ट ने मुझे दोपहर के भोजन के लिए आमंत्रित किया। वह मेज की ओर झुकते हुए कहते हैं : "मिस्टर कारनेगी, मैंने विभिन्न सभाओं में बोलने के प्रत्येक अवसर को नजरअंदाज किया है, और कई बार ऐसा हुआ है। किंतु अब मैं कॉलेज ट्रस्टी बोर्ड का अध्यक्ष हूँ।

मुझे उनकी बैठकों की अध्यक्षता करनी चाहिए। क्या आपको लगता है कि जीवन के इन अंतिम क्षणों में मेरे लिए बोलना सीखना संभव हो पाएगा?"

मैंने उन्हें मेरी कक्षाओं के सदस्य रहे समान पदों वाले पुरुषों के साथ अपने अनुभव के आधार पर आश्वासन दिया कि, मेरे मन में कोई संदेह नहीं था कि वह सफल होंगे।

लगभग तीन साल बाद हम फिर से मैन्युफैक्चरर्स क्लब में लंच करने के लिए मिले। हमने उसी डाइनिंग रूम और उसी टेबल पर खाना खाया, जहाँ हम पहली बार मिले थे। पिछली बातचीत की याद दिलाते हुए मैंने उनसे पूछा कि क्या मेरी भविष्यवाणी सही साबित हुई थी। उन्होंने मुस्कुराते हुए अपनी जेब से एक लाल रंग की नोटबुक निकाली और मुझे आने वाले कई महीनों के भाषणों की सूची दिखाई। उन्होंने माना, "इन भाषणों को देने की क्षमता, इनसे मुझे मिलने वाली खुशी, और समुदाय में अतिरिक्त सेवा करने का मौका–ये मेरे जीवन की सबसे संतोषजनक चीजों में से हैं।"

किंतु वह सब नहीं था। गर्व की भावना के साथ, मिस्टर गेन्ट ने पुनः अपना इक्का चला। उनके चर्च समूह ने फिलाडेल्फिया में एक दीक्षांत समारोह को संबोधित करने के लिए इंग्लैंड के प्रधानमंत्री को आमंत्रित किया था। और अमेरिका की अपनी दुर्लभ यात्राओं में से एक पर, प्रतिष्ठित राजनेता का परिचय देने के लिए फिलाडेल्फिया के जिस व्यक्ति को चुना गया, वह कोई और नहीं बल्कि मिस्टर डी. डब्ल्यू. गेन्ट थे।

ये वह व्यक्ति थे, जिन्होंने तीन साल पहले उसी टेबल पर झुककर मुझसे पूछा था कि क्या मुझे लगता है कि वह कभी सार्वजनिक रूप से बोल पाएंगे!

मैंने अपने पाठ्यक्रमों में इसी तरह के हज़ारों चमत्कार होते देखे हैं। मैंने ऐसे पुरुषों और महिलाओं को देखा है जिनका जीवन इस प्रशिक्षण से बदल गया, उनमें से कई लोगों को अपने सपनों से कहीं अधिक पदोन्नति मिली या अपने व्यवसाय, पेशे और समुदाय में प्रमुख स्थान प्राप्त हुआ। कभी–कभी यह सही समय पर दिए गए एकल भाषण के माध्यम से किया गया है। मैं आपको मारियो लाजो की कहानी सुनाता हूँ।

कई वर्षों पहले, मुझे क्यूबा से एक पत्र प्राप्त हुआ जिसने मुझे आश्चर्यचकित कर दिया। मैंने इसे पढ़ा : "जब तक आप मुझे इसके विपरीत नहीं बताते, मैं भाषण देने का प्रशिक्षण लेने के लिए न्यूयॉर्क आ रहा हूँ।" इस पर हस्ताक्षर किया गया था : "मारियो लाजो।" वे कौन थे? मैं हैरान था! मैंने उनके बारे में पहले कभी नहीं सुना था।

जब मिस्टर लाजो न्यूयॉर्क पहुँचे, तो उन्होंने कहा : "हवाना कंट्री क्लब, संस्थापक का पचासवाँ जन्मदिन मनाने जा रहा है; शाम को मुझे, उन्हें एक

चाँदी का कप भेंट करने और मुख्य भाषण देने के लिए आमंत्रित किया गया है। हालाँकि मैं एक अधिवक्ता (वकील) हूँ, मैंने अपने जीवन में कभी भी सार्वजनिक भाषण नहीं दिया है। मैं बोलने के विचार से ही भयभीत हो जाता हूँ। यदि मैं इसमें असफल रहा, तो यह मेरी पत्नी और मेरे लिए सामाजिक रूप से बहुत शर्मनाक होगा और, इसके अतिरिक्त, इससे मेरे ग्राहकों के मध्य मेरा सम्मान कम हो जाएगा। यही कारण है कि मैं आपसे सहायता लेने हेतु क्यूबा से आया हूँ। मैं केवल तीन सप्ताह ही रूक सकता हूँ।''

उन तीन सप्ताहों के बीच, मैंने मारियो लाजो को एक कक्षा से दूसरी कक्षा में जाकर रात में तीन या चार बार बातचीत करते हुए देखा। तीन सप्ताहों के बाद, उसने हवाना कंट्री क्लब में विशिष्ट सभा को संबोधित किया। उनका संबोधन इतना आकर्षक था कि टाइम पत्रिका ने इसे विदेशी समाचारों के मुख्य शीर्षक के तहत पेश किया और मारियो लाजो को ''रजत–भाषी वक्ता'' के रूप में वर्णित किया।

यह ध्वनि चमत्कार जैसी लगती है, है ना? यह एक चमत्कार है–भय पर विजय पाने का बीसवीं सदी का चमत्कार।

दो

अपने उद्देश्य पर ध्यान दें

जब मिस्टर गेन्ट ने सार्वजनिक रूप से बोलने में अपनी कुशलता से प्राप्त नवीन प्रसन्नता के विषय में बातचीत की, तो उन्होंने उस बात को स्पर्श किया जो मेरा मानना है कि (किसी भी अन्य कारक से अधिक) उनकी सफलता में योगदान दिया है। यह सच है कि उन्होंने निर्देशों का पालन किया और ईमानदारी से कार्य किया। किंतु मुझे विश्वास है कि उन्होंने ये चीजें इसलिए कीं। क्योंकि वह ऐसा करना चाहते थे, और वह ऐसा इसलिए करना चाहते थे क्योंकि वह स्वयं को एक सफल वक्ता के रूप में देखते थे। उन्होंने स्वयं को भविष्य में अनुमानित किया और पुनः उस अनुमान को वास्तविकता में परिवर्तित करने की दिशा में कार्य किया। तुम्हें बिल्कुल यही करना चाहिए।

अपना ध्यान इस विषय पर केंद्रित करें कि आत्मविश्वास और अधिक प्रभावी ढंग से बातचीत करने की योग्यता, आपके लिए क्या महत्व रखती

है। सामाजिक रूप से आपके लिए इसका क्या महत्व हो सकता है, इससे आपके मित्र क्या बनेंगे, आपके नागरिक, सामाजिक एवं चर्च समूह में सेवा करने की अपनी विस्तृत योग्यता के विषय में विचार करें कि आप अपने व्यवसाय में क्या प्रभाव डाल पाएँगे। निष्कर्षतः, यह आपको नेतृत्व के लिए तैयार करेगा।

"स्पीच एंड लीडरशिप इन बिजनेस" शीर्षक वाले एक लेख में, नेशनल कैश रजिस्टर कंपनी के चेयरमैन और यूनेस्को के चेयरमैन, एस. सी. एलीन ने *क्वार्टरली जर्नल ऑफ स्पीच* में लिखा : "हमारे व्यापार के इतिहास में, कई लोगों ने मंच पर अच्छा प्रदर्शन करके स्वयं पर ध्यान आकर्षित किया है। कई साल पहले, कंसास में एक छोटे शाखा प्रबंधक ने एक असामान्य भाषण दिया, और आज वह हमारे सेल्स के उपाध्यक्ष हैं।" मुझे पता है कि यह उपाध्यक्ष अब नेशनल कैश रजिस्टर कंपनी के अध्यक्ष बन गए हैं।

अपने पैरों के बल खड़े होकर बोलने की योग्यता आपको कितनी दूर तक ले जाएगी, इसका कोई पारावार नहीं है। हमारे स्नातकों में से एक, सर्वो कॉर्पोरेशन ऑफ़ अमेरिका के अध्यक्ष, हेनरी ब्लैकस्टोन कहते हैं, "दूसरों के साथ प्रभावी ढंग से बातचीत करने और उनका सहयोग प्राप्त करने की क्षमता एक ऐसी संपत्ति है जिसे हम शीर्ष पर जाने वाले पुरुषों में पाते हैं।"

उस संतुष्टि और प्रसन्नता के विषय में विचार करें जो आपको तब प्राप्त होगी जब आप खड़े होंगे और आत्मविश्वास से अपने विचारों और अनुभवों को अपने दर्शकों के मध्य व्यक्त करेंगे। मैंने कई बार विश्वभर की यात्रा की है, किंतु मैं कुछ ऐसी चीजों के विषय में जानता हूँ जो बोले गए शब्द की शक्ति से दर्शकों को बाँधे रखने से ज्यादा प्रसन्नता प्रदान करती हैं। इससे आपको ताकत और शक्ति का एहसास होता है। मेरे एक पूर्व छात्र ने कहा, "शुरू करने से दो मिनट पहले, मुझे ऐसा लगता है जैसे कोई मुझे मार रहा हो; लेकिन खत्म करने से दो मिनट पहले, मुझे ऐसा लगता है जैसे कोई मुझे रोक रहा हो।"

जिन दर्शकों को संबोधित करने के लिए आपको बुलाया जा सकता है, उनके समक्ष स्वयं की कल्पना करना अभी से प्रारंभ करें। स्वयं को आत्मविश्वास के साथ आगे बढ़ते हुए देखें, जैसे ही आप शुरूआत करें

तो सभागार में होने वाली शांति को सुनें, जब आप एक के बाद एक बिंदु पर सभा की ओर बढ़ते रहते हैं तो दर्शकों की ध्यानमग्नता को महसूस करें, जब आप मंच छोड़ते हैं तो तालियों की गड़गड़ाहट को महसूस करें और शब्दों को सुनें, सभा समाप्ति पर दर्शकों में से अलग–अलग सदस्यों द्वारा आपका स्वागत एवं सराहना की जाती है। विश्वास कीजिए, यह एक जादू है और कभी न विस्मित होने वाली उत्तेजना है।

विलियम जेम्स, हार्वर्ड के मनोविज्ञान के सबसे विख्यात प्रोफेसर, ने छह वाक्य लिखे जो आपके जीवन पर गहरा प्रभाव डाल सकते हैं, छह वाक्य जो अलीबाबा के साहस के खजाने की गुफा के खुल जा सिमसिम की तरह हैं : "अधिकतर किसी भी विषय में, विषय के प्रति आपकी दीवानगी आपको बचा लेगी। यदि आप किसी परिणाम पर ठीक से विश्वास करते हैं, तो आप निश्चित रूप से उसे प्राप्त करेंगे। यदि आप श्रेष्ठ बनना चाहते हैं, तो आप सर्वश्रेष्ठ होंगे। यदि आप धनवान बनना चाहते हैं, तो आप धनवान होंगे। यदि आप विद्वान बनना चाहते हैं, तो आप विद्वान बन जाएँगे। केवल तभी आपको असल में इन चीजों की इच्छा करनी चाहिए एवं उन्हें विशिष्टता के साथ प्राप्त करना चाहिए अथवा सौ अन्य असंगत चीजों की उतनी ही दृढ़ता से चाह नहीं रखनी चाहिए।".

समूहों में प्रभावी ढंग से बोलना सीखने से केवल औपचारिक सार्वजनिक भाषण देने की योग्यता के साथ–साथ अन्य लाभ भी प्राप्त होते हैं। असल में, यदि आपने अपने जीवन में कभी औपचारिक रूप से सार्वजनिक भाषण नहीं दिया है, तो इस प्रशिक्षण से प्राप्त होने वाले लाभ कई गुना हैं। एक बात के लिए, सार्वजनिक बोलने का प्रशिक्षण आत्मविश्वास का राजकीय मार्ग है। एक बार जब आपको यह महसूस हो जाए कि आप खड़े हो सकते हैं और लोगों के समूह के मध्य समझदारी से बातचीत कर सकते हैं, तो यह मान लेना तर्कसंगत है कि आप अधिक आत्मविश्वास और आश्वासन के साथ व्यक्तियों से बातचीत कर सकते हैं। कई पुरुषों और महिलाओं ने प्रभावी बातचीत में मेरा कोर्स मुख्य रूप से इसलिए लिया क्योंकि वे सामाजिक समूहों में शर्मीले और संकोची थे। जब उन्होंने पाया कि वे छत गिरे बिना अपने पैरों पर खड़े होकर अपने साथी वर्ग के सदस्यों से बातचीत करने में सक्षम हैं, तो वे आत्म–चेतना की हास्यास्पदता से जागरूक हो गए। वे दूसरों को प्रभावित करने लगे,

अपने परिवारों, मित्रों, व्यापारिक सहयोगियों, ग्राहकों और क्लाइंट्स को प्रभावित करना प्रारंभ कर दिया। मिस्टर गुडरिच जैसे हमारे कई स्नातक, अपने आस–पास के लोगों के व्यक्तित्व में उल्लेखनीय परिवर्तन के कारण इस पाठ्यक्रम को लेने के लिए तैयार हुए।

इस प्रकार का प्रशिक्षण व्यक्तित्व को उन तरीकों से भी प्रभावित करता है, जो तुरंत दिखाई नहीं देते। कुछ समय पहले, मैंने अटलांटिक सिटी के सर्जन और अमेरिकन मेडिकल एसोसिएशन के पूर्व अध्यक्ष, डॉ. डेविड ऑलमैन से पूछा कि उनके अनुसार मानसिक और शारीरिक स्वास्थ्य के लिए सार्वजनिक बोलने के प्रशिक्षण के क्या फायदे हैं। उन्होंने मुस्कुराते हुए कहा कि वह इस प्रश्न का सबसे अच्छा उत्तर एक ऐसी "पर्ची" लिखकर दे सकते हैं जिसे कोई भी दवा की दुकान पूरा नहीं कर सकती। इसे व्यक्ति को खुद ही पूरा करना होगा; और यदि वह सोचता है कि वह यह नहीं कर सकता, तो वह गलत है।

मेरे डेस्क पर वह पर्ची रखी हुई है। जब भी मैं उसे पढ़ता हूँ, तो मैं प्रभावित होता हूँ। यह रही पर्ची, ठीक वैसे ही जैसे डॉ. ऑलमैन ने इसे लिखा था :

अपनी पूरी कोशिश करें कि आप दूसरों को यह समझा पाएँ कि आप क्या सोचते हैं और आपके दिल में क्या है। यह सीखें कि कैसे अपने विचारों और भावनाओं को दूसरों के सामने साफ और स्पष्ट रूप से रखें, चाहे वह एक व्यक्ति के सामने हो, समूह में हो, या सार्वजनिक रूप से। जैसे–जैसे आप इसमें सुधार करेंगे, आप देखेंगे कि अब आप लोगों पर पहले से ज्यादा गहरा प्रभाव डाल रहे हैं।

इस सलाह से आपको दो फायदे मिल सकते हैं। जब आप दूसरों से बात करना सीखते हैं, तो आपका आत्मविश्वास बढ़ता है, और आपका व्यक्तित्व और भी अच्छा और मिलनसार बनता है। इससे आपकी भावनात्मक स्थिति बेहतर होती है, और जब आप भावनात्मक रूप से बेहतर महसूस करते हैं, तो आपका शारीरिक स्वास्थ्य भी बेहतर हो जाता है। आज के समय में सार्वजनिक रूप से बोलना सभी के लिए आवश्यक है–चाहे वह पुरुष हो, महिला, युवा हो या बुजुर्ग। व्यवसाय या उद्योग में इसका कितना लाभ होता है, यह मैं व्यक्तिगत रूप से नहीं जानता, लेकिन मैंने सुना है कि इसके बड़े फायदे होते हैं। जो बात मैं

जानता हूँ, वह है इसका स्वास्थ्य पर असर। जब भी मौका मिले, चाहे कुछ लोगों के सामने हो या बहुत सारे लोगों के सामने, बोलते रहें। आप इसमें लगातार बेहतर होते जाएँगे, जैसा मैंने स्वयं अनुभव किया है, और इससे आपको अंदर से एक नई ताकत और आत्मविश्वास महसूस होगा, जो पहले कभी नहीं हुआ होगा।

यह एक अद्भुत एहसास है, और कोई भी दवा आपको यह नहीं दे सकती।

दूसरा महत्वपूर्ण सुझाव यह है कि आप खुद को उस काम को सफलतापूर्वक करते हुए देखें जिससे आप डरते हैं, और इस बात पर ध्यान केंद्रित करें कि समूहों के सामने अच्छे से बोलने की क्षमता से आपको कितने फायदे मिलेंगे। विलियम जेम्स के शब्द याद रखें : ''अगर आप किसी परिणाम के लिए सच्ची चिंता रखते हैं, तो आप उसे निश्चित रूप से प्राप्त करेंगे।''

तीन

अपनी सोच को पहले से ही सफलता के लिए तैयार करें

एक बार मुझसे रेडियो कार्यक्रम में पूछा गया कि तीन वाक्यों में वह सबसे महत्वपूर्ण सबक बताऊँ जो मैंने जीवन में सीखा है। मैंने कहा : ''सबसे बड़ा सबक जो मैंने सीखा है, वह यह है कि हमारे विचारों की बहुत बड़ी अहमियत होती है। अगर मुझे यह पता होता कि आप क्या सोचते हैं, तो मैं यह जान सकता था कि आप क्या हैं, क्योंकि आपके विचार ही आपको बनाते हैं। और अगर हम अपने विचार बदल लें, तो हम अपनी जिंदगी भी बदल सकते हैं।''

आपने आत्मविश्वास बढ़ाने और बेहतर तरीके से बात करने का लक्ष्य तय कर लिया है। अब से आपको इस बारे में हमेशा सकारात्मक सोचना होगा कि आप इस काम में सफल हो सकते हैं। आपको यह मानकर चलना होगा कि समूह के सामने बोलने के आपके प्रयास सफल होंगे। हर शब्द और हर काम, जो आप इस कौशल को विकसित करने के लिए करेंगे, उसमें आपका पक्का इरादा और दृढ़ निश्चय होना चाहिए।

यह कहानी इस बात का प्रभावशाली प्रमाण है कि जो भी व्यक्ति अधिक प्रभावी बोलने की चुनौती का सामना करना चाहता है, उसके लिए दृढ़ संकल्प कितना जरूरी है। जिस व्यक्ति की मैं बात कर रहा हूँ, वह अब व्यवसाय की दुनिया में एक बड़ी हस्ती बन चुका है। लेकिन जब वह पहली बार कॉलेज में बोलने के लिए खड़ा हुआ, तो उसके शब्दों ने उसका साथ छोड़ दिया। वह अपने शिक्षक द्वारा दिए गए पाँच मिनट के भाषण के बीच से आगे नहीं बढ़ पाया। उसका चेहरा सफेद पड़ गया, और वह मंच से रोते हुए भाग गया।

जिस व्यक्ति के साथ यह घटना एक युवा छात्र के रूप में हुई थी, उसने उस असफलता से हार नहीं मानी। उसने यह ठान लिया कि वह एक अच्छा वक्ता बनेगा और इस संकल्प को तब तक नहीं छोड़ा जब तक वह दुनिया में एक प्रसिद्ध आर्थिक सलाहकार नहीं बन गया। उस व्यक्ति का नाम है क्लेरेंस बी. रैंडल। अपनी किताब *फ्रीडम्स फेथ* में उन्होंने सार्वजनिक बोलने के बारे में कहा : ''मैंने कई लंच और डिनर कार्यक्रमों में, जैसे कि मैन्युफैक्चरर्स की मीटिंग, चैंबर्स ऑफ कॉमर्स, रोटरी क्लब, और धन जुटाने वाले अभियान में भाषण दिए हैं। मैंने मिशिगन के एस्कानाबा में एक देशभक्तिपूर्ण भाषण देकर स्वयं को प्रथम विश्व युद्ध में शामिल कर लिया था। मैंने मिकी रूनी के साथ चौरिटी के लिए और हार्वर्ड के राष्ट्रपति जेम्स ब्रायंट कोनेंट और शिकागो विश्वविद्यालय के चांसलर रॉबर्ट एम. हचिंस के साथ शिक्षा के लिए भाषण दिए हैं। मैंने एक बार बहुत खराब फ्रेंच में भी डिनर के बाद का भाषण दिया था।''

''मुझे लगता है कि मैं यह समझता हूँ कि एक दर्शक क्या सुनना चाहता है और वे किस तरह से उसे सुनना पसंद करते हैं। और इसमें ऐसा कुछ भी नहीं है जिसे एक ऐसा व्यक्ति, जो महत्वपूर्ण व्यवसायिक जिम्मेदारी निभाने के लायक हो, नहीं सीख सकता–यदि वह सीखने की इच्छा रखता है।''

मैं मिस्टर रान्डेल से सहमत हूँ। सफल होने की मजबूत इच्छा एक अच्छे वक्ता बनने के लिए बहुत जरूरी है। अगर मैं आपके मन को देख पाता और आपकी सीखने की इच्छा को समझ पाता, तो मैं यह लगभग पक्के तौर पर बता सकता था कि आप अपने बोलने और संवाद करने की क्षमता को कितनी तेजी से सुधार पाएँगे।

मध्य पश्चिम में मेरी एक कक्षा में, एक व्यक्ति पहली ही रात खड़ा हुआ और बिना किसी झिझक के कहता है कि एक घर बनाने वाले के रूप में वह तब तक खुश नहीं होगा जब तक वह अमेरिकन होम बिल्डर्स एसोसिएशन का प्रवक्ता नहीं बन जाता। उसका सपना था कि वह पूरे देश में घूम–घूम कर लोगों को अपने काम की समस्याओं और उपलब्धियों के बारे में बताए। जो हेवरस्टिक जो कह रहा था, वह बिल्कुल गंभीर था। वह ऐसा छात्र था जिसे सिखाने में शिक्षक को खुशी होती है, क्योंकि वह पूरी लगन से सीखने आया था। उसकी इच्छा सिर्फ अपने इलाके तक सीमित नहीं थी, बल्कि वह पूरे देश के मुद्दों पर बात करना चाहता था। वह हर सत्र में शामिल हुआ, अपने भाषणों की अच्छी तैयारी की, और अपने काम के सबसे व्यस्त समय के बावजूद कभी कक्षा नहीं छोड़ी। उसने जो मेहनत की, उसका परिणाम यह हुआ कि उसने इतनी तेजी से प्रगति की कि उसे स्वयं भी विश्वास नहीं हुआ। दो महीने में वह कक्षा के सबसे बेहतरीन छात्रों में से एक बन गया और उसे कक्षा का अध्यक्ष चुना गया।

करीब एक साल बाद, उस कक्षा को पढ़ाने वाला शिक्षक नॉरफॉक, वर्जीनिया में था, और उसने यह लिखा : ''मैं ओहायो के जो हेवरस्टिक को लगभग भूल ही चुका था। लेकिन एक सुबह जब मैं नाश्ता कर रहा था, तो मैंने वर्जीनिया पायलट अखबार खोला। उसमें जो की तस्वीर और उसके बारे में एक लेख था। पिछली रात उसने वहाँ के बिल्डरों की एक बड़ी सभा को संबोधित किया था। मैंने देखा कि जो अब सिर्फ नेशनल होम बिल्डर्स एसोसिएशन का प्रवक्ता ही नहीं था, बल्कि वह अब उसका अध्यक्ष भी बन चुका था।''

इस काम में सफल होने के लिए आपको वे गुण चाहिए जो किसी भी अच्छे प्रयास में जरूरी होते हैं : उत्साह से भरी इच्छा, लगातार कोशिश करने की दृढ़ता, और यह विश्वास कि आप सफल होंगे।

जब जूलियस सीजर गॉल से जलमार्ग पार करके अपनी सेना के साथ इंग्लैंड में उतरा, तो उसने अपनी सेना की कामयाबी सुनिश्चित करने के लिए क्या किया? एक बहुत ही प्रज्ञावान बात : उसने अपने सैनिकों को डोवर की खड़ियामय चट्टानों पर रोक दिया; एवं, दो सौ फीट नीचे लहरों पर दृष्टि डालने पर, उसने देखा कि आग की लाल लपटें हर उस जहाज को भस्म कर रही थीं, जिससे वे इस पार आ चुके थे। शत्रु देश में, महाद्वीप

के साथ अंतिम संपर्क समाप्त हो जाने के पश्चात्, पीछे हटने का अंतिम साधन भी जल गया, उनके लिए करने को मात्र एक ही कार्य पर्याप्त रह गया था : आगे बढ़ना और जीतना। उन्होंने बिल्कुल यही किया।

यह अमर सीजर का हौसला ही था। तो क्यों न आप भी वही जज्बा अपनाएँ जब आप अपने दर्शकों के सामने बोलने के डर को जीतने निकलें? हर नकारात्मक विचार के टुकड़े–टुकड़े करके उन्हें आग में झोंक दें। और हर उस रास्ते को बंद कर दें, जो आपको पीछे हटने पर विवश कर सकता है।

चार

प्रत्येक अवसर का लाभ उठाएँ और अभ्यास करें

प्रथम विश्व युद्ध से पहले, 125वीं स्ट्रीट वाईएमसी, में मैंने जो पाठ्यक्रम दिया था, वह अब इतना बदल चुका है कि उसे पहचानना मुश्किल है। हर साल, नए विचार जोड़े जाते हैं और पुराने हटाए जाते हैं। लेकिन एक बात स्थिर है : प्रत्येक कक्षा के हर सदस्य को कम से कम एक बार, और अधिकतर मामलों में दो बार, अपने साथियों के सामने भाषण देना होता है। क्यों? क्योंकि कोई भी व्यक्ति बिना अभ्यास के सार्वजनिक बोलना नहीं सीख सकता, जैसे कोई तैरना नहीं सीख सकता जब तक वह पानी में न जाए। आप सार्वजनिक बोलने पर लिखी गई हर किताब पढ़ सकते हैं–इस किताब को भी–फिर भी आप बोल नहीं पाएँगे। यह किताब एक विस्तृत मार्गदर्शिका है, लेकिन आपको इसके सुझावों का अभ्यास करना होगा।

जब जॉर्ज बर्नार्ड शॉ से पूछा गया कि उन्होंने सार्वजनिक रूप से इतने प्रभावशाली तरीके से बोलना कैसे सीखा, तो उन्होंने जवाब दियाः ''मैंने इसे उसी तरह सीखा, जैसे मैंने स्केटिंग करना सीखा था–बार–बार खुद को मूर्ख बनाते हुए, जब तक कि मैं इसका आदी नहीं हो गया।'' अपनी युवावस्था में, शॉ लंदन के सबसे डरपोक व्यक्तियों में से एक थे। वे अक्सर किसी दरवाजे पर दस्तक देने की हिम्मत जुटाने से पहले बीस मिनट या उससे अधिक समय तक टहलते रहते थे। उन्होंने स्वीकार किया, ''बहुत कम लोगों ने मुझसे ज्यादा

साधारण डर का सामना किया है, या इससे इतनी बुरी तरह शर्मिंदगी महसूस की है।''

आखिरकार, जॉर्ज बर्नार्ड शॉ ने डर और झिझक को दूर करने का सबसे अच्छा, तेज और पक्का तरीका खोज निकाला। उन्होंने अपनी कमजोरी को अपनी सबसे बड़ी ताकत बनाने का फैसला किया। इसके लिए वे एक वाद–विवाद क्लब में शामिल हो गए। लंदन में जहाँ भी सार्वजनिक बहस होती थी, वे हर बैठक में जाते और हमेशा उठकर बहस में हिस्सा लेते। उन्होंने समाजवाद के लिए पूरे दिल से बोलना शुरू किया, और इस तरह धीरे–धीरे जॉर्ज बर्नार्ड शॉ 20वीं सदी के सबसे आत्मविश्वासी और शानदार वक्ताओं में से एक बन गए।

बोलने के अवसर आपके चारों ओर हैं। ऐसे संगठनों में शामिल हों और ऐसे पदों के लिए स्वयंसेवक बनें, जिनमें आपको बोलने की आवश्यकता हो। सार्वजनिक बैठकों में खड़े होकर अपनी बात रखें, भले ही यह सिर्फ किसी प्रस्ताव का समर्थन करने के लिए हो। विभागीय बैठकों में पीछे न रहें, अपनी बात कहें! रविवार को स्कूल में बच्चों को पढ़ाने का काम लें। स्काउट लीडर बनें। ऐसे समूहों का हिस्सा बनें, जहाँ आपको बैठकों में बोलने का मौका मिले। आपको हर जगह अवसर मिलेंगे–व्यवसाय, समुदाय, राजनीति, पेशेवर या यहाँ तक कि पड़ोस की गतिविधियों में। बोलने का अभ्यास करें, और तब तक बोलते रहें जब तक आप स्वयं को इसमें बेहतर महसूस न करने लगें।

''मुझे इस बारे में सब पता है,'' एक युवा व्यवसायी अधिकारी ने एक बार मुझसे कहा, ''लेकिन मैं सीखने की चुनौती का सामना करने से हिचकिचाता हूँ।'' ''मुश्किल से!'' मैंने उत्तर दिया। ''उस विचार को अपने मस्तिष्क से निकाल दो। तुमने कभी भी सही विधि से जीतने की भावना को सीखने के विषय में नहीं सोचा है।''

''वह कौन सी भावना है?'' उसने पूछा।

''साहस और उत्साह चाहिए,'' मैंने उसे बताया, और फिर मैंने उसे समझाया कि सार्वजनिक रूप से बोलना कैसे सफलता का रास्ता हो सकता है। मैंने उसे यह भी बताया कि बोलने का अभ्यास कैसे किसी के व्यक्तित्व को और अधिक निखारता और विकसित करता है।

"मैं इसे इस्तेमाल करूँगा," उन्होंने अंततः कहा। "मैं इस साहसिक कार्य में शामिल हूँगा।"

जैसे–जैसे आप इस पुस्तक को आगे पढ़ेंगे और इसके सिद्धांतों को अपने जीवन में लागू करेंगे, आप भी एक नए रोमांच की ओर बढ़ेंगे। यह एक ऐसा सफर होगा जिसमें आपकी आत्मनिर्देशन क्षमता और आपकी सोच आपको आगे बढ़ाएगी। आप देखेंगे कि यह रोमांच आपके भीतर और बाहर, दोनों तरह से आपको बदल सकता है।

अपना सर्वश्रेष्ठ प्रदर्शन करने से पहले किसी बड़े मंच का इंतज़ार न करें।

–बर्नार्ड केल्विन क्लाइव

~

उत्साहपूर्वक कार्य करें और आप उत्साहित रहेंगे।

–डेल कारनेगी

2

आत्मविश्वास विकसित करें

मिस्टर कारनेगी, मैं पाँच साल पहले, उस होटल में आया था जहाँ आप अपना एक कार्यक्रम आयोजित कर रहे थे। मैं सभा कक्ष के दरवाजे तक गया एवं रुक गया। मुझे पता था कि यदि मैं उस कक्ष में प्रवेश करूँगा तो कक्षा में सम्मिलित हो जाऊँगा, तो शीघ्र ही या बाद में, मुझे भाषण देना होगा। मेरा हाथ दरवाजे के हैंडल पर ठहर गया। मैं भीतर नहीं जा सका। मैंने अपनी पीठ घुमाई और होटल से सरपट निकल गया।

''यदि मुझे यह पता होता कि आप दर्शकों के भय पर कैसे सरलता से विजय प्राप्त सकते हैं, तो मैं ये पाँच वर्ष बेकार नहीं करता।''

जिस व्यक्ति ने ये खुलासे भरे शब्द कहे, वह किसी टेबल या डेस्क के पास बैठकर बात नहीं कर रहा था। वह करीब दो सौ लोगों की एक सभा को संबोधित कर रहा था। यह न्यूयॉर्क सिटी में मेरे एक कोर्स का समापन सत्र था। जब उसने अपना भाषण दिया, तो मैं उसकी आत्मविश्वास भरी उपस्थिति से बहुत प्रभावित हुआ। मुझे लगा कि यह व्यक्ति, जिसकी नेतृत्व क्षमता उसकी नई मिली अभिव्यक्ति और आत्मविश्वास से बहुत बढ़ेगी। एक शिक्षक के रूप में, मुझे यह देखकर खुशी हुई कि उसने डर पर पूरी तरह से नियंत्रण प्राप्त कर लिया था। मैं यह सोचने से स्वयं को रोक नहीं सका कि अगर उसने इस डर को पाँच या दस साल पहले जीत लिया होता, तो वह कितना अधिक सफल और खुश होता।

इमर्सन ने कहा था, ''डर जितने लोगों को हराता है, उतना दुनिया की कोई और चीज नहीं।'' ओह, मैंने इस कथन की कड़वी सच्चाई को कितनी बार महसूस किया है। और मैं कितना आभारी हूँ कि अपने

जीवन में मैंने लोगों को इस डर से निकालने में मदद की है। जब मैंने सन् 1912 में अपने कोर्स को पढ़ाना शुरू किया, तो मुझे अंदाजा भी नहीं था कि यह प्रशिक्षण लोगों को उनके डर और हीनभावना को दूर करने के सबसे बेहतरीन तरीकों में से एक साबित होगा। मैंने पाया कि सार्वजनिक रूप से बोलना सीखना स्वाभाविक रूप से आत्म–चेतना को दूर करने और साहस और आत्मविश्वास बढ़ाने का एक प्राकृतिक तरीका है। क्यों? क्योंकि सार्वजनिक रूप से बोलने पर हमें अपने डर का सामना करना पड़ता है।

सालों तक पुरुषों और महिलाओं को सार्वजनिक रूप से बोलने का प्रशिक्षण देने के दौरान, मैंने कुछ ऐसे विचार सीखे हैं जो आपको मंच के डर को जल्दी से दूर करने और कुछ हफ्तों के अभ्यास में आत्मविश्वास विकसित करने में मदद कर सकते हैं।

एक
सार्वजनिक रूप से बोलने के डर के बारे में सटीक जानकारी प्राप्त करें

सार्वजनिक रूप से बोलने के डर में आप अकेले नहीं हैं। कॉलेजों में किए गए सर्वेक्षणों से पता चलता है कि भाषण कक्षाओं में नामांकित 80 से 90 प्रतिशत छात्र कोर्स की शुरुआत में मंच के डर से पीड़ित होते हैं। मुझे विश्वास है कि मेरे कोर्स की शुरुआत में यह संख्या वयस्कों में लगभग 100 प्रतिशत होती है।

मंच का डर एक सीमा तक उपयोगी होता है! यह प्रकृति का तरीका है जिससे हमें हमारे वातावरण में असामान्य चुनौतियों का सामना करने के लिए तैयार किया जाता है। इसलिए, जब आप महसूस करें कि आपकी धड़कन तेज हो रही है और आपकी साँसें तेज हो रही हैं, तो परेशान न हों। आपका शरीर, जो हमेशा बाहरी परिस्थितियों के प्रति सतर्क रहता है, अब प्रकिया में जाने की तैयारी कर रहा है। अगर ये शारीरिक प्रक्रियाएँ एक सीमा के भीतर रहती हैं, तो आप तेजी से सोच पाएँगे, अधिक स्पष्टता से बोल पाएँगे, और सामान्य परिस्थितियों की तुलना में अधिक जोश के साथ अपनी बात रख पाएंगे।

कई पेशेवर वक्ताओं ने मुझे आश्वासन दिया है कि वे कभी भी पूरी तरह से मंच के डर से स्वतंत्र नहीं हो पाए। यह डर हमेशा उनके बोलने से ठीक पहले होता है, और यह उनके भाषण की शुरुआती कुछ पंक्तियों तक बना रह सकता है। यह वो कीमत है जो ये पुरुष और महिलाएँ चुकाते हैं ताकि वे रेस के घोड़ों की तरह हों, न कि काम करने वाले घोड़ों की तरह। जो वक्ता कहते हैं कि वे हमेशा ''ठंडे और शांत'' रहते हैं, वे आमतौर पर खीरे जितने मोटी चमड़ी वाले होते हैं और खीरे जितने ही प्रेरणादायक होते हैं।

सार्वजनिक रूप से बोलने के डर का मुख्य कारण यह है कि आप इस काम के अभ्यस्त नहीं हैं। अधिकांश लोगों के लिए सार्वजनिक रूप से बोलना एक अनजान काम होता है, और इसलिए इसमें चिंता और डर जुड़े होते हैं। शुरुआत करने वाले के लिए यह कई अजीब स्थितियों का एक जटिल क्रम होता है, जो टेनिस खेलना या गाड़ी चलाना सीखने से अधिक चुनौतीपूर्ण लगता है। इस डर को सरल और आसान बनाने का एकमात्र तरीका है : अभ्यास, अभ्यास, और अभ्यास। आप पाएँगे, जैसे हजारों लोगों ने पाया है, कि सार्वजनिक रूप से बोलना एक दुःखद अनुभव नहीं बल्कि एक आनंदमय अनुभव हो सकता है, केवल इसके पीछे सफल भाषणों का अनुभव जुटाकर।

अल्बर्ट एडवर्ड विग्गम, जो एक प्रमुख व्याख्याता और लोकप्रिय मनोवैज्ञानिक थे, उन्होंने किस तरह अपने डर को हराया, यह कहानी मेरे लिए प्रेरणादायक रही है, जब से मैंने इसे पहली बार पढ़ा। उन्होंने बताया कि किस तरह उन्हें हाई स्कूल में खड़े होकर पाँच मिनट का भाषण देने के ख्याल से ही डर लग जाता था।

वह लिखते हैं, ''जैसे–जैसे दिन करीब आता गया, मैं निश्चित रूप से अस्वस्थ होता गया। जब भी मेरे मन में इस तरह के भयानक दुर्विचार आते हैं, मेरा पूरा माथा खून की तरह लाल हो जाता एवं मेरे गाल इतने दर्द से दुःखने लगते कि मैं स्कूल की इमारत के पीछे जाकर ठंडी ईंट की दीवार से चिपककर बढ़ती जलन को कम करने का प्रयास करने के लिए गालों दबाने लगता।'' मेरे साथ कॉलेज में भी ऐसा ही था।

''जैसे–जैसे वह दिन करीब आया,'' वह लिखते हैं, ''मैं बिल्कुल बीमार हो गया। जब भी मुझे वह भयानक ख्याल आता, मेरा पूरा माथा

खून से लाल हो जाता और मेरे गाल इतने दर्द से जलने लगते कि मैं स्कूल की इमारत के पीछे जाता और उन्हें ठंडी ईंट की दीवार से दबाता ताकि उनकी तेज लालिमा को कम कर सकूँ। कॉलेज में मेरे साथ भी ऐसा ही था।''

''एक बार, मैंने बहुत ध्यान से एक भाषण याद किया जो इस तरह शुरू होता था, 'एडम और जेफरसन अब नहीं रहे।' जब मैंने दर्शकों का सामना किया, तो मेरा सिर चकरा रहा था, और मुझे यह भी नहीं पता था कि मैं कहाँ हूँ। मैं किसी तरह पहला वाक्य बोल पाया, 'एडम और जेफरसन अब नहीं रहे।' इसके बाद मैं एक भी शब्द नहीं बोल सका, इसलिए मैंने झुककर अभिवादन किया और गंभीरता से अपनी सीट पर वापस चला गया, जबकि दर्शक जोरदार तालियाँ बजा रहे थे। प्रेसिडेंट खड़े हुए और बोले, 'खैर, एडवर्ड, यह दुःखद समाचार सुनकर हम हैरान हैं, लेकिन हम इस स्थिति को सहने की पूरी कोशिश करेंगे।' उसके बाद की जोरदार हँसी के बीच, मुझे ऐसा लगा जैसे मौत मेरे लिए एक राहत होती। मैं कई दिनों तक बीमार रहा।''

''निश्चित रूप से, दुनिया में आखिरी चीज जो मैंने कभी सोची भी नहीं थी, वह यह थी कि मैं एक सार्वजनिक वक्ता बनूँगा।''

कॉलेज छोड़ने के एक साल बाद, अल्बर्ट विग्गम डेनवर में थे। 1896 का राजनीतिक अभियान 'फ्री सिल्वर' के मुद्दे पर जोर–शोर से चल रहा था। एक दिन उन्होंने एक पुस्तक पढ़ी जिसमें 'फ्री सिल्वराइट्स' के प्रस्तावों की व्याख्या की गई थी। वह ब्रायन और उनके समर्थकों की गलतियों और खोखले वादों से इतने गुस्से में आ गए कि उन्होंने अपने घर वापस इंडियाना जाने के लिए अपनी घड़ी गिरवी रख दी। वहाँ पहुँचकर उन्होंने 'साउंड मनी' के मुद्दे पर बोलने की पेशकश की। उनके कई पुराने स्कूल के दोस्त भी दर्शकों में थे। ''जब मैंने बोलना शुरू किया,'' उन्होंने लिखा, ''तो मेरे कॉलेज के 'एडम और जेफरसन' वाले भाषण की यादें मेरे दिमाग में छा गईं। मेरी आवाज रुक गई, और मैं हकलाने लगा, ऐसा लगा जैसे सब कुछ खत्म हो गया हो। लेकिन, जैसा कि चौंसी डेप्यू अक्सर कहा करते थे, दर्शक और मैं, दोनों किसी तरह उस परिचय को सह गए; और इस छोटी सी सफलता से हिम्मत पाकर, मैं आगे बोलता गया,

जो मुझे लगभग पंद्रह मिनट का लगा। मेरे आश्चर्य की बात यह थी कि मैं डेढ़ घंटे तक बोलता रहा था।''

इसके परिणामस्वरूप, अगले कुछ वर्षों में, मैं दुनिया का सबसे हैरान व्यक्ति था जब मैंने स्वयं को एक पेशेवर सार्वजनिक वक्ता के रूप में अपनी रोजी–रोटी कमाते हुए पाया।''

''मैंने खुद अनुभव किया कि विलियम जेम्स द्वारा 'सफलता की आदत' का क्या मतलब था।''

हाँ, अल्बर्ट एडवर्ड विग्गम ने यह सीखा कि समूहों के सामने बोलने के भयंकर डर को दूर करने का सबसे पक्का तरीका यह है कि आप अपने पीछे सफल अनुभवों का एक रिकॉर्ड बना लें।

आपको सार्वजनिक रूप से बोलने की इच्छा के साथ एक निश्चित मात्रा में डर की उम्मीद करनी चाहिए, क्योंकि यह स्वाभाविक होता है। आपको थोड़ा मंच का डर महसूस होना चाहिए, और इसे इस तरह से उपयोग करना सीखना चाहिए कि यह आपके भाषण को बेहतर बनाने में मदद करे।

अगर मंच का डर नियंत्रण से बाहर हो जाता है और इससे आपकी प्रभावशीलता पर बुरा असर पड़ता है, जैसे मानसिक रुकावट, बोलने में रुकावट, अनियंत्रित हरकतें या मांसपेशियों में खिंचाव, तो घबराने की जरूरत नहीं है। ये लक्षण शुरुआती वक्ताओं में आम होते हैं। अगर आप प्रयास करेंगे, तो आप पाएँगे कि मंच का डर धीरे–धीरे कम हो जाएगा, और यह आपकी मदद करेगा, न कि आपके रास्ते में रुकावट बनेगा।

दो

उचित तरीके से तैयारी करें

न्यूयॉर्क रोटरी क्लब के एक लंच में कुछ साल पहले मुख्य वक्ता एक प्रमुख सरकारी अधिकारी थे। हम सभी उनके विभाग की गतिविधियों के बारे में सुनने के लिए उत्सुक थे।

यह तुरंत साफ हो गया था कि उन्होंने अपने भाषण की कोई तैयारी नहीं की थी। शुरुआत में उन्होंने बिना तैयारी के बोलने की कोशिश की, लेकिन नाकाम रहे। फिर उन्होंने अपनी जेब से कुछ नोट्स निकाले, जो

बहुत बिखरे हुए थे। उन्होंने उन नोट्स को संभालने की कोशिश की, लेकिन उनका आत्मविश्वास और भी कमजोर होता गया। हर मिनट वह और भी ज्यादा घबराते और उलझन में पड़ते गए। लेकिन फिर भी, वह माफी माँगते हुए और अपने नोट्स से कुछ समझने की कोशिश करते रहे। वह पानी का गिलास काँपते हुए हाथों से उठाकर अपने सूखे होंठों को गीला कर रहे थे। वह पूरी तरह से डर के कारण हार गए थे, क्योंकि उन्होंने कोई तैयारी नहीं की थी। आखिर में, वह बैठ गए, और बहुत शर्मिंदा दिख रहे थे। उनका भाषण ऐसा था जैसे रूसो कहते हैं कि प्रेम पत्र लिखा जाना चाहिए : बिना यह जाने शुरू किया कि क्या कहना है, और बिना यह समझे खत्म किया कि क्या कहा।

सन् 1912 से, मेरा काम हर साल पाँच हजार से भी अधिक भाषणों का मूल्यांकन करना रहा है। इस अनुभव से मुझे एक बहुत बड़ा सबक मिला है, जो बाकी सबसे ऊपर है, जैसे माउंट एवरेस्ट सबसे ऊँचा पहाड़ है : सिर्फ वही वक्ता आत्मविश्वास के लायक है जो अच्छी तैयारी के साथ आता है। अगर कोई खराब हथियारों के साथ या बिना किसी तैयारी के युद्ध में जाए, तो वह डर के किले को जीतने की उम्मीद कैसे कर सकता है? लिंकन ने कहा था, "मुझे नहीं लगता कि मैं कभी इतना बड़ा हो जाऊँगा कि जब मेरे पास कहने के लिए कुछ न हो, तब भी बिना शर्मिंदा हुए बोल सकूँ।'

अगर आप आत्मविश्वास विकसित करना चाहते हैं, तो क्यों न वही करें जो आपको एक वक्ता के रूप में सुरक्षा देगा? जैसे प्रेरित अपॉस्टल जॉन ने लिखा था, "पूर्ण प्रेम डर को दूर कर देता है," वैसे ही पूरी तैयारी भी डर को दूर कर देती है। डेनियल वेबस्टर ने कहा था कि वह आधे कपड़े पहने हुए दर्शकों के सामने जाने के बारे में उतना ही सोच सकते हैं जितना कि आधी तैयारी के साथ।

कभी भी अक्षरशः याद मत करो : जब मैं "पूर्ण तैयारी" कहता हूँ, तो क्या मेरा मतलब यह है कि आपको अपना भाषण पूरी तरह से याद करना चाहिए? इस सवाल का जवाब है "बिलकुल नहीं!" कई वक्ता अपने आत्मविश्वास को बचाने के लिए यह सोचते हैं कि अगर वे कुछ भूल गए, तो क्या होगा। इसलिए वे याद करने के जाल में फँस जाते हैं। एक बार जब कोई इस तरह से याद करने का शिकार हो जाता है, तो वह तैयारी के एक ऐसे तरीके में फँस जाता है, जो उसे मंच पर प्रभावी नहीं बनने देता।

जब एच.वी. काल्टेनबॉर्न, जो अमेरिका के प्रमुख समाचार टिप्पणीकार थे, हार्वर्ड विश्वविद्यालय के छात्र थे, तो उन्होंने एक भाषण प्रतियोगिता में भाग लिया। उन्होंने एक छोटी कहानी चुनी जिसका शीर्षक था "जेंटलमेन, द किंग"। उन्होंने इसे शब्दशः याद किया और सैकड़ों बार अभ्यास किया। प्रतियोगिता के दिन उन्होंने कहानी का शीर्षक, "जेंटलमेन, द किंग" कहा, और फिर उनका दिमाग बिल्कुल खाली हो गया। सिर्फ खाली ही नहीं, उनके दिमाग में अंधेरा छा गया। वह बहुत डर गए। घबराहट में, उन्होंने अपनी बात अपने शब्दों में बताना शुरू कर दिया। हॉल में सबसे अधिक हैरान वही थे जब जजों ने उन्हें पहला इनाम दिया। उस दिन से लेकर आज तक, एच. वी. काल्टेनबॉर्न ने कभी कोई भाषण पढ़ा या शब्दशः याद नहीं किया। यही उनकी प्रसारण करियर में सफलता का रहस्य रहा। वह सिर्फ कुछ नोट्स बनाते हैं और बिना किसी स्क्रिप्ट के अपने श्रोताओं से स्वाभाविक रूप से बात करते हैं।

जो व्यक्ति अपने भाषण को लिखकर अक्षरशः याद करता है, वह अपना समय और ऊर्जा बर्बाद कर रहा है और मुश्किल में पड़ सकता है। हम अपनी पूरी जिंदगी बिना सोचे–समझे, स्वाभाविक रूप से बोलते आए हैं। हम शब्दों के बारे में नहीं सोचते, हम विचारों के बारे में सोचते हैं। अगर हमारे विचार स्पष्ट हैं, तो शब्द उसी तरह स्वाभाविक रूप से आते हैं जैसे हम साँस लेते हैं।

यह सबक विंस्टन चर्चिल को भी कड़ी मेहनत से सीखना पड़ा। युवा अवस्था में चर्चिल अपने भाषणों को लिखकर अक्षरशः याद करते थे। फिर एक दिन, ब्रिटिश संसद के सामने एक याद किया हुआ भाषण देते समय, उनका दिमाग बिल्कुल खाली हो गया। वह अचानक रुक गए। उनका दिमाग बिल्कुल बंद हो गया और वह शर्मिंदा हो गए। उन्होंने अपना आखिरी वाक्य फिर से शुरू किया, लेकिन फिर उनका दिमाग खाली हो गया और उनका चेहरा लाल हो गया। वह बैठ गए। उस दिन से लेकर आज तक, विंस्टन चर्चिल ने कभी भी याद किया हुआ भाषण देने की कोशिश नहीं की।

अगर हम अपने भाषण को शब्दशः याद करेंगे, तो जब हम श्रोताओं के सामने होंगे, तो उसे भूलने की संभावना बढ़ जाती है। और भले ही

हम उसे न भूलें, फिर भी हम उसे एक रटे–रटाए तरीके से ही प्रस्तुत करेंगे। क्यों? क्योंकि यह हमारे दिल से नहीं, बल्कि हमारी याददाश्त से निकलेगा। जब हम आमतौर पर किसी से बात करते हैं, तो हम पहले यह सोचते हैं कि क्या कहना है, और फिर बिना शब्दों के बारे में सोचे बोलते हैं। हम यह काम हमेशा से करते आ रहे हैं। अब इसे बदलने की क्या जरूरत है? अगर हम अपने भाषण को लिखकर याद करेंगे, तो हमारे साथ वही हो सकता है जो वेंस बुशनेल के साथ हुआ।

वेंस पेरिस में बीक्स आर्ट्स स्कूल से स्नातक था, एवं इसके पश्चात् विश्व की सबसे बड़ी बीमा कंपनियों में से एक–इक्विटेबल लाइट इंश्योरेंस सोसाइटी का उपाध्यक्ष बना। कई साल पहले, उन्हें वेस्ट वर्जीनिया के व्हाइट सल्फर स्प्रिंग्स में एक सम्मेलन में अमेरिका भर से आए इक्विटेबल लाइफ के दो हजार प्रतिनिधियों को संबोधित करने के लिए कहा गया था। उस समय, वैंस को जीवन बीमा के व्यवसाय में केवल दो साल ही हुए थे, लेकिन वह बहुत सफल थे, इसलिए उन्हें बीस मिनट का भाषण देने के लिए चुना गया।

वैंस इस अवसर से बहुत खुश थे। उन्हें लगा कि यह उन्हें प्रतिष्ठा दिलाएगा। लेकिन, दुर्भाग्यवश, उन्होंने अपने भाषण को लिखकर याद कर लिया। उन्होंने इसे आईने के सामने चालीस बार अभ्यास किया। हर वाक्य, हर इशारा, हर चेहरे की अभिव्यक्ति उनके लिए पूरी तरह से याद थी। उन्हें लगा कि यह बिल्कुल सही था।

जब वैंस मंच पर अपना भाषण देने खड़े हुए, तो वह बहुत डर गए। उन्होंने कहा, "इस कार्यक्रम में मेरी भूमिका है..." और उनका दिमाग पूरी तरह से खाली हो गया। घबराहट में, उन्होंने दो कदम पीछे हटकर फिर से शुरुआत करने की कोशिश की, लेकिन फिर से उनका दिमाग खाली हो गया। उन्होंने ऐसा तीन बार किया। मंच चार फीट ऊँचा था, और पीछे कोई रेलिंग नहीं थी। मंच और दीवार के बीच पाँच फीट की दूरी थी। चौथी बार जब उन्होंने पीछे कदम रखा, तो वह मंच से नीचे गिर गए और गायब हो गए। दर्शक जोर–जोर से हँसने लगे। एक व्यक्ति तो अपनी कुर्सी से गिर गया और गलियारे में लुढ़कने लगा। इक्विटेबल लाइफ एश्योरेंस सोसाइटी के इतिहास में कभी किसी ने इतनी मजेदार प्रस्तुति नहीं दी थी। सबसे मजेदार बात यह थी कि

दर्शकों को लगा कि यह सब जानबूझकर किया गया एक अभिनय था। इक्विटेबल लाइफ के पुराने लोग आज भी उनकी इस मजेदार घटना के बारे में बात करते हैं।

परंतु वक्ता वेंस बुशनेल के विषय में क्या? वेंस बुशनेल ने स्वयं मुझे बताया कि यह उनके जीवन का सबसे शर्मसार कर देने वाला पल था। वे स्वयं इतना अपमानित महसूस कर रहे थे कि उन्होंने अपना त्यागपत्र लिख दिया।

वेंस बुशनेल के वरिष्ठों, सहयोगियों ने उसे अपना त्यागपत्र फाड़ने के लिए मना लिया। उन्होंने उसका आत्मविश्वास पुनः लौटाया; और वेंस बुशनेल, बाद के वर्षों में, अपनी ऑर्गनाइजेशन में सबसे प्रभावी वक्ताओं में से एक बन गया। किंतु उसने पुनः कभी कोई बात याद नहीं की। आइए हम उनके अनुभव से लाभ प्राप्त करें।

मैंने बहुत सारे पुरुषों और महिलाओं को याद किए हुए भाषण देने की कोशिश करते सुना है, लेकिन मुझे एक भी ऐसा वक्ता याद नहीं है जो ज्यादा जीवंत, ज्यादा प्रभावी और ज्यादा मानवीय न होता अगर उसने अपना याद किया हुआ भाषण कूड़ेदान में फेंक दिया होता। अगर उसने ऐसा किया होता, तो हो सकता है कि वह अपने कुछ बिंदुओं को भूल जाता। वह थोड़ा इधर–उधर भी बोल सकता था, लेकिन कम से कम वह असली इंसान लगता।

अब्राहम लिंकन ने एक बार कहा था : "मुझे तैयार किया हुआ, नीरस उपदेश सुनना पसंद नहीं है। जब मैं किसी को उपदेश देते सुनता हूँ, तो मुझे ऐसा लगता है कि वह व्यक्ति जैसे मधुमक्खियों से लड़ रहा हो।" लिंकन ने कहा था कि वह चाहते थे कि वक्ता अपनी बातों को पूरे जोश के साथ और उत्साहित होकर कहे। कोई भी वक्ता ऐसा नहीं करता, जब वह याद किए हुए शब्दों को याद करने की कोशिश कर रहा होता है।

पहले से अपने विचारों को इकट्ठा और व्यवस्थित करें : भाषण तैयार करने का सही तरीका क्या है? इसका मतलब है कि अपने जीवन के उन अनुभवों को ढूँढें, जिन्होंने आपको कुछ सिखाया है। इन अनुभवों से जो विचार और भावनाएँ आई हैं, उन्हें इकट्ठा करें। सही तैयारी का मतलब है कि अपने विषय पर गहराई से सोचें। डॉ. चार्ल्स रेनॉल्ड ब्राउन ने कहा था : "अपने विषय पर तब तक सोचते रहो जब तक वह अच्छा और स्पष्ट न हो जाए... फिर उन विचारों को लिख लें, सिर्फ कुछ शब्दों

में ताकि वह आपको याद रहे... इन विचारों को छोटे–छोटे कागज के टुकड़ों पर लिखो–इससे बाद में इन्हें ठीक से क्रम में रखना आसान हो जाएगा।'' यह तरीका बहुत मुश्किल नहीं है। बस थोड़ी सी एकाग्रता और सोचने की आवश्यकता है।

अपने भाषण का अभ्यास करें : क्या आपको अपना भाषण तैयार करने के बाद उसका अभ्यास करना चाहिए? हाँ, जरूर। यहाँ एक आसान और प्रभावी तरीका है। जिन विचारों को आपने अपने भाषण के लिए चुना है, उन्हें अपनी रोजमर्रा की बातचीत में इस्तेमाल करें। उदाहरण के लिए, जब आप अपने दोस्तों या सहकर्मियों के साथ बात कर रहे हों, तो क्रिकेट या सामान्य बातचीत की बजाय कहें, ''जो, मेरे साथ एक खास घटना हुई थी, क्या मैं तुम्हें इसके बारे में बता सकता हूँ?'' जो शायद आपकी बात सुनने के लिए तैयार होगा। उसकी प्रतिक्रिया देखें और ध्यान से सुनें। हो सकता है कि वह कोई ऐसी बात कहे जो आपके भाषण में मदद कर सके। उसे यह नहीं पता चलेगा कि आप अपने भाषण का अभ्यास कर रहे हैं, और इससे कोई फर्क भी नहीं पड़ता। लेकिन हो सकता है कि वह कहे कि उसे आपकी बातचीत दिलचस्प लगी।

प्रसिद्ध इतिहासकार, एलन नेविंस, लेखकों को इसी तरह का परामर्श देते हैं : ''किसी ऐसे मित्र को पकड़ें जो विषय में दिलचस्पी रखता हो और जो आपने सीखा है उसके विषय में विस्तार से बताएँ। इस तरह आप व्याख्या के उन तथ्यों की खोज करते हैं जिन्हें आप भूल गए होंगे, तर्क वितर्क के वे बिंदु अवचेतन मन में थे, और जो कहानी आपको बतानी है उसके लिए वह सबसे उपयुक्त है।''

तीन

पहले से ही अपने मन को सफलता के लिए तैयार करें

पहले अध्याय में, आपको याद है, इस वाक्य का उपयोग सामान्य रूप से सार्वजनिक बोलने के प्रशिक्षण के लिए सही दृष्टिकोण के निर्माण के संदर्भ में किया गया था। यही नियम अब आपके समक्ष आने वाले विशिष्ट कार्य पर भी लागू होता है, मलतब बोलने के प्रत्येक सुअवसर को एक सफल अनुभव बनाना। इसे पूरा करने के तीन उपाय हैं :

स्वयं को भूलकर अपने विषय में लग जाओ : जब आपने अपना विषय चुन लिया हो, उसे एक योजना के अनुसार व्यवस्थित कर लिया हो, और अपने दोस्तों के साथ इसे "बोलकर" इसका अभ्यास कर लिया हो, तब भी आपकी तैयारी समाप्त नहीं होती। आपको अपने विषय की महत्वता पर स्वयं को पूरी तरह से विश्वास दिलाना होगा। आपको वही दृष्टिकोण अपनाना होगा जो इतिहास के महान व्यक्तियों ने अपनाया था–अपने उद्देश्य पर विश्वास। आप अपने संदेश में विश्वास की अग्नि कैसे जलाए रख सकते हैं? अपने विषय के प्रत्येक पहलू को गहराई से समझकर, उसके गहरे अर्थों को पकड़कर, और स्वयं से यह पूछकर कि आपका भाषण सुनने के बाद श्रोता कैसे बेहतर इंसान बन सकते हैं।

नकारात्मक चीजों पर ध्यान न दें : उदाहरण के लिए, यह सोचना कि आप बोलते समय व्याकरण की गलती करेंगे या बीच में ही अपनी बात खत्म कर देंगे, यह एक नकारात्मक सोच है जो आपके आत्मविश्वास को शुरू होने से पहले ही खत्म कर सकती है। विशेष रूप से, जब आपकी बोलने की बारी आने वाली हो, तो स्वयं पर ध्यान केंद्रित करना बंद करें। इसके बजाय, अन्य वक्ताओं की बातों पर ध्यान दें, उन्हें पूरी ईमानदारी से सुनें, और इससे आप जरूरत से ज्यादा घबराहट महसूस नहीं करेंगे।

स्वयं को प्रेरित करें : जब तक कोई व्यक्ति अपने जीवन को किसी महान उद्देश्य के लिए समर्पित नहीं करता, हर वक्ता को अपने विषय के बारे में संदेह के क्षणों का सामना करना पड़ता है। वह सोचता है कि क्या यह विषय उसके लिए सही है, क्या दर्शकों को यह पसंद आएगा। वह अपने विषय को बदलने की कोशिश कर सकता है। ऐसे समय में, जब नकारात्मकता आत्मविश्वास को खत्म कर सकती है, आपको स्वयं को प्रेरित करने की आवश्यकता है। सीधे शब्दों में, स्वयं से कहें कि आपका भाषण आपके लिए सही है क्योंकि यह आपके अनुभव और जीवन के बारे में आपकी सोच से निकला है। अपने आप से कहें कि आप इस भाषण को देने के लिए दर्शकों में से सबसे योग्य हैं, और आप इसे अच्छे से प्रस्तुत करने के लिए पूरी कोशिश करेंगे। क्या यह पुरानी सोच है? हो सकता है, लेकिन आज के मनोवैज्ञानिक मानते हैं कि स्वयं को प्रेरित करना तेजी से सीखने का एक मजबूत तरीका है। फिर, जब आप सच में स्वयं को प्रेरित करते हैं, तो उसका प्रभाव और भी अधिक होता है।

चार
आत्मविश्वास से कार्य करें

अमेरिका के सबसे प्रसिद्ध मनोवैज्ञानिक, प्रोफेसर विलियम जेम्स, ने इस प्रकार लिखा : "क्रिया भावना का अनुसरण करती है, लेकिन वास्तव में क्रिया और भावना एक साथ चलती हैं; और जब हम क्रिया को नियंत्रित करते हैं, जो इच्छा के सीधे नियंत्रण में होती है, तो हम अप्रत्यक्ष रूप से भावना को भी नियंत्रित कर सकते हैं, जो की नहीं होती।"

"इस प्रकार, यदि हमारी स्वाभाविक खुशी खो गई है, तो खुशी की ओर जाने का सबसे प्रभावी रास्ता यह है कि हम प्रसन्नता से बैठें और ऐसे कार्य करें और बोलें जैसे खुशी पहले से ही हमारे पास है। यदि ऐसा करने से आप खुश नहीं होते हैं, तो उस समय और कुछ भी आपको खुश नहीं कर सकता।"

"इसलिए, यदि आप बहादुर महसूस करना चाहते हैं, तो ऐसे व्यवहार करें जैसे आप बहादुर हैं, और इसके लिए अपनी पूरी इच्छा का उपयोग करें, और यह बहुत संभव है कि डर की भावना के स्थान पर बहादुरी की भावना आएगी।"

प्रोफेसर जेम्स की सलाह को अपनाएँ। जब आप दर्शकों के सामने हों, तो ऐसा दिखाएँ जैसे आपके पास पहले से ही साहस है। अगर आप तैयार नहीं हैं, तो सिर्फ अभिनय करना मदद नहीं करेगा। लेकिन अगर आप जानते हैं कि आपको किस बारे में बात करनी है, तो तेजी से आगे बढ़ें और गहरी साँस लें। वास्तव में, अपने दर्शकों का सामना करने से पहले तीस सेकंड तक गहरी साँस लें। अधिक ऑक्सीजन आपको ताकत देगी और साहस देगी। महान गायक जीन डे रिज़्के कहते थे कि जब आप अपनी साँस को इस तरह लेते हैं कि आप "उस पर बैठ सकते हैं", तो घबराहट गायब हो जाती है।

अपनी पूरी ऊँचाई पर खड़े हों और अपने दर्शकों की आँखों में सीधा देखें, और इतने आत्मविश्वास के साथ बात करें जैसे कि उनमें से हर एक ने आपसे पैसे उधार लिए हैं। कल्पना करें कि वे आपको पैसे लौटाने के लिए वहाँ आए हैं। सोचें कि वे आपके सामने खड़े हैं और आपसे और समय की माँग कर रहे हैं। इस मनोवैज्ञानिक प्रभाव का आपके ऊपर सकारात्मक असर होगा।

अगर आपको लगता है कि यह विचार सही नहीं है, तो एक ऐसे अमेरिकी का उदाहरण लें जो हमेशा साहस का प्रतीक रहेगा। एक समय वह सबसे डरपोक आदमी थे; लेकिन आत्म–विश्वास का अभ्यास करते हुए, वह सबसे साहसी बन गए। वह थे अमेरिका के राष्ट्रपति थियोडोर रूजवेल्ट, जो बड़े–बड़े बैंकों के खिलाफ लड़ाई लड़े, दर्शकों को प्रभावित किया, और अपने "बड़ी छड़ी" के लिए जाने जाते थे।

"एक अपेक्षाकृत कमजोर और अजीब बच्चे के रूप में," वह अपनी आत्मकथा में स्वीकार करते हैं, "मैं एक युवा व्यक्ति के रूप में, शुरू में अपने क्षमताओं के प्रति नर्वस और असंदिग्ध था। मुझे न केवल अपने शरीर के लिए, बल्कि अपने आत्मा और मन के लिए भी स्वयं को पीड़ा और मेहनत से प्रशिक्षित करना पड़ा।"

भाग्यवश, उन्होंने यह बताया कि उन्होंने यह परिवर्तन कैसे प्राप्त किया। "जब मैं एक लड़का था," उन्होंने लिखा, "मैंने मैरीयट की एक पुस्तक में एक ऐसा अंश पढ़ा जो हमेशा मुझ पर प्रभाव डालता था। इस अंश में, किसी छोटे ब्रिटिश युद्ध के जहाज का कप्तान नायक को निडरता और गुणवत्ता कैसे प्राप्त करें, यह समझा रहा है। वह कहता है कि शुरुआत में लगभग हर आदमी कार्रवाई करते समय डरता है, लेकिन जो तरीका अपनाना है, वह यह है कि आदमी स्वयं पर इतना नियंत्रण रखे कि वह ऐसे कार्य करे जैसे कि वह नहीं डर रहा हो। जब यह बहुत समय तक जारी रखा जाता है, तो यह दिखावे से वास्तविकता में बदल जाता है, और आदमी वास्तव में बिना महसूस किए हुए निडरता का अभ्यास करके निडर बन जाता है।

"यही वह सिद्धांत था जिस पर मैं गया। सभी प्रकार की चीजें थीं जिनसे मैं पहले डरता था, जिनमें भूरे भालू से लेकर घोड़े और बंदूकधारी तक शामिल थे; किंतु ऐसा कार्य करने से जैसे कि मैं घबराता नहीं था, मैंने धीरे–धीरे डरना कम कर दिया। यदि वे चाहें तो अधिकांश पुरुषों को समान अनुभव हो सकता है।"

सार्वजनिक बोलने के डर को दूर करना हर चीज में हमारे लिए बहुत लाभदायक होता है। जो लोग इस चुनौती का सामना करते हैं, उन्हें पता चलता है कि वे इसके कारण बेहतर व्यक्ति बन जाते हैं। उन्हें यह अनुभव होता है कि समूहों के सामने बोलने के डर पर विजय प्राप्त

करने से वे अपने भीतर से बाहर निकलकर एक समृद्ध और पूर्ण जीवन जीने लगते हैं।

एक सेल्समैन ने लिखा : "क्लास के सामने कई बार खड़े होने के बाद, मुझे लगा कि मैं किसी से भी बात कर सकता हूँ। एक सुबह, मैं एक खास कठिन खरीददार के दरवाजे पर गया, और उससे पहले कि वह 'नहीं' कह पाता, मैंने अपने सैम्पल उसकी मेज पर फैला दिए, और उसने मुझे जो सबसे बड़ा ऑर्डर था, वह मुझे दिया।"

एक घरेलू महिला ने हमारे एक प्रतिनिधि से कहा : "मैं पड़ोसियों को आमंत्रित करने में डरती थी क्योंकि मुझे डर था कि मैं बातचीत नहीं कर पाऊँगी। कुछ सत्र लेने और अपने पैरों के बल खड़े होने के बाद, मैंने यह संकट मोल लिया और इसे जारी रखा।" यह मेरी पहली पार्टी थी। यह एक बड़ी कामयाबी थी। रोचक बातचीत के माध्यम से समूह को उत्तेजित करने में मुझे कोई दिक्कत नहीं हुई।"

एक स्नातक कक्षा में, एक क्लर्क ने कहा : "मैं ग्राहकों से डरता था, मैंने उन्हें यह महसूस करवाया कि मैं क्षमाप्रार्थी हूँ। कक्षा में कुछ बात करने के बाद, मैंने पाया कि मैं अधिक विश्वास और शिष्टता के साथ अपनी बात कह पा रहा था, मैंने प्रतिवाद का उत्तर अधिकारपूर्वक देना आरंभ किया। इस कक्षा में बोलना शुरू करने के बाद पहले महीने में मेरी बिक्री में पैंतालीस प्रतिशत की बढ़ोत्तरी हुई।"

उसने पाया कि अन्य डर और चिंताओं पर विजय पाना और वहाँ कामयाब होना सरल था। जहाँ वे पहले असफल हो सकते थे। आप भी जीवन की समस्याओं और संघर्षों का सामना एक नई पूर्णता की भावना के साथ करने में सक्षम होंगे। विकट स्थितियों की जो श्रृंखला रही है, वह जीवन में आनंद बढ़ाने के लिए एक उज्ज्वल चुनौती बन सकती है।

एक ऐसे संसार में स्वयं का बने रहना जो लगातार आपको कुछ और बनाने का प्रयास कर रहा है, यह सबसे बड़ी सफलता है।

—राल्फ वाल्डो इमर्सन

3

प्रभावी ढंग से, झटपट और सरलता से बोलें

मैं दिन में संभवतः ही कभी टेलीविजन देखता हूँ। किंतु कुछ समय पहले एक मित्र ने मुझसे दोपहर का एक धारावाहिक देखने के लिए कहा जो मुख्य रूप से घरेलू महिलाओं के लिए था। इसे बहुत ऊँची रेटिंग मिली, और मेरा मित्र चाहता था कि मैं इसे देखूँ क्योंकि उसे लगा कि धारावाहिक में दर्शकों की भागीदारी वाले भाग में मेरी दिलचस्पी होगी। यह निश्चित रूप से हुआ। मैंने इसे कई बार देखा, इस बात से मैं सम्मोहित हो गया कि कैसे कार्यक्रमों के मास्टर दर्शकों में से लोगों को इस तरह से बातचीत करने के लिए प्रेरित करने में सफल रहे कि उन्होंने मेरा ध्यान आकर्षित कर लिया। ये लोग स्पष्टतः विशेषज्ञ वक्ता नहीं थे। उन्हें संचार की कला में कभी प्रशिक्षित नहीं किया गया था। उनमें से कुछ ने अनुचित व्याकरण और गलत उच्चारण वाले शब्दों का प्रयोग किया। किंतु वे सभी आकर्षक थे। जब उन्होंने बातचीत करना आरंभ किया तो ऐसा लगा कि कैमरे के सामने आने पर उनका भय समाप्त हो गया और उन्होंने दर्शकों का ध्यान स्वयं की ओर आकर्षित किया।

ऐसा क्यों था? मैं इसका उत्तर जानता हूँ क्योंकि मैं जानता हूँ इस धारावाहिक में इस्तेमाल की जाने वाली तकनीकों का कई वर्षों से अभ्यास किया जा रहा था। ये लोग, साधारण, सामान्य स्त्री और पुरुष, पूरे देश में दर्शकों का ध्यान आकर्षित कर रहे थे; वे स्वयं के बारे में बात कर रहे थे, स्वयं के सबसे दयनीय पलों के बारे में, स्वयं की सबसे सुखद स्मृतियों के बारे में, या वे अपने पति या पत्नियों से कैसे मिले थे। वे ना तो भूमिका,

ना मुख्य भाग एवं ना ही अंतिम भाग के विषय में सोच रहे थे। उन्हें अपनी भाषा शैली एवं वाक्य संरचना से कोई मतलब नहीं था। फिर भी, उन्हें अंततः श्रोताओं से वाह वाही मिल रही थी – उन्हें जो कहना था उस पर पूर्णतः ध्यान दिया जा रहा था। यह इस बात का अभिनयात्मक प्रमाण है कि सार्वजनिक रूप से बोलना सीखने के झटपट और सरल तरीके के लिए मेरे लिए तीन प्रमुख नियमों में से प्रथम क्या है :

एक

ऐसी किसी चीज के बारे में बोलें जिसके बारे में आपने अनुभव या अध्ययन के माध्यम से बोलने का अधिकार प्राप्त किया हो

वे पुरुष और महिलाएँ जिनकी असली जीवन की कहानियाँ उस टेलीविजन कार्यक्रम को दिलचस्प बना रही थीं, वे अपने व्यक्तिगत अनुभव से बात कर रहे थे। वे ऐसी चीजों के बारे में बात कर रहे थे जिन्हें वे अच्छी तरह से जानते थे। अब सोचिए, अगर उन्हें साम्यवाद की परिभाषा देने या संयुक्त राष्ट्र संघ की संगठनात्मक संरचना का वर्णन करने के लिए कहा जाता तो कार्यक्रम कितना उबाऊ होता। फिर भी, यही गलती अनगिनत वक्ता हर जगह की बैठकों और भोजों में करते हैं। वे ऐसे विषय चुनते हैं जिनके बारे में उनके पास बहुत कम या कोई व्यक्तिगत ज्ञान नहीं होता और जिस पर उन्होंने बहुत कम या बिल्कुल ध्यान नहीं दिया होता। वे देशभक्ति, लोकतंत्र, या न्याय जैसे विषय चुन लेते हैं, और फिर कुछ किताबों से कोटेशन या भाषण की किताब में खोज कर जल्दबाजी में कुछ सामान्य बातें इकट्ठी कर लेते हैं, जिन्हें उन्होंने कभी कॉलेज में राजनीति विज्ञान के पाठ्यक्रम में सुना था। फिर वे एक लंबा भाषण देते हैं, जिसका मुख्य आकर्षण सिर्फ इसक लंबाई होती है। उन्हें यह कभी नहीं दिखता कि श्रोता वास्तविक जानकारी में दिलचस्पी ले सकते हैं, जो इन बड़े–बड़े शब्दों को व्यावहारिक और जमीनी स्तर से जुड़ा बना सके।

कुछ साल पहले शिकागो के कॉनराड हिल्टन होटल में डेल कारनेगी के प्रशिक्षकों की एक बैठक में एक छात्र वक्ता ने इस तरह

शुरुआत की : ''स्वतंत्रता, समानता, बंधुत्व। ये मानवता की शब्दावली में सबसे शक्तिशाली विचार हैं। बिना स्वतंत्रता के, जीवन जीने के लायक नहीं होता। कल्पना कीजिए कि अगर आपकी क्रियाओं की स्वतंत्रता हर तरफ से सीमित कर दी जाए तो जीवन कैसा होगा।''

वह यहाँ तक पहुँचा ही था, तभी प्रशिक्षक ने उसे बुद्धिमानी से रोक दिया, जिसने पुनः उससे पूछा कि वह जो कह रहा था उस पर विश्वास क्यों करता है। उससे पूछा गया कि जो कुछ उसने अभी हमें बताया था, क्या उसके समर्थन में उनके पास कोई साक्ष्य या व्यक्तिगत अनुभव है। फिर, उसने हमें एक अद्‌भुत कहानी प्रदान की।

वह एक फ्रांसीसी भूमिगत फाइटर था। उसने हमें उन अपमानों के विषय में बताया जो उसे और उसके परिवार को नाजी शासन के अंतर्गत सहन करने पड़े थे। उसने जीवंत भाषा में वर्णन किया कि कैसे वह खूफिया पुलिस से बच निकला और अंततः कैसे अमेरिका पहुँचा। उसने यह कहते हुए अपनी बात समाप्त की : ''जब मैं आज मिशिगन एवेन्यू से इस होटल तक आया, तो मैं अपनी इच्छा से आने या जाने के लिए स्वतंत्र था। मैं एक पुलिसकर्मी के पास से निकला और उसने मुझ पर कोई ध्यान नहीं दिया। मैं बिना किसी पहचान पत्र को दिखाए होटल में आया, एवं जब यह सभा समाप्त हो जाएगी, तो मैं शिकागो में कहीं भी जा सकता हूँ जहाँ मैं जाना चाहता हूँ। मेरा विश्वास करो, स्वतंत्रता के लिए संघर्ष करना जरूरी है।'' उसे श्रोताओं से खड़े होकर वाह वाही मिली।

हमें बताइए कि जीवन ने आपको क्या सिखाया है

जो वक्ता इस विषय में बातचीत करते हैं कि जीवन ने उन्हें क्या सिखाया है, वे अपने श्रोताओं का ध्यान आकर्षित करने में कभी निराश नहीं होते। मैं अनुभव से जानता हूँ कि वक्ताओं के इस नज़रिये को आत्मसात करने के लिए सरलता से नहीं मनाया जा सकता – वे व्यक्तिगत अनुभवों को बहुत छोटा और बहुत अवरोधात्मक मानकर प्रयोग करने से बचते हैं। वे सामान्य विचारों और दार्शनिक सिद्धांतों के क्षेत्र में बढ़ना तो पसंद करेंगे, परंतु जहाँ दुर्भाग्य से हवा सामान्य मनुष्यों के

लिए साँस लेने के लिए बहुत मुश्किल है। जब हम समाचार के भूखे होते हैं तो वे हमें संपादकीय प्रदान करते हैं। हममें से किसी को भी संपादकीय सुनने से कोई दिक्कत नहीं है, जब वे किसी ऐसे व्यक्ति द्वारा दिए जाते हैं जिसने संपादक का अधिकार प्राप्त किया है – एक समाचार पत्र का संपादक या प्रकाशक। बल्कि, स्थिति यह है : जीवन ने आपको जो सिखाया है उस पर बातचीत करें। मैं आपका समर्पित श्रोता बनूँगा। इमर्सन के विषय में कहा जाता था कि वह सदैव किसी भी व्यक्ति की बात सुनने को तत्पर रहता था, चाहे वह कितना भी दयालु व्यक्ति क्यों न हो, क्योंकि उसका मानना था कि वह जिस भी व्यक्ति से मिलता है, उससे कुछ न कुछ सीख सकता है। मैंने आयरन कर्टेन के पश्चिम में संभवतः किसी भी अन्य व्यक्ति की तुलना में अधिक वयस्क बातचीतें सुनी हैं, और मैं सच कह सकता हूँ कि मैंने कभी भी अरुचिकर बातचीत नहीं सुनी है जब वक्ता ने बताया कि जीवन ने उसे क्या सिखाया है, चाहे वह कितना भी मामूली या साधारण सबक क्यों न हो।

उदाहरण के लिए : कुछ वर्षों पहले हमारे एक प्रशिक्षक ने न्यूयॉर्क शहर के बैंकों के वरिष्ठ अधिकारियों के लिए सार्वजनिक भाषण का एक पाठ्यक्रम आयोजित किया था। सहज रूप से, ऐसे समूह के सदस्यों को, जिनके पास समय की बहुत सारी माँगें होती हैं, अक्सर पर्याप्त रूप से तैयारी करने में, या जो उसने तैयारी के रूप में सोचा था उनमें परेशानी उत्पन्न होती है। अपने पूरे जीवन में वह स्वयं के व्यक्तिगत विचारों पर विचार करता रहा, स्वयं के व्यक्तिगत विश्वासों का पोषण करता रहा, वस्तुओं को अपने विशिष्ट नज़रिये से देखता रहा, अपने स्वयं के मूल अनुभवों को जीता रहा। उसने बातचीत के लिए सामग्री इकट्ठा करने में चालीस वर्ष लगा दिए। परंतु उसमें से कुछ के लिए इसको अनुभव करना मुश्किल था।

एक शुक्रवार, शहर के एक बैंक से जुड़े एक नियमित सज्जन – हमारे उद्देश्यों की पूर्ति के लिए आए, जिसे हम मिस्टर जैक्सन के रूप में नामांकित करेंगे – साढ़े चार बज चुके थे, और उन्हें किसी विषय में बातचीत करनी थी? वे अपने ऑफ़िस से बाहर निकले, एक न्यूजस्टैंड पर फोर्ब्स पत्रिका की एक प्रति खरीदी, और मेट्रो में फेडरल रिज़र्व बैंक के पास आते हुए, जहाँ कक्षा की बैठक हुई, उन्होंने एक लेख पढ़ा, जिसका

शीर्षक था, ''आपके पास कामयाब होने के लिए मात्र दस वर्ष हैं।'' उन्होंने इसे पढ़ा, इसलिए नहीं कि उन्हें लेख में विशेष रुचि थी, बल्कि इसलिए कि उन्हें अपना समय काटने के लिए किसी विषय पर बोलना था।

एक घंटे के पश्चात्, वे खड़े हुए और इस लेख की सामग्री पर ठोस और रोचक तरीके से बात करने का प्रयास किया।

परिणाम क्या था, अवश्यम्भावी परिणाम थे?

वे जो कहना चाह रहे थे वे उसे पचा नहीं पा रहे थे, स्वीकार नहीं कर पा रहे थे। ''कहने का प्रयास कर रहे थे''–वो इसे जैसा कहना चाह रहे थे व्यक्त नहीं कर पा रहे थे। वे कोशिश कर रहे थे। किसी आउटलेट की खोज में उनके पास कोई वास्तविक संदेश नहीं था; और उनके पूरे तौर–तरीके और कहने के लहजे ने इसे स्पष्ट रूप से प्रकट कर दिया था। वे यह आशा कैसे कर सकते थे कि श्रोता उनसे अधिक प्रभावित होंगे? वे लेख का उल्लेख करते रहे एवं कहते रहे कि लेखक ने ऐसा–ऐसा कहा है। इसमें फोर्ब्स पत्रिका की बहुतायत थी, परंतु दुःख की बात है कि मिस्टर जैक्सन को बहुत कम जानकारी थी।

अपनी बातचीत की समाप्ति के बाद, प्रशिक्षक ने कहा, ''मिस्टर जैक्सन, हमें उस अस्पष्ट व्यक्तित्व में कोई लेना–देना नहीं है जिसने वह लेख लिखा है। वह यहाँ नहीं है। हम उसे नहीं देख सकते। परंतु हम आप में और आपके विचारों में रुचि रखते हैं। हमें बतायें कि आप व्यक्तिगत रूप से क्या सोचते हैं, न कि किसी और ने क्या कहा है। इसमें मिस्टर जैक्सन के बारे में और बातें बताएँ। क्या आप अगले सप्ताह इसी विषय को जारी रखेंगे? इस लेख को पुनः पढ़ें, और स्वयं से पूछें कि क्या आप लेखक से संतुष्ट हैं या नहीं। यदि आप संतुष्ट हैं, तो अपने अनुभव से प्रतिक्रियाओं को स्पष्ट करें। यदि आप उससे संतुष्ट नहीं हैं, तो हमें बताएँ कि क्यों। इस लेख का मुख्य उद्देश्य बताएँ जहाँ से आप अपनी बातचीत आरंभ कर सकें।''

मिस्टर जैक्सन ने लेख को पुनः पढ़ा और निष्कर्ष निकाला कि वे लेखक से बिल्कुल भी संतुष्ट नहीं हैं। उन्होंने अपनी असहमति के बिंदुओं को प्रमाणित करने के लिए उदाहरणों के लिए अपनी स्मृति में खोज की। उन्होंने एक बैंक कार्यकारी के रूप में अपने अनुभव से विवरण के साथ अपने विचारों को विकसित और विस्तारित किया। वे अगले सप्ताह

पुनः वापस आये और एक भाषण दिया जो उनकी अपनी पृष्ठभूमि पर आधारित था, उनके स्वयं के विश्वासों से भरा हुआ था। पत्रिका के गर्मागर्म लेख के बजाय, उन्होंने हमें अपनी खदान से अयस्क, अपने सिक्के ढालने के कारखाने से ढाली हुई मुद्रा प्रदान की। मैं यह निर्णय आप पर छोड़ता हूँ कि किस बात ने कक्षा पर अधिक प्रभाव डाला।

अपनी पृष्ठभूमि में विषयों को देखें

एक बार हमारे प्रशिक्षकों के एक समूह से कहा गया कि वे एक पर्ची पर लिखें कि उन्हें प्रारंभिक वक्ताओं के साथ सबसे बड़ी समस्या क्या लगती है। जब इन पर्चियों को गिना गया, तो पाया गया कि "शुरुआत करने वालों को सही विषय पर बात करने के लिए प्रेरित करना" वह समस्या थी, जिसका मेरे पाठ्यक्रम की प्रारंभिक कक्षाओं में सबसे अधिक सामना किया गया था।

सही विषय क्या है? आप यह निश्चित रूप से कह सकते हैं कि आपने सही विषय चुना है, यदि आपने इसके साथ जीवन बिताया है, इसे अपने अनुभव और चिंतन के माध्यम से अपना बना लिया है। विषय कैसे खोजें? इसके लिए अपनी स्मृतियों में डुबकी लगाएँ और अपने जीवन के उन महत्वपूर्ण पहलुओं को खोजें, जिन्होंने आप पर गहरा प्रभाव डाला। कुछ साल पहले, हमने अपनी कक्षाओं में श्रोताओं का ध्यान आकर्षित करने वाले विषयों का सर्वेक्षण किया। हमने पाया कि जो विषय श्रोताओं को सबसे अधिक पसंद आए, वे आमतौर पर व्यक्ति के जीवन की कुछ निश्चित और परिभाषित क्षेत्रों से जुड़े होते थे :

प्रारंभिक वर्ष और पालन–पोषण : परिवार, बचपन की यादें, स्कूल के दिनों से संबंधित विषयों पर सदा ध्यान दिया जाता है, क्योंकि हममें से अधिकांश लोग इस बात में दिलचस्पी रखते हैं कि जिस तरह से हम जिस माहौल में पले–बढ़े हैं, उसमें अन्य व्यक्ति कैसे मिलकर और समस्याओं पर नियंत्रण पाते हैं।

जब भी संभव हो, अपने भाषणों में अपने प्रारंभिक वर्षों से जुड़े उदाहरणों और घटनाओं को शामिल करें। नाटकों, फिल्मों और कहानियों की लोकप्रियता, जो प्रारंभिक जीवन की चुनौतियों से निपटने पर केंद्रित

होती हैं, यह साबित करती है कि यह विषय बोलने के लिए एक मूल्यवान स्रोत है। लेकिन आप कैसे सुनिश्चित कर सकते हैं कि लोग आपके बचपन की घटनाओं में रुचि लेंगे? इसका एक सरल परीक्षण है। यदि कोई घटना सालों बाद भी आपकी यादों में जीवंत बनी रहती है, तो यह लगभग तय है कि वह श्रोताओं के लिए भी दिलचस्प होगी। क्योंकि जो अनुभव हमारे लिए महत्वपूर्ण होते हैं और वर्षों बाद भी हमें प्रभावित करते हैं, वे अक्सर दूसरों के साथ भी गहरा संबंध बना सकते हैं। यही कारण है कि ऐसी कहानियाँ श्रोताओं के दिलों में जगह बनाती हैं।

प्रारंभिक संघर्ष और सफलता पाने की कोशिशें : यह विषय मानव रुचि से भरपूर है। यहाँ फिर से, किसी समूह का ध्यान आकर्षित करने का एक प्रभावी तरीका है अपनी शुरुआती कोशिशों को साझा करना, जब आपने दुनिया में अपनी पहचान बनाने की कोशिश की थी। आप किसी विशेष नौकरी या पेशे में कैसे पहुँचे? किन परिस्थितियों ने आपके करियर को प्रभावित किया? हमें अपने संघर्षों, आशाओं और उन जीतों के बारे में बताएँ, जो आपने प्रतिस्पर्धी दुनिया में अपनी पहचान बनाते समय हासिल कीं। किसी भी व्यक्ति के जीवन की वास्तविक कहानी–यदि इसे विनम्रता से बताया जाए–लगभग निश्चित रूप से लोगों के लिए दिलचस्प होती है। यह श्रोताओं के साथ एक भावनात्मक जुड़ाव बनाता है, क्योंकि वे आपकी सफलता की यात्रा को अपनी चुनौतियों और उपलब्धियों के साथ जोड़ सकते हैं।

शौक और मनोरंजन : इस क्षेत्र से जुड़े विषय व्यक्तिगत पसंद पर आधारित होते हैं, और इसलिए स्वाभाविक रूप से ध्यान आकर्षित करते हैं। किसी ऐसी चीज के बारे में बात करना, जिसे आप पूरी खुशी के साथ करते हैं, कभी गलत नहीं हो सकता। आपके शौक के प्रति आपका स्वाभाविक उत्साह इस विषय को किसी भी श्रोता के सामने प्रस्तुत करने में मदद करेगा।

विशेष ज्ञान के क्षेत्र : एक ही क्षेत्र में कई वर्षों तक काम करने से आप अपने कार्यक्षेत्र में विशेषज्ञ बन गए हैं। यदि आप अपने पेशे या नौकरी से जुड़े पहलुओं पर चर्चा करते हैं, जो आपके वर्षों के अनुभव या अध्ययन पर आधारित हैं, तो आपको निश्चित रूप से आदरपूर्वक ध्यान मिलेगा।

असाधारण अनुभव : क्या आपने कभी किसी महान व्यक्ति से मुलाकात की है? क्या आप युद्ध के दौरान गोलाबारी के बीच थे? क्या आपने अपने जीवन में किसी आध्यात्मिक संकट का सामना किया है? ऐसे अनुभव सबसे अच्छे भाषण सामग्री निर्माण करते हैं।

आस्था और विश्वास : संभवतः आपने आज विश्व के समक्ष आने वाले महत्वपूर्ण विषयों पर स्वयं की स्थिति के विषय में सोचने के लिए बहुत समय लगाया एवं प्रयासरत रहे हैं। यदि आपने महत्वपूर्ण मुद्दों के अध्ययन के लिए कई घंटे बिताए हैं, तो आपने उनके विषय में चर्चा करने का अधिकार प्राप्त कर लिया है। किंतु जब आप ऐसा करते हैं, तो यह निर्धारित करें कि आप स्वयं के अनुभव से बेहतर उदाहरण दें। श्रोताओं को सामान्य बातचीत पसंद नहीं आती।

श्रोता ऐसे भाषण पसंद नहीं करते जो सिर्फ सामान्य बातों से भरे हों। कुछ अखबारों के लेख पढ़कर इन विषयों पर बोलने की तैयारी करना पर्याप्त नहीं है। अगर आप किसी विषय के बारे में अपने श्रोताओं से ज्यादा नहीं जानते, तो उस विषय पर बोलने से बचें। लेकिन, अगर आपने किसी विषय पर वर्षों तक गहराई से अध्ययन किया है, तो वह आपके लिए एकदम सही विषय है। ऐसे विषयों पर जरूर बात करें।

~

जैसा कि अध्याय दो में बताया गया था, एक भाषण की तैयारी केवल यांत्रिक रूप से शब्दों को कागज पर उतारने या कुछ वाक्यों को याद करने भर से नहीं होती। यह किसी जल्दबाजी में पढ़ी गई किताब या अखबार के लेख से विचारों को उधार लेने से भी नहीं होती। बल्कि, यह आपके मन और दिल की गहराई में जाकर उन मूल धारणाओं को सामने लाने से होती है, जो जीवन ने वहाँ संचित की हैं। कभी संदेह न करें कि आपके पास ऐसी सामग्री नहीं है। यह वहाँ मौजूद है! इसकी भरपूर मात्रा आपके खोजने का इंतजार कर रही है। इस सामग्री को कभी नजरअंदाज न करें, यह सोचकर कि यह बहुत व्यक्तिगत या साधारण है। मैंने ऐसे भाषण सुने हैं जो अत्यधिक मनोरंजक और

दिल को छूने वाले थे, और वे कई पेशेवर वक्ताओं की तुलना में अधिक प्रभावशाली थे।

मात्र उस चीज़ के विषय में बातचीत करके जिस विषय में आपने बात करने का अधिकार प्राप्त किया है, क्या आप सार्वजनिक रूप से बोलना सीखने की दूसरी आवश्यकता को शीघ्र और सरलता से पूरा कर पाएँगे। यह इस तरह है :

दूसरा

सुनिश्चित करें कि आप अपने विषय के प्रति उत्साहित हैं

सभी विषय जिन पर आपने और मैंने बोलने का अधिकार हा. सिल किया है, हमें उत्साहित नहीं करते। उदाहरण के लिए, एक "स्वयं से करो" प्रेमी होने के नाते, मैं निश्चित रूप से बर्तन धोने पर बात कर सकता हूँ, लेकिन किसी न किसी वजह से मैं इस विषय को लेकर उत्साहित नहीं हो पाता। सच तो यह है कि मैं इसे पूरी तरह से भूलना ही पसंद करूँगा। फिर भी, मैंने कुछ घरेलू महिलाओं को इसी विषय पर उत्कृष्ट भाषण देते सुना है। उन्होंने बर्तन धोने के इस अनंत कार्य को लेकर अपने भीतर इतना गुस्सा पैदा कर लिया है, या उन्होंने इस अप्रिय काम से बचने के इतने अनोखे तरीके विकसित कर लिए हैं कि वे इस विषय को लेकर वास्तव में उत्साहित हो गई हैं। परिणामस्वरूप, वे इस विषय पर प्रभावी ढंग से बात करने में सक्षम हो पाई हैं। यहाँ एक प्रश्न है जो आपको यह तय करने में मदद करेगा कि आप सार्वजनिक रूप से चर्चा करने के लिए योग्य विषयों के लिए कितने उपयुक्त हैं : यदि कोई आपकी राय का खुलकर विरोध करता है, तो क्या आप अपने दृष्टिकोण की रक्षा में दृढ़ता और गंभीरता से बोलने के लिए प्रेरित होंगे? यदि हाँ, तो आपके पास सही विषय है।

हाल ही में, मुझे कुछ नोट्स मिले जो मैंने सन् 1926 में लिखे थे, जब मैंने जिनेवा, स्विट्जरलैंड में लीग ऑफ नेशंस के सातवें सत्र का दौरान लिखे थे। यहाँ एक पैराग्राफ है : "तीन या चार नीरस वक्ताओं द्वारा अपने दस्तावेज पढ़ने के बाद, कनाडा के सर जॉर्ज फोस्टर ने मंच संभाला। मुझे बहुत प्रसन्नता हुई कि उनके पास कोई दस्तावेज या नोट्स

नहीं थे। वे लगातार इशारे कर रहे थे। उनका दिल उस बात में लगा था, जो वे कह रहे थे। उनके पास कुछ ऐसा था जिसे वे श्रोताओं तक पहुँचाना चाहते थे। यह बात स्पष्ट थी कि वे अपनी गहराई से संजोई हुई धारणाओं को श्रोताओं तक पहुँचाने का ईमानदार प्रयास कर रहे थे, जैसे खिड़कियों के बाहर जिनेवा झील की स्पष्टता थी। मेरे द्वारा शिक्षण में सुझाए गए सिद्धांतों का सुंदर ढंग से उस भाषण में उदाहरण मिला।''

मैं अक्सर सर जॉर्ज के उस भाषण को याद करता हूँ। वे ईमानदार थे; वे गंभीर थे। केवल उन्हीं विषयों को चुनकर, जो दिल से महसूस किए गए हों और दिमाग से गहराई से सोचे गए हों, इस ईमानदारी को प्रकट किया जा सकता है। बिशप फुल्टन जे. शीन, जो अमेरिका के सबसे प्रभावशाली वक्ताओं में से एक थे, ने यह पाठ अपने जीवन में बहुत जल्दी सीख लिया था।

''मुझे कॉलेज में वाद–विवाद टीम के लिए चुना गया,'' उन्होंने अपनी पुस्तक *जीवन जीने लायक है* में लिखा, ''और नोट्रे डेम वाद–. विवाद से एक रात पहले, हमारे वाद–विवाद के प्रोफेसर ने मुझे अपने ऑफिस में बुलाया और फटकार लगाई।''

''तुमसे बेकार कोई नहीं हो सकता। इस कॉलेज के इतिहास में हमें ऐसा कोई नहीं मिला जो तुमसे बुरा वक्ता हो।''

'' 'ठीक है,' मैंने स्वयं को सही ठहराने की कोशिश करते हुए कहा, 'यदि मैं इतना ही बेकार हूँ तो आपने मुझे समूह में क्यों चुना?''

'' 'क्योंकि,' उन्होंने जवाब दिया, 'तुम सोच सकते हो, इसलिए चुना है, न कि तुम बोल सकते हो। उस कोने में जाओ। अपने भाषण का एक पैराग्राफ लेकर बार बार दोहराओ।' मैंने एक पैराग्राफ को एक घंटे तक बार–बार दोहराया। अंत में उन्होंने पूछा, 'क्या तुम्हें इसमें कोई गलती नज़र आई?' मैंने कहा, 'नहीं।' फिर डेढ़ घंटे, दो घंटे, ढाई घंटे तक मैंने दोहराया, और आखिर में मैं थक गया। उन्होंने फिर पूछा, 'क्या अब भी तुम्हें कोई गलती नज़र नहीं आई?' ''

''स्वाभाविक रूप से तेज़ होने के कारण, ढाई घंटे के बाद, मैंने अपनी गलती पहचान ली। मैंने कहा, 'हाँ, मैं असल में ऐसा नहीं हूँ। मैं वैसा नहीं हूँ जैसा मुझे होना चाहिए। मैं ऐसे बात नहीं करता जैसे कि यही मेरे कहने का अर्थ हो।'

इस बिंदु पर, बिशप शीन ने एक सबक सीखा जिसे उसने हमेशा याद रखा; उन्होंने अपनी बातचीत में स्वयं को शामिल किया। वह अपनी विषय वस्तु को लेकर उत्साहित हो गया। तभी बुद्धिमान प्रोफ़ेसर ने कहा, *"अब, तुम बोलने के लिए तैयार हो!"*

जब हमारी किसी कक्षा का कोई सदस्य कहता है, "मैं किसी भी चीज़ को लेकर उत्साहित नहीं होता, मैं नीरस जीवन जीता हूँ," हमारे प्रशिक्षकों को उससे यह पूछने के लिए प्रशिक्षित किया जाता है कि वह अपने खाली समय में क्या करता है। एक फिल्म देखने जाता है, दूसरा गेंदबाज़ी करता है, और तीसरा गुलाब की खेती करता है। एक व्यक्ति ने अपने प्रशिक्षक से कहा कि उसने माचिस की पुस्तकें इकट्ठा की हैं। जैसे–जैसे प्रशिक्षक ने उससे इस असामान्य शौक के विषय में प्रश्न करना जारी रखा, वह धीरे–धीरे उत्साहित हो गया। शीघ्र ही वह उन अलमारियों का वर्णन करते हुए संकेतों का उपयोग करने लगा जिनमें उसने अपना संग्रह संग्रहीत किया था। उसने अपने प्रशिक्षक से कहा कि उनके पास विश्व के लगभग प्रत्येक देश की माचिस की पुस्तकें हैं। जब वह अपने पसंदीदा विषय को लेकर उत्साहित हो गया तो प्रशिक्षक ने उसे रोक दिया। "आप हमें इस विषय के बारे में क्यों नहीं बताते? यह मुझे रोचक लगता है।" उसने कहा कि उसे नहीं लगता कि किसी को इसमें रुचि होगी! यहाँ एक व्यक्ति था जिसने एक ऐसे शौक को पूरा करने में वर्षों लगाए थे जो उसके लिए लगभग एक जुनून था; पुनः, वह इस विषय पर बोलने में इसके मूल्य के विषय में नकारात्मक था। इस प्रशिक्षक ने इस व्यक्ति को विश्वास दिलाया कि किसी विषय में रुचि का आकलन करने का एकमात्र तरीका यह है कि आप स्वयं से पूछें कि आपकी इसमें कितनी रुचि है। उस रात्रि उसने सच्चे संग्रहकर्ता के रूप में पूरे उत्साह के साथ बात की, एवं मैंने इसके पश्चात् सुना कि विभिन्न लंच क्लबों में जाकर और माचिस के पुस्तक संग्रह के विषय में बात करके उन्होंने एक निश्चित मात्रा में स्थानीय पहचान प्राप्त की।

यह उदाहरण उन लोगों के लिए तीसरे मार्गदर्शक सिद्धांत की ओर सीधे संकेत करता है, जो सार्वजनिक रूप से बोलना जल्दी और आसानी से सीखना चाहते हैं।

तीन

अपने श्रोताओं के साथ अपने बात को साझा करने के लिए उत्सुक रहें

हर भाषण की स्थिति में तीन मुख्य घटक होते हैं : वक्ता, भाषण या संदेश, और श्रोता। इस अध्याय के पहले दो नियमों ने वक्ता और भाषण के बीच के संबंधों पर चर्चा की है। इस बिंदु तक, कोई वास्तविक भाषण स्थिति उत्पन्न नहीं होती। केवल तब, जब वक्ता अपने भाषण को एक जीवंत श्रोता समूह से जोड़ता है, भाषण की स्थिति जीवंत हो जाती है। भाषण अच्छी तरह से तैयार हो सकता है, वक्ता उस विषय के बारे में उत्साहित हो सकता है, लेकिन पूरी सफलता के लिए एक और महत्वपूर्ण कारक होना चाहिए। वक्ता को अपने श्रोताओं को यह महसूस कराना चाहिए कि जो कुछ वह कह रहा है, वह उनके लिए महत्वपूर्ण है। वक्ता को केवल अपने विषय के प्रति उत्साहित नहीं होना चाहिए, बल्कि उसे यह उत्साह श्रोताओं तक पहुँचाने की भी तीव्र इच्छा होनी चाहिए। इतिहास में जितने भी प्रभावशाली वक्ता हुए हैं, उनमें यह विशेष गुण होता है, जिसे आप बिक्री कौशल, प्रचारक भावना, या कुछ भी कह सकते हैं। प्रभावी वक्ता सच्चे दिल से चाहते हैं कि उनके श्रोता वही महसूस करें जो वे महसूस कर रहे हैं, उनके दृष्टिकोण से सहमत हों, वही करें जो वे श्रोताओं के लिए सही समझते हैं, और उनके अनुभव को उनके साथ जीएं और आनंद लें। एक प्रभावी वक्ता श्रोता–केंद्रित होता है, आत्म–केंद्रित नहीं। वह जानता है कि उसके भाषण की सफलता या असफलता का निर्णय वह स्वय नहीं करेगा–यह निर्णय श्रोताओं के दिलों और दिमाग में होगा।

मैंने न्यूयॉर्क सिटी चैप्टर के अमेरिकन इंस्टीट्यूट ऑफ बैंकिंग में कई लोगों को एक बचत अभियान के दौरान भाषण देने के लिए प्रशिक्षित किया। उनमें से एक व्यक्ति अपने श्रोताओं से जुड़ नहीं पा रहा था। उसकी मदद करने का पहला कदम यह था कि उसके मन और दिल में उसके विषय के प्रति जोश भरना। मैंने उसे अकेले जाकर इस विषय पर तब तक सोचने के लिए कहा, जब तक कि वह इसके बारे में उत्साहित न हो जाए। मैंने उसे याद दिलाया कि न्यूयॉर्क के प्रॉबेट कोर्ट के रिकॉर्ड

दिखाते हैं कि 85 प्रतिशत से अधिक लोग अपनी मृत्यु के समय कुछ भी छोड़कर नहीं जाते, और केवल 3.3 प्रतिशत लोग 10,000 डॉलर या उससे अधिक की संपत्ति छोड़ते हैं। मैंने उसे यह लगातार ध्यान में रखने को कहा कि वह लोगों से कोई ऐसा काम नहीं कह रहा है जो वे नहीं कर सकते या जो केवल उसके लिए फायदेमंद हो। उसे स्वयं से कहना था, "मैं इन लोगों को उनके बुढ़ापे में भोजन, वस्त्र और आराम के लिए तैयार कर रहा हूँ, और उनकी पत्नियों और बच्चों को सुरक्षित छोड़ने के लिए भी।" उसे यह याद रखना था कि वह एक महान सामाजिक सेवा करने जा रहा है। संक्षेप में, उसे एक मिशनरी की तरह काम करना था।

उसने इन तथ्यों पर विचार किया। उसने इन्हें अपने मन में गहराई से बसा लिया। उसने स्वयं अपनी रुचि जगाई, अपने उत्साह को प्रज्वलित किया, और महसूस किया कि उसके पास सच में एक मिशन है। फिर जब वह लोगों से बात करने गया, तो उसके शब्दों में एक दृढ़ता थी, जो विश्वास जगाती थी। उसने श्रोताओं को बचत के फायदों के बारे में इसलिए समझाया, क्योंकि उसमें लोगों की मदद करने की तीव्र इच्छा थी। अब वह केवल तथ्यों से भरा एक वक्ता नहीं था; वह एक मिशनरी था, जो एक सार्थक उद्देश्य के लिए लोगों को अपने साथ जोड़ने की कोशिश कर रहा था।

अपने शिक्षण करियर के शुरुआती दौर में, मैं सार्वजनिक भाषण के नियमों पर आधारित पाठ्यपुस्तकों पर काफी निर्भर था। ऐसा करने में, मैं उन गलत आदतों को दोहरा रहा था, जो मुझे ऐसे शिक्षकों से मिली थीं, जो अभी भी भाषण की बनावटी और औपचारिक विधियों से चिपके हुए थे।

मैं कभी नहीं भूल सकता कि मुझे बोलने की पहली शिक्षा कैसी मिली थी। मुझे सिखाया गया था कि अपना हाथ ढीला छोड़कर शरीर के बगल में रखें, हथेली पीछे की ओर और उंगलियाँ आधी मुड़ी हुई हों, अँगूठा पैर से छूता हो। फिर मुझे यह अभ्यास कराया गया कि हाथ को सुंदरता से एक तिरछी दिशा में ऊपर लाना है, कलाई को शास्त्रीय तरीके से मोड़ना है, और फिर उंगलियों को एक–एक कर खोलना है–पहले तर्जनी, फिर बीच की उंगली और अंत में छोटी उंगली। जब पूरा यह सौंदर्यपूर्ण और सजावटी आंदोलन किया जाता, तो हाथ को

उसी घुमाव में वापस ले जाकर फिर से पैर के पास रखना था। पूरा प्रदर्शन बनावटी और अस्वाभाविक था। इसमें कुछ भी स्वाभाविक या ईमानदार नहीं था।

मेरे प्रशिक्षक ने मुझे मेरे भाषण में मेरी अपनी व्यक्तिगतता डालने की कोई कोशिश नहीं की; न ही मुझे इस तरह से बोलने के लिए प्रेरित किया कि मैं एक सामान्य, जीवंत इंसान की तरह, उत्साहपूर्वक अपने श्रोताओं से बातचीत कर रहा हूँ।

भाषण प्रशिक्षण के इस तकनीकी दृष्टिकोण की तुलना उन तीन प्राथमिक नियमों से करें जिनकी मैं इस अध्याय में चर्चा कर रहा हूँ। वे प्रभावी बोलने के प्रशिक्षण के मेरे संपूर्ण दृष्टिकोण का आधार हैं। इस पुस्तक में आपका उनसे बार–बार सामना होगा।

> एक वक्ता को अपनी तैयारी इस आधार पर नहीं करनी चाहिए कि वह क्या कहना चाहता है, बल्कि इस आधार पर कि वह क्या सीखना चाहता है।
>
> –टोड स्टॉकर

~

> अच्छे या बुरे के लिए, आपको जीवन के ऑर्केस्ट्रा में अपना स्वयं का वाद्ययंत्र बजाना होगा।
>
> –डेल कारनेगी

भाग–II

प्रभावी बातचीत की तकनीकें

4

वक्ता का परिचय, पुरस्कार प्रदान करना और स्वीकार करना

जब आपको सार्वजनिक रूप से बोलने के लिए कहा जाता है, तो आप किसी अन्य वक्ता का परिचय दे सकते हैं या जानकारी देने, मनोरंजन करने, समझाने या प्रेरित करने के लिए एक लंबा भाषण दे सकते हैं। हो सकता है आप किसी नागरिक संगठन के कार्यक्रम अध्यक्ष हों या महिला क्लब के सदस्य हों और आपको अगली बैठक में मुख्य वक्ता का परिचय देने का काम सौंपा गया हो। या फिर आप उस समय की प्रतीक्षा कर रहे हों जब आपको स्थानीय पीटीए, आपकी बिक्री समूह, एक यूनियन बैठक, या किसी राजनीतिक संगठन को संबोधित करना हो। अध्याय तेरह में, मैं आपको लंबे प्रकार के भाषण की तैयारी के लिए सुझाव दूँगा, और यह अध्याय आपको परिचयात्मक भाषण तैयार करने में मदद करेगा। मैं आपको पुरस्कार प्रस्तुत करने और स्वीकार करने के लिए भी कुछ मूल्यवान सुझाव दूँगा।।

जॉन मेसन ब्राउन, जो एक लेखक और व्याख्याता हैं, जिनके जीवंत भाषणों ने पूरे देश में श्रोताओं का दिल जीता है, एक रात उस व्यक्ति से बात कर रहे थे, जो उनका परिचय श्रोताओं से कराने वाला था।

"तुम इस बात की चिंता करना बंद करो कि तुम क्या कहने वाले हो," उस व्यक्ति ने मिस्टर ब्राउन से कहा। "आराम करो। मैं भाषण की तैयारी में विश्वास नहीं करता। नहीं, तैयारी ठीक नहीं होती। इससे भाषण की आकर्षकता खत्म हो जाती है और मजा चला जाता है। मैं बस तब तक इंतजार करता हूँ जब तक कि मैं खड़ा होकर बोलना शुरू

न कर दूँ, और मुझे हमेशा प्रेरणा मिल ही जाती है– यह कभी असफल नहीं होती।''

इन आश्वस्त करने वाले शब्दों ने मिस्टर ब्राउन को यह उम्मीद दिलाई कि उन्हें एक शानदार परिचय मिलेगा, जैसा कि उन्होंने अपनी पुस्तक में याद किया। लेकिन जब वह व्यक्ति उठकर परिचय देने लगा, तो यह इस तरह से निकला :

सज्जनो, क्या मैं आपका ध्यान आकर्षित कर सकता हूँ? आज रात हमारे पास आपके लिए दुःखद समाचार है। हम चाहते थे कि इसहाक एफ़. मार्कोसन आपसे बातचीत करें, किंतु वे नहीं आ सके। वे बीमार हैं। (तालियाँ।) इसके पश्चात्, हमने सीनेटर ब्लेड्रिज से आपको संबोधित करने के लिए कहा...किंतु वे व्यस्त थे। (तालियाँ।) अंततः, हमने कैनसस सिटी के डॉक्टर लॉयड ग्रोगन को आपसे बात करने के लिए नीचे बुलाने का व्यर्थ प्रयास किया। (तालियाँ।) तो, इसके अलावा, हमारे मध्य जॉन मेसन ब्राउन हैं। (शांति छा गई।)

मिस्टर ब्राउन, इस संकट को याद करते हुए, केवल इतना ही बोले : ''कम से कम मेरे मित्र, उस प्रेरणादायक व्यक्ति ने मेरा नाम तो सही लिया।''

आप देख सकते हैं कि यह व्यक्ति, जो अपनी प्रेरणा पर इतना विश्वास कर रहा था, उससे अधिक खराब परिचय शायद नहीं दे सकता था, भले ही उसने कोशिश की होती। उसके परिचय ने उस वक्ता और श्रोताओं के प्रति उसकी सभी जिम्मेदारियों का उल्लंघन किया। हालांकि, इन जिम्मेदारियों की संख्या कम है, लेकिन वे बहुत महत्वपूर्ण हैं। यह हैरान करने वाली बात है कि कितने कार्यक्रम संचालक इन बातों को नजरअंदाज कर देते हैं।

परिचयात्मक भाषण का मकसद बिल्कुल वैसा ही होता है जैसा किसी व्यक्ति से दूसरे व्यक्ति का परिचय कराना। यह वक्ता और श्रोताओं को जोड़ता है, एक अच्छा और दोस्ताना माहौल बनाता है, और दोनों के बीच पसंद न पसंद पैदा करता है। जो लोग कहते हैं, ''आपको बस वक्ता का परिचय कराना है, भाषण देने की जरूरत नहीं है,'' वे बात को हल्के में लेते हैं। वास्तव में, परिचयात्मक भाषण को कई बार खराब तरीके से दिया जाता है, क्योंकि बहुत से कार्यक्रम संचालक इसे अधिक महत्वपूर्ण नहीं समझते हैं।

परिचय (इंट्रोडक्शन) शब्द दो लैटिन शब्दों से बना है : ''इंट्रो'' जिसका अर्थ है ''अंदर'' और ''डुकेरे'' जिसका मतलब है ''नेतृत्व करना''। इसका मकसद हमें विषय के अंदर ले जाना है, ताकि हम उसे सुनने के लिए उत्सुक हों। इसके साथ ही, यह हमें वक्ता के बारे में ऐसे तथ्य बताता है, जो यह साबित करें कि वह इस विषय पर बोलने के लिए उपयुक्त है। सरल शब्दों में, एक परिचय को विषय और वक्ता को श्रोताओं के सामने ''बेचने'' का काम करना चाहिए। और यह सब बहुत कम समय में होना चाहिए।

यह तो परिचय का उद्देश्य होना चाहिए, लेकिन क्या ऐसा होता है? दस में से नौ बार, बिल्कुल नहीं। अधिकांश परिचय बहुत कमजोर, असंगत और बिना वजह अधूरे होते हैं। ऐसा होना जरूरी नहीं है। अगर परिचय देने वाला व्यक्ति अपने काम की अहमियत समझे और सही तरीके से इसे निभाए, तो वह जल्द ही एक अच्छे कार्यक्रम संचालक या समारोह के संचालक के रूप में पहचाना जाएगा।

यहाँ कुछ सुझाव दिए गए हैं जो आपको एक अच्छी तरह से संगठित परिचयात्मक भाषण देने में मदद करेंगे :

एक

आप जो कहने जा रहे हैं उसकी पूरी तैयारी करें

हालांकि परिचयात्मक भाषण छोटा होता है, अक्सर एक मिनट से ज्यादा का नहीं, फिर भी इसकी तैयारी बहुत ध्यान से करनी होती है। सबसे पहले, आपको अपने तथ्यों को इकट्ठा करना होगा। ये मुख्य रूप से तीन बातों पर केंद्रित होंगे : वक्ता की बातचीत का विषय, उस विषय पर बोलने की उसकी योग्यता, और उसका नाम। अक्सर, एक चौथा बिंदु भी महत्वपूर्ण हो सकता है–वह यह कि वक्ता द्वारा चुना गया विषय श्रोताओं के लिए क्यों खास है। इस जानकारी के साथ आप एक प्रभावी परिचय दे सकेंगे, जो श्रोताओं को भाषण सुनने के लिए उत्साहित करेगा।

सुनिश्चित करें कि आपको वक्ता के भाषण का सही शीर्षक और विषय की जानकारी ठीक से हो। सबसे शर्मनाक स्थिति तब होती है

जब वक्ता आपके परिचय को गलत ठहराते हुए उसे नकार देता है। इससे बचने के लिए, आपको पता होना चाहिए कि वक्ता किस विषय पर बोलने वाले हैं, और अनुमान न लगाएं कि वह क्या कहेंगे। आपका परिचय देने का काम यह माँग करता है कि आप वक्ता के भाषण का शीर्षक सही ढंग से बताएँ और यह भी बताएँ कि यह श्रोताओं के लिए क्यों महत्वपूर्ण है। जहाँ तक संभव हो, यह जानकारी सीधे वक्ता से प्राप्त करें। अगर आपको किसी तीसरे व्यक्ति जैसे कार्यक्रम संचालक से जानकारी लेनी हो, तो उसे लिखित रूप में लें और कार्यक्रम से पहले वक्ता से पुष्टि कर लें।

आपकी तैयारी का मुख्य हिस्सा वक्ता की योग्यताओं के बारे में सही जानकारी जुटाना होगा। अगर वक्ता राष्ट्रीय या क्षेत्रीय स्तर पर प्रसिद्ध हैं, तो आप किसी विश्वसनीय स्रोत से उनकी जानकारी ले सकते हैं। स्थानीय स्तर पर, आप उस संस्था के जनसंपर्क या कर्मचारी विभाग से संपर्क कर सकते हैं जहाँ वह काम करते हैं, या उनके किसी करीबी दोस्त या परिवार के सदस्य से बात करके जानकारी की पुष्टि कर सकते हैं। सबसे जरूरी बात यह है कि आपको वक्ता के बारे में सही और सटीक तथ्य मिलें। वक्ता के करीबी लोग आपको यह जानकारी खुशी से उपलब्ध कराएंगे।

बिल्कुल, बहुत ज्यादा जानकारी देने से श्रोता बोर हो सकते हैं, खासकर जब एक बड़ी डिग्री से पहले की छोटी डिग्रियों का भी जिक्र हो। उदाहरण के लिए, अगर आप कहते हैं कि किसी व्यक्ति ने पीएचडी की है, तो यह बताने की जरूरत नहीं है कि उसने बी.एस. और एम.ए. भी किया है। इसी तरह, व्यक्ति के सबसे हाल के और ऊँचे पदों का जिक्र करें, बजाय इसके कि उसकी सारी पुरानी नौकरियों की सूची दें। सबसे अहम बात यह है कि व्यक्ति की सबसे बड़ी उपलब्धियों पर ध्यान दें, न कि छोटी बातों पर।

उदाहरण के लिए, मैंने एक प्रसिद्ध वक्ता को सुना, जो आयरिश कवि डब्ल्यू. बी. यीट्स का परिचय दे रहा था। यीट्स अपनी कविताएँ पढ़ने वाले थे। तीन साल पहले उन्हें साहित्य के क्षेत्र में नोबेल पुरस्कार मिला था, जो किसी भी साहित्यकार के लिए सबसे बड़ा सम्मान होता है। मुझे पूरा विश्वास है कि उस सभा में 10 प्रतिशत से भी कम लोग

इस पुरस्कार या उसकी महत्ता के बारे में जानते होंगे। इस बात का उल्लेख किया जाना चाहिए था, भले ही और कुछ न कहा जाए। लेकिन उस कार्यक्रम संचालक ने क्या किया? उसने इन महत्वपूर्ण तथ्यों को पूरी तरह नजरअंदाज कर दिया और ग्रीक कविताओं और पौराणिक कथाओं पर बात करने लगा।

सबसे जरूरी है कि आप वक्ता के नाम को ठीक से जानें और उसके सही नाम के उच्चारण का अभ्यास करें। जॉन मेसन ब्राउन ने कहा है कि कई बार उनका नाम "जॉन ब्राउन मेसन" या यहाँ तक कि "जॉन स्मिथ मेसन" के रूप में गलत तरीके से प्रस्तुत किया गया था। अपने मजेदार निबंध "वी हैव विद अस टुनाइट" में, प्रसिद्ध कनाडाई हास्य लेखक स्टीफन लीकॉक एक ऐसी घटना का उल्लेख करते हैं, जहाँ परिचय देने वाले ने उनका नाम गलत तरीके से प्रस्तुत किया।

हममें से कई लोग मिस्टर लीरॉयड के आने का बहुत ही आनंदपूर्वक इंतजार कर रहे थे। उनकी किताबों से ऐसा लगता है जैसे हम उन्हें पहले से ही एक पुराने दोस्त के रूप में जानते हैं। वास्तव में, मैं यह कहने में कोई अतिशयोक्ति नहीं कर रहा हूँ कि हमारे शहर में उनका नाम काफी समय से जाना–पहचाना नाम बन चुका है। मुझे बहुत खुशी हो रही है कि मैं आपको–मिस्टर लीरॉयड से परिचित करवा रहा हूँ।

आपके शोध का मुख्य उद्देश्य विशिष्ट होना चाहिए, क्योंकि केवल विशिष्ट होने से ही परिचय अपने उद्देश्य को प्राप्त करेगा–श्रोताओं का ध्यान आकर्षित करना और उन्हें वक्ता के भाषण के प्रति ग्रहणशील बनाना। जो अध्यक्ष बिना तैयारी के किसी बैठक में आता है, अक्सर कुछ ऐसा कहता है जो अस्पष्ट और उबाऊ होता है, जैसे :

"हमारे वक्ता को उनके विषय में हर जगह एक विशेषज्ञ के रूप में माना जाता है। हम यह जानने के लिए उत्सुक हैं कि वह इस विषय पर क्या कहने वाले हैं, क्योंकि वह दूर से आए हैं। मुझे बहुत खुशी हो रही है कि मैं प्रस्तुत कर रहा हूँ, चलिए देखते हैं... ओह, यहाँ हैं, मिस्टर ब्लैंक।"

थोड़ा समय लेकर अगर हम अच्छी तैयारी करें, तो हम उस निराशाजनक प्रभाव से बच सकते हैं, जो ऐसा खराब परिचय वक्ता और श्रोताओं पर डालता है।

दो

टी–आई–एस सूत्र का पालन करें

अधिकांश परिचयों के लिए, टी–आई–एस सूत्र आपके शोध में इकट्ठा किए गए तथ्यों को व्यवस्थित करने में एक सरल मार्गदर्शन के रूप में कार्य करता है :

1. टी से अभिप्राय विषय है। वक्ता की बातचीत का सटीक शीर्षक देकर अपने परिचय की शुरूआत करें।
2. आई से अभिप्राय महत्व है। इस चरण में, आप विषय और समूह के विशेष हितों के बीच की खाई को भरते हैं।
3. एस से अभिप्राय स्पीकर या वक्ता से है। यहाँ, आप वक्ता की उत्कृष्ट क्षमताओं को सूचीबद्ध करते हैं, विशेष रूप से वे जो उसके विषय से संबंधित हैं। अंततः, आप उसका नाम स्पष्ट रूप से बताएँ।

इस सूत्र में आपकी कल्पना का उपयोग करने के लिए बहुत जगह है। परिचय को काटने–छाँटने की आवश्यकता नहीं है। यहाँ एक परिचय का एक उदाहरण दिया गया है जो किसी सूत्र के प्रभाव को दिए बिना ही सूत्र का अनुसरण करता है। यह न्यूयॉर्क शहर के संपादक, होमर थॉर्न द्वारा दिया गया था, जब उन्होंने न्यूयॉर्क टेलीफोन कंपनी के कार्यकारी, जॉर्ज वेलबाम को अखबार के पुरुषों और महिलाओं के एक समूह से मिलवाया था :

"हमारे वक्ता का विषय है 'टेलीफोन आपकी सेवा करता है।'"

मुझे ऐसा लगता है कि यह दुनिया के बड़े रहस्यों में से एक है–जैसे प्रेम का रहस्य या घुड़दौड़ के खिलाड़ी की लगातार कोशिश–कि जब आप टेलीफोन कॉल करते हैं, तो पर्दे के पीछे क्या होता है, यह समझ पाना एक रहस्य ही है।

कभी–कभी आपसे गलत नंबर क्यों मिल जाता है? कभी–कभी क्यों आप न्यूयॉर्क से शिकागो कॉल जल्दी कर सकते हैं, लेकिन अपने ही शहर से पास के शहर में कॉल करने में समय लगता है? हमारे वक्ता इन सभी सवालों के जवाब जानते हैं और टेलीफोन से जुड़े अन्य सवालों

के भी। बीस वर्षों से उनका काम टेलीफोन व्यवसाय की हर तरह की बारीकियों को समझना और इसे दूसरों के लिए स्पष्ट करना है। वह एक टेलीफोन कंपनी के कार्यकारी अधिकारी हैं, जिन्होंने अपने काम से यह पद प्राप्त किया है।

अब वे हमें यह बताएंगे कि उनकी कंपनी हमारी सेवा कैसे करती है। यदि आप आज उनकी सेवा से संतुष्ट हैं, तो उन्हें एक शुभचिंतक के रूप में देखें। और यदि हाल ही में आपका टेलीफोन आपको परेशान कर रहा है, तो उन्हें इस सेवा का बचाव करने वाले प्रतिनिधि के रूप में समझें।

देवियो और सज्जनो, न्यूयॉर्क टेलीफोन कंपनी के उपाध्यक्ष मिस्टर जॉर्ज वेलबाम।"

ध्यान दें कि परिचयात्मक वक्ता कितनी चालाकी से दर्शकों को टेलीफोन के विषय में सोचने पर विवश कर देता है। प्रश्न पूछकर, वह उनकी जिज्ञासा को बढ़ाता है और पुनः संकेत देता है कि वक्ता इन प्रश्नों और दर्शकों के किसी भी अन्य प्रश्न का उत्तर देगा।

मुझे संदेह है कि यह परिचय लिखा गया था या याद किया गया था। कागज पर भी यह बातचीत जैसा और स्वाभाविक लगता है। किसी भी परिचय को कभी भी याद नहीं करना चाहिए। कॉर्नेलिया ओटिस स्किनर को एक बार उस शाम अध्यक्ष के द्वारा परिचित कराया गया, वे अपने याद किए हुए शब्दों को शुरुआत में ही भूल गए। उन्होंने एक गहरी सांस ली और फिर कहा, "एडमिरल बर्ड की बहुत अधिक कीमत के कारण, हमारे साथ इस शाम मिस कॉर्नेलिया ओटिस स्किनर हैं।'"

परिचय ऐसा होना चाहिए जो स्वाभाविक और मौके के अनुरूप लगे, न कि बहुत औपचारिक और सख्त।

ऊपर बताए गए मिस्टर वेलबाम के परिचय में, कोई घिसी–पिटी बातचीत नहीं है, जैसे कि, 'इससे मुझे अपार प्रसन्नता होती है', और 'आपका परिचय कराना मेरे लिए बड़े सौभाग्य की बात है।' किसी वक्ता को प्रस्तुत करने का सबसे उत्तम तरीका उसका नाम बताना या यह कहना है, 'मैं प्रस्तुत करता हूँ' और उसका नाम बताना।

कुछ अध्यक्ष बहुत लंबा बोलकर श्रोताओं को बेचैन कर देते हैं। कुछ अपने महत्व को दिखाने के लिए भाषण कला में लंबी–चौड़ी बातें

करने लगते हैं। वहीं, कुछ लोग "तैयार किए हुए चुटकुलों" का उपयोग करते हैं, जो कभी–कभी अच्छे नहीं होते, या ऐसे मजाक करते हैं जो वक्ता के पेशे का मजाक उड़ाते हैं या उसे नीचा दिखाते हैं। इन सभी गलतियों से बचना चाहिए यदि कोई व्यक्ति प्रभावी परिचय देने के उद्देश्य को प्राप्त करना चाहता है।

कुछ साल पहले, यह एक तरह की भाषण कला थी कि परिचय में वक्ता की बहुत तारीफ की जाए। अध्यक्ष द्वारा वक्ता पर प्रशंसा के फूलों की बौछार की जाती थी। अक्सर, बेचारे वक्ता इस अत्यधिक प्रशंसा के बोझ से दब जाते थे।

कैनसास सिटी, मिसौरी के प्रसिद्ध हास्यकार टॉम कॉलिन्स ने हर्बर्ट प्रोक्नो को बताया कि "यदि कोई वक्ता हास्य करने का इरादा रखता है, तो यह उसके लिए जानलेवा है कि वह अपने दर्शकों से वादा करे कि वे जल्द ही हँसी में लोटपोट हो जाएँगे। जब एक टोस्टमास्टर विल रोजर्स के बारे में बड़बड़ाने लगता है, तो आपको समझ जाना चाहिए कि आप अपनी कलाई काटकर घर जा सकते हैं, क्योंकि आपकी स्थिति खराब हो चुकी है।"

दूसरी ओर, बहुत कम प्रशंसा भी न करें। स्टीफन लीकॉक उस समय को याद करते हैं जब उन्हें एक परिचयात्मक भाषण का उत्तर देना था, जो इस तरह समाप्त हुआ :

> "यह इस सर्दी के लिए हमारे व्याख्यानों की शृंखला का पहला कार्यक्रम है। पिछली शृंखला, जैसा कि आप सभी जानते हैं, सफल नहीं रही। वास्तव में, हम साल के अंत में घाटे में रहे हैं। इसलिए इस साल, हम एक नई शुरुआत कर रहे हैं और सस्ती प्रतिभा को आजमाने का प्रयास कर रहे हैं। अब मैं आपको मिस्टर लीकॉक से मिलवाता हूँ।"

मिस्टर लीकॉक ने मजाक करते हुए कहा : "सोचिए, 'सस्ती प्रतिभा' का टैग लगाकर दर्शकों के सामने आना कैसा लगता है।"

तीन
उत्साही बनें

किसी वक्ता का परिचय देने में, शैली उतनी ही महत्वपूर्ण है जितनी कि बात। आपको दोस्ताना रहना चाहिए और यह कहने के बजाय कि आप कितने खुश हैं, आपको अपने बोलते समय सच में खुशी प्रकट करनी चाहिए। अगर आप अपना परिचय इस तरह से देंगे कि अंत में जब आप वक्ता का नाम बताते हैं, तो यह एक उत्साहपूर्ण पल बन जाएगा, तो इससे दर्शकों की उत्सुकता बढ़ेगी और वे वक्ता को ज्यादा उत्साह से तालियाँ देंगे। यह दर्शकों की सकारात्मक भावना वक्ता को अपना सर्वश्रेष्ठ प्रदर्शन करने के लिए प्रेरित करेगी।

जब आप परिचय के अंत में वक्ता का नाम लेते हैं, तो 'रुकना', 'अंश', और 'प्रभाव' शब्दों को याद रखना अच्छा होता है। 'रुकना' का मतलब है कि नाम बताने से पहले थोड़ी चुप्पी रखने से श्रोताओं में उत्सुकता बढ़ती है; 'अंश' का मतलब है कि पहले और अंतिम नाम के बीच थोड़ी रुकावट होनी चाहिए ताकि श्रोताओं को वक्ता का नाम स्पष्ट रूप से सुनाई दे; 'प्रभाव' का मतलब है कि नाम को जोर और ऊर्जा के साथ लेना चाहिए।

एक और सावधानी है : कृपया, जब आप वक्ता का नाम उच्चारण करें, तो उनकी ओर न मुड़ें, बल्कि दर्शकों की ओर देखें जब तक कि आप अंतिम शब्द नहीं बोल देते; फिर वक्ता की ओर मुड़ें। मैंने अनगिनत अध्यक्षों को देखा है जिन्होंने अच्छे परिचयात्मक भाषण दिए हैं, लेकिन अंत में वे वक्ता की ओर मुड़ गए, उनके नाम को केवल उनके लिए बोलते हुए, जिससे दर्शक पूरी तरह से उनकी पहचान से अनजान रह गए।

चार
गर्मजोशी और ईमानदारी से पेश आएं

ईमानदार बने रहें। नकारात्मक टिप्पणियों या चिढ़ाने वाले मजाकों में न पड़ें। कभी–कभी ऐसे मजाकिया परिचय को दर्शकों के कुछ सदस्य गलत समझ लेते हैं। गर्मजोशी और ईमानदारी से पेश आएं, क्योंकि आप एक सामाजिक स्थिति में हैं जो सबसे उच्च स्तर की समझदारी

और संवेदनशीलता की माँग करती है। भले ही आप वक्ता के साथ अच्छे संबंध में हों, लेकिन श्रोताओं के साथ ऐसा नहीं है, और आपकी कुछ टिप्पणियाँ, भले ही वे निर्दोष हों, गलत समझी जा सकती हैं।

पाँच
प्रस्तुति के लिए भाषण की पूरी तैयारी करें

"यह साबित हो चुका है कि मानव हृदय की सबसे गहरी चाहत मान सम्मान की है!"

जब मार्गरी विल्सन, लेखक, ने यह लिखा, तो उन्होंने एक आम भावना को व्यक्त किया। हम सभी चाहते हैं कि हम जीवन में अच्छा करें। हम चाहते हैं कि हमें भी सराहा जाए। किसी और की तारीफ, भले ही वह सिर्फ एक शब्द हो–या औपचारिक अवसर पर दिया गया उपहार–हमारी आत्मा को खुशी प्रदान करता है।

टेनिस स्टार, अल्थिया गिब्सन, इस "मानव हृदय की लालसा" को अपनी आत्मकथा के शीर्षक में सबसे उपयुक्त विधि से व्यक्त करने में सफल रहीं हैं। उन्होंने इस तरह कहा, मैं कुछ बनना चाहती थी।

जब हम सम्मान प्रस्तुत करने का भाषण देते हैं, तो हम प्राप्तकर्ता को आश्वस्त करते हैं कि वह वास्तव में कोई महत्वपूर्ण व्यक्ति है। उसने किसी विशेष प्रयास में सफलता पाई है। वह सम्मान पाने का हकदार है। हम इसलिए इकट्ठा हुए हैं ताकि उसे यह सम्मान दिया जा सके। हमारे कहने के लिए जो भी बातें हैं, वे संक्षिप्त होनी चाहिए, लेकिन हमें उन पर ध्यानपूर्वक विचार करना चाहिए। यह उन लोगों के लिए शायद इतना महत्व न रखे, जो अक्सर सम्मान प्राप्त करते हैं, लेकिन दूसरों के लिए, जो कम भाग्यशाली होते हैं, यह जीवनभर याद रखने योग्य हो सकता है।

इसलिए, हमें सम्मान प्रस्तुत करते समय शब्दों के चुनाव पर गंभीरता से विचार करना चाहिए। यहाँ एक समय परखा हुआ सूत्र है :

1. बताएँ कि यह पुरस्कार क्यों दिया जा रहा है। शायद यह लंबी सेवा के लिए है, या किसी प्रतियोगिता में जीतने के लिए, या फिर किसी एक उल्लेखनीय उपलब्धि के लिए। इसे सरलता से समझाएँ।

2. जिस व्यक्ति को सम्मानित किया जा रहा है, उसके जीवन और गतिविधियों में समूह की रुचि के बारे में कुछ जानकारी दें।
3. बताएँ कि यह पुरस्कार कितनी योग्यतापूर्वक दिया जा रहा है और समूह उस व्यक्ति के प्रति कितनी मित्रवत भावना रखता है।
4. बताएँ कि यह पुरस्कार कितना उचित है और समूह उस व्यक्ति के प्रति कितनी गर्मजोशी और मित्रता महसूस करता है।

इस छोटे से भाषण में सबसे जरूरी चीज ईमानदारी है। सभी लोग इसे समझते हैं, शायद बिना कहे। इसलिए, अगर आपको सम्मान प्रस्तुत करने के लिए चुना गया है, तो आप और प्राप्तकर्ता दोनों को सम्मानित किया गया है। आपके सहयोगी जानते हैं कि आप इस काम के लिए विश्वसनीय हैं, जिसमें दिल और दिमाग दोनों की आवश्यकता होती है। लेकिन यहाँ आपको कुछ गलतियाँ करने के लिए नहीं कहना चाहिए, जो कुछ वक्ता करते हैं। ये गलतियाँ अक्सर बात को बढ़ा–चढ़ाकर पेश करने से संबंधित होती हैं।

ऐसे समय में, किसी के गुणों को उनकी वास्तविकता से कहीं अधिक बढ़ा–चढ़ाकर कहना आसान होता है। यदि आप पुरस्कार के लायक हैं, तो हमें इसे स्वीकार करना चाहिए, लेकिन हमें अधिक प्रशंसा के शब्द नहीं जोड़ने चाहिए। बढ़ा–चढ़ाकर की गई प्रशंसा प्राप्तकर्ता को असहज कर देती है और यह ऐसे दर्शकों को विश्वास दिलाने में सफल नहीं होती, जो सच जानते हैं।

हमें पुरस्कार के महत्व को बढ़ा–चढ़ाकर पेश करने से भी बचना चाहिए। इसके आंतरिक मूल्य पर जोर देने के बजाय, हमें इसे देने वाले लोगों की मित्रता और भावनाओं पर ध्यान केंद्रित करना चाहिए।

छह

स्वीकृति भाषण में अपनी ईमानदार भावनाएँ व्यक्त करें

यह स्वीकृति भाषण, प्रस्तुतिकरण भाषण से भी छोटा होना चाहिए। इसे याद करने की आवश्यकता नहीं है, लेकिन इसकी तैयारी करना फायदेमंद होगा। अगर हमें पता है कि हमें कोई उपहार दिया जाएगा और उसके साथ एक प्रस्तुतिकरण होगा, तो हमें धन्यवाद देने के लिए शब्दों की कमी नहीं होनी चाहिए।

केवल ''धन्यवाद'' और ''यह मेरे जीवन का सबसे बड़ा दिन है'' कहना ठीक नहीं है। यहाँ, जैसे प्रस्तुतिकरण भाषण में, बढ़ा–चढ़ाकर बोलने का खतरा होता है। ''सबसे बड़ा दिन'' और ''सबसे अद्‌भुत चीज'' बहुत अधिक हो जाता है। आप अपनी सच्ची कृतज्ञता को सरल शब्दों में बेहतर तरीके से व्यक्त कर सकते हैं। यहाँ एक सुझाया गया प्रारूप है :

1. समूह को हृदय से हार्दिक ''धन्यवाद'' दें।
2. उन लोगों को श्रेय दें जिन्होंने आपकी, आपके सहयोगियों, नियोक्ताओं, मित्रों एवं परिवार की सहायता की है।
3. बताएँ कि उपहार या पुरस्कार आपके लिए क्या महत्व रखता है। यदि यह पैक हुआ है, तो इसे खोलें और दिखाएँ। दर्शकों को बताएँ कि यह कितना उपयोगी या सजावटी है एवं आप इसका उपयोग कैसे करना चाहते हैं।
4. अपनी कृतज्ञता की एक और ईमानदार अभिव्यक्ति के साथ अंत करें।

इस अध्याय में, हमने तीन विशेष प्रकार के भाषणों पर चर्चा की है, जिनमें से किसी एक को आप अपने काम के दौरान या किसी संगठन या क्लब से जुड़े होने पर देने के लिए कहा जा सकता है।

मैं आपको सलाह देता हूँ कि जब भी आप इनमें से कोई भाषण दें, तो इन सुझावों का ध्यानपूर्वक पालन करें। इससे आपको यह संतोष मिलेगा कि आपने सही समय पर सही बातें कहीं।

वाक् चातुर्य संगीत का सर्वोच्च रूप है।

—अगोना अपेल

~

डर मन के सिवाय कहीं नहीं होता।

—डेल कारनेगी

5

लंबी बातचीत का आयोजन

कोई भी समझदार व्यक्ति बिना किसी योजना के घर बनाना शुरू नहीं करेगा; लेकिन वह बिना यह जाने कि वह क्या हासिल करना चाहता है, बातचीत करना क्यों शुरू कर देता है?

एक बातचीत एक उद्देश्यात्मक यात्रा है, और इसे सही तरीके से तैयार किया जाना चाहिए। जो व्यक्ति बिना किसी दिशा के शुरू करता है, वह आमतौर पर कहीं नहीं पहुँचता।

मेरी इच्छा है कि मैं नेपोलियन की इस उक्ति को विश्व की प्रत्येक चौखट पर एक फुट ऊँचे लाल अक्षरों में अंकित कर सकूँ जहाँ प्रभावी बातचीत के छात्र एकत्रित होते हैं : ''युद्ध की कला एक विज्ञान है जिसमें कुछ भी सफल नहीं होता है जिसकी गणना एवं विचार न किया गया हो।''

यह बात बोलने के लिए भी उतनी ही सच है जितनी कि निशानेबाजी के लिए। लेकिन क्या वक्ता इसे समझते हैं? या, यदि वे समझते हैं, तो क्या वे हमेशा इस पर अमल करते हैं? ऐसा नहीं होता। कई भाषणों में योजना और व्यवस्था बस थोड़ी बहुत होती है, जैसे एक बर्तन आयरिश स्ट्यू में।

किसी दिए गए विचारों के समूह के लिए सबसे बेहतर और सबसे प्रभावी व्यवस्था क्या है? जब तक वह उनका अध्ययन न कर ले तब तक कोई नहीं कह सकता। यह सदा एक नई समस्या है, एक शाश्वत प्रश्न है, जिसे प्रत्येक वक्ता को स्वयं से बार–बार पूछना और उत्तर देना चाहिए। कोई अचूक नियम नहीं दिये जा सकते; परंतु हम, किसी भी मूल्य पर, कार्रवाई करने के लिए लंबी बातचीतों के तीन प्रमुख चरणों का

संकेत दे सकते हैं : ध्यान चरण, मुख्य भाग और निष्कर्ष। यहाँ प्रत्येक चरण को विकसित करने की कुछ समय–प्रयोगात्मक विधियाँ दी गई हैं।

एक

तुरंत ध्यान आकर्षित करें

मैंने एक बार डॉ. लिन हारोल्ड हफ, जो पूर्व में नॉर्थवेस्टर्न यूनिवर्सिटी के अध्यक्ष रह चुके हैं, से पूछा कि उनके लंबे अनुभव ने उन्हें सबसे महत्वपूर्ण क्या सिखाया। थोड़ी देर सोचने के बाद, उन्होंने उत्तर दिया, "एक प्रभावशाली शुरुआत करना, कुछ ऐसा जो तुरंत सकारात्मक ध्यान खींच सके।" डॉ. हफ ने सभी प्रेरक भाषणों के मुख्य मुद्दे पर जोर दिया : यह कि वक्ता के पहले शब्दों से ही दर्शकों का ध्यान कैसे आकर्षित किया जाए। यहाँ कुछ तरीके दिए गए हैं, यदि इन्हें लागू किया जाए तो आपके शुरुआती वाक्य बहुत ध्यान आकर्षित करने वाले होंगे :

अपनी बात एक घटना से प्रारंभ करें

लोवेल थॉमस, जिन्होंने समाचार विश्लेषक, व्याख्याता और फिल्म निर्माता के रूप में विश्वव्यापी प्रसिद्धि हासिल की, ने लॉरेंस ऑफ अरबिया पर एक भाषण की शुरुआत इस कथन के साथ की :

"मैं एक दिन जेरूसलम में क्रिश्चियन स्ट्रीट से निकल रहा था, तभी मेरी मुलाकात एक प्राच्य शासक के भव्य वस्त्र पहने एक व्यक्ति से हुई। उसके बगल में घुमावदार सोने की तलवार लटकी हुई थी जो केवल पैगंबर मोहम्मद के वंशजों द्वारा पहनी जाती थी..."

और वह उसके अनुभव से एक संस्मरण लेकर आगे बढ़ गया। यही चीज लोगों का ध्यान खींचती है। ऐसी शुरुआत हमेशा काम करती है। यह आगे बढ़ती है और हमें अपनी ओर खींचती है क्योंकि हम जानना चाहते हैं कि आगे क्या होगा। मुझे नहीं लगता कि किसी भाषण की शुरुआत करने का कोई और तरीका कहानी के मुकाबले अच्छा है। मैंने अपने एक भाषण की शुरुआत कई बार इन शब्दों से की है :

"जब मैं कॉलेज खत्म करके निकला था, तो एक रात मैं दक्षिण डकोटा के ह्यूरॉन में एक सड़क पर चल रहा था। मैंने देखा कि एक

आदमी एक बॉक्स पर खड़ा होकर लोगों की भीड़ से बात कर रहा था। मुझे जिज्ञासा हुई, इसलिए मैं भी सुनने वाले भीड़ में शामिल हो गया। वक्ता कह रहा था, 'क्या आप जानते हैं, कि आपने कभी एक गंजे भारतीय को नहीं देखा होगा? या आपने कभी गंजे सिर वाली महिला को देखा है? नहीं, है ना? अब मैं आपको बताने जा रहा हूँ कि क्यों...''

''बिना भूमिका बांधे, सीधे किसी घटना से शुरुआत करके, आप आसानी से श्रोताओं का ध्यान अपनी ओर आकर्षित कर सकते हैं।''

एक वक्ता जो अपनी बात की शुरुआत अपनी खुद की कहानी से करता है, वह सुरक्षित रहता है, क्योंकि न तो उसे शब्दों के लिए भटकना पड़ता है, न ही विचारों की कमी होती है। वह जिस अनुभव को बता रहा होता है, वह उसका अपना होता है, जैसे वह अपने जीवन के एक हिस्से को फिर से जी रहा हो। इसका परिणाम क्या होता है? एक आत्मविश्वासी और सहज तरीका, जो वक्ता को श्रोताओं के साथ एक दोस्ताना संबंध बनाने में मदद करता है।

रोमांच पैदा करें

फिलाडेल्फिया में पेन एथलेटिक क्लब में मिस्टर पॉवेल हीली ने इस तरह से बातचीत प्रारंभ की :

''बयासी साल पहले, लंदन में एक छोटी–सी किताब छपी थी, उसमें एक कहानी थी, जिसे अमर होने का सौभाग्य मिला था। कई लोगों ने इसे 'दुनिया की सबसे महान छोटी किताब' कहा। जब यह पहली बार आई, तो दोस्त स्ट्रैंड या पैल मॉल पर मिलते वक्त एक–दूसरे से पूछते, 'क्या आपने इसे पढ़ा?' और जवाब हमेशा मिलता, 'हाँ, भगवान उसका भला करे, मैंने पढ़ा है।'''

''जिस दिन यह प्रकाशित हुई, उस दिन एक हजार प्रतियाँ बिक गईं। दो हफ्तों के भीतर, माँग ने पंद्रह हजार प्रतियों का उपभोग कर लिया। तब से, इसकी अनगिनत संस्करणों में छपाई हुई है और इसे हर भाषा में अनुवादित किया गया है। कुछ साल पहले, जे.पी. मॉर्गन ने इसके मूल पांडुलिपि को बहुत बड़ी रकम में खरीदा और अब यह उनके

भव्य कला संग्रहालय में अनमोल खजानों के बीच रखी है। यह विश्व प्रसिद्ध किताब कौन सी है? यह है...''

''क्या आप रुचि ले रहे हैं? क्या आप और जानने के लिए उत्सुक हैं? क्या वक्ता ने अपने श्रोताओं का ध्यान आकर्षित किया है? क्या आपको लगता है कि इस शुरुआत ने आपका ध्यान बनाए रखा और आपकी रुचि बढ़ाई है? क्यों? क्योंकि इसने आपकी जिज्ञासा जगाई और आपको रोमांच में बांधे रखा।''

जिज्ञासा! कौन इससे अछूता रह सकता है?

शायद आप भी! आप भी यह जानना चाह रहे हैं कि वह लेखक कौन है और ऊपर बताई गई किताब कौन सी है? आपकी जिज्ञासा को शांत करने के लिए, यहाँ उत्तर है। लेखक हैं चार्ल्स डिकेन्स, और किताब है : 'ए क्रिसमस कैरल।'

''रोमांच पैदा करना श्रोताओं की रुचि जगाने का एक पक्का तरीका है। 'चिंता करना छोड़ें और जीना शुरू करें' व्याख्यान में इस तरह से रोमांच पैदा करने की कोशिश करता हूँ। मैं इस तरह से शुरुआत करता हूँ : '1871 की वसंत ऋतु में, एक युवा व्यक्ति, जो आगे चलकर विश्व प्रसिद्ध चिकित्सक बनने वाला था, विलियम ओस्लर, ने एक किताब उठाई और उसमें 21 शब्द पढ़े, जिसने उसके भविष्य पर गहरा प्रभाव डाला'।''

''वे 21 शब्द क्या थे? और इन शब्दों ने उसके भविष्य को कैसे प्रभावित किया? ये वे सवाल हैं जिनके जवाब आपके श्रोता जानना चाहेंगे।''

ध्यान आकर्षित करने वाला तथ्य बताएं

''क्लिफोर्ड आर. एडम्स, पेंसिल्वेनिया स्टेट कॉलेज की मैरिज काउंसलिंग सेवा के निदेशक, ने 'हाउ टू पिक ए मेट' नामक लेख की शुरुआत कुछ चौंकाने वाले तथ्यों से की–ऐसे तथ्य जो आपको हैरान कर दें, और जो एक ध्यान आकर्षित करने वाली शुरुआत करते हैं।''

''आज, यह संभावना बहुत कम है कि हमारे युवा शादी के जरिए खुशी पाएंगे। हमारा तलाक दर बढ़ता जा रहा है, जो चिंताजनक है। सन् 1940 में, पाँच या छह शादियों में से एक टूट गई थी। सन् 1946

तक, यह एक में से चार होने की उम्मीद है। और अगर यह दीर्घकालिक प्रवृत्ति जारी रही, तो पचास साल में यह दर दो में से एक हो जाएगी।''

यहाँ 'ध्यान आकर्षित करने वाले तथ्यों' से शुरुआत करने के दो अन्य उदाहरण हैं :

''युद्ध विभाग की भविष्यवाणी है कि, परमाणु युद्ध की प्रथम रात में, बीस मिलियन अमेरिकी मारे जाएँगे।''

''कुछ साल पहले, स्क्रिप्स–हॉवर्ड समाचार पत्रों ने खुदरा दुकानों के बारे में ग्राहकों की नापसंदगी जानने के लिए 176,000 डॉलर खर्च किए। यह खुदरा बिक्री की समस्याओं पर किया गया सबसे महंगा, सबसे वैज्ञानिक और सबसे विस्तृत सर्वेक्षण था। प्रश्नावली 16 अलग–अलग शहरों के 54,047 घरों में भेजी गई थी। एक सवाल था : 'इस शहर की दुकानों के बारे में आपको क्या नापसंद है?'''

''उस प्रश्न के सभी उत्तरों में से लगभग दो बटा पाँच उत्तर एक जैसे थे : असभ्य क्लर्क!''

बातचीत की शुरुआत में चौंकाने वाले बयानों का उपयोग करना श्रोता से संपर्क स्थापित करने का प्रभावी तरीका है क्योंकि यह दिमाग को झकझोरता है। यह एक तरह की 'आश्चर्यात्मक तकनीक' है, जो अप्रत्याशित चीजों का उपयोग करके ध्यान को विषय पर केंद्रित करती है।

वॉशिंगटन, डी.सी. में हमारे कक्षा के एक सदस्य ने जिज्ञासा जगाने की इस विधि का उपयोग उतने ही प्रभावी ढंग से किया जितना मैंने कभी सुना है। उनका नाम मेग शील है। यहाँ उनकी शुरुआत है :

''मैं दस वर्ष तक बंदी रही। किसी साधारण कारागार में नहीं, बल्कि उस कारागार में जिसकी दीवारों पर मेरी हीनता की चिंता थी और जिसकी सलाखों में आलोचना का डर था।'' क्या आप इस वास्तविक घटना के विषय में और अधिक जानना नहीं चाहते?

चौंकाने वाली शुरुआत के खतरे से बचना चाहिए, यानी बहुत ज्यादा नाटकीय या अत्यधिक सनसनीखेज होने की प्रवृत्ति से बचना चाहिए। मुझे एक वक्ता याद है जिसने अपनी बात की शुरुआत हवा में पिस्तौल चलाकर की थी। उसने ध्यान तो आकर्षित किया, लेकिन साथ ही श्रोताओं के कानों के परदे भी फाड़ दिए।

अपनी शुरुआत को बातचीत के अंदाज में बनाएं। यह पता लगाने का एक प्रभावी तरीका है कि आपकी शुरुआत बातचीतपूर्ण है या नहीं, इसे डिनर टेबल पर प्रयोग करें। यदि आपकी शुरुआत इतनी सहज नहीं है कि इसे डिनर टेबल पर कहा जा सके, तो यह शायद श्रोताओं के लिए भी उतनी सहज नहीं होगी।

अक्सर ऐसा होता है कि जिस शुरुआत को श्रोताओं की रुचि जगाने वाली माना जाता है, वह असल में सबसे उबाऊ होती है। उदाहरण के लिए, हाल ही में मैंने एक वक्ता को इस तरह से शुरुआत करते सुना : 'ईश्वर पर विश्वास रखें और अपनी क्षमता पर विश्वास करें...' यह एक उपदेशात्मक और साधारण तरीका था। लेकिन उनकी दूसरी पंक्ति दिलचस्प थी, इसमें भावनाएं थीं। 'मेरी माँ सन् 1918 में विधवा हो गई, उनके पास तीन बच्चों को पालने के लिए कोई पैसा नहीं था...' क्यों, ओह क्यों, उस वक्ता ने शुरुआत में ही अपनी माँ के संघर्षों की कहानी नहीं बताई!

अगर आप अपने श्रोताओं में रुचि जगाना चाहते हैं, तो शुरुआत परिचय से न करें। सीधे अपनी कहानी के मुख्य हिस्से पर जाएं।

"यही तरीका फ्रैंक बेटजर अपनाते हैं। वह *'हाउ आई रेज्ड माइसेल्फ फ्रॉम फेल्योर टू सक्सेस इन सेलिंग'* के लेखक हैं। पहली पंक्ति में ही रोमांच पैदा करने में वह माहिर हैं। मैं जानता हूँ, क्योंकि हम दोनों ने संयुक्त राज्य अमेरिका में यू.एस. जूनियर चैंबर ऑफ कॉमर्स के तहत एक साथ बेचने के विषय पर भाषण दिए। मैंने हमेशा उनके उत्साह पर भाषण की शुरुआत करने के शानदार तरीके की प्रशंसा की। न कोई उपदेश, न कोई लेक्चर, न कोई साधारण बातें। फ्रैंक बेटजर ने अपनी पहली पंक्ति में ही अपने विषय के मुख्य भाग में छलांग लगा दी। उन्होंने अपने उत्साह पर भाषण की शुरुआत इस तरह की :

"पेशेवर बेसबॉल खिलाड़ी बनने के तुरंत बाद, मुझे जीवन का सबसे बड़ा झटका लगा।"

इस शुरुआत का उनके श्रोताओं पर क्या प्रभाव पड़ा? मैं जानता हूँ, क्योंकि मैं वहाँ था। मैंने उनकी प्रतिक्रिया देखी। उन्होंने तुरंत सभी का ध्यान खींच लिया। हर कोई यह जानने के लिए उत्सुक था कि उन्हें क्यों और कैसे झटका लगा, और उन्होंने इसके बारे में क्या किया।

हाथ उठाने के लिए कहें

श्रोताओं की रुचि और ध्यान आकर्षित करने का एक शानदार तरीका है उनसे सवाल पूछकर हाथ उठाने को कहना। उदाहरण के लिए, मैंने अपने भाषण की शुरुआत इस सवाल से की है : 'थकान को कैसे रोकें'।

"अपने हाथ उठाएँ। आप में से कितने लोग जल्दी थक जाते हैं, जितना आपको लगता है कि नहीं होना चाहिए?"

"इस बात का ध्यान रखें : जब आप श्रोताओं से हाथ उठाने के लिए कहें, तो उन्हें पहले से इसकी सूचना दें। अपनी बात की शुरुआत इस तरह न करें : 'कितने लोग यहाँ मानते हैं कि आयकर कम होना चाहिए? अपने हाथ उठाएँ।' श्रोताओं को इस सवाल के लिए तैयार होने का मौका दें, जैसे कि कहें : मैं आपसे एक महत्वपूर्ण सवाल पर हाथ उठाने के लिए कहने वाला हूँ। सवाल यह है : 'आप में से कितने लोग मानते हैं कि ट्रेडिंग स्टैम्प्स उपभोक्ताओं के लिए लाभदायक हैं?'"

हाथ उठाने के लिए कहने की तकनीक एक अनमोल प्रतिक्रिया देती है, जिसे 'श्रोताओं की भागीदारी' कहा जाता है। जब आप इसका उपयोग करते हैं, तो आपका भाषण एकतरफा नहीं रहता। अब श्रोता उसमें भाग ले रहे होते हैं। जब आप पूछते हैं, 'आप में से कितने लोग जल्दी थक जाते हैं, जितना आपको नहीं थकना चाहिए?' तो हर कोई अपने पसंदीदा विषय के बारे में सोचने लगता है : स्वयं, अपनी परेशानियों, अपनी थकान के बारे में सोचने लगता है। वह अपना हाथ उठाता है और शायद यह देखने के लिए इधर–उधर देखता है कि और किसका हाथ उठा हुआ है। वह भूल जाता है कि वह कोई भाषण सुन रहा है। वह मुस्कुराता है, और अपने पास बैठे दोस्त की ओर सिर हिलाता है। माहौल सहज हो जाता है। आप, वक्ता, भी सहज होते हैं, और श्रोता भी।

श्रोताओं से यह वादा करें कि आप उन्हें बताएंगे कि वे कैसे वह चीज प्राप्त कर सकते हैं जो वे चाहते हैं

श्रोताओं का सतर्क ध्यान आकर्षित करने का लगभग अचूक तरीका यह है कि आप उनसे यह वादा करें कि वे जो चाहते हैं, उसे कैसे प्राप्त

कर सकते हैं, यदि वे आपकी सलाह मानें। नीचे दिए गए उदाहरण इसे स्पष्ट करते हैं :

"मैं आपको यह बताने जा रहा हूँ कि थकान को कैसे दूर किया जाए। मैं आपको यह बताने जा रहा हूँ कि आप अपने जीवन में प्रतिदिन एक घंटा कैसे जोड़ें।"

"मैं आपको बताने जा रहा हूँ कि आप अपनी आय में कैसे वृद्धि कैसे कर सकते हैं।"

"मैं आपको विश्वास दिलाता हूँ कि यदि आप दस मिनट तक मेरी बात ध्यान से सुनेंगे, तो मैं आपको, स्वयं को और अधिक लोकप्रिय बनाने का एक निश्चित उपाय बताऊँगा।"

"वादा करने" वाली शुरुआत सुनने वालों का ध्यान तुरंत आकर्षित कर लेती है क्योंकि यह सीधा उनके हितों से जुड़ी होती है। अक्सर वक्ता अपनी बात को श्रोताओं के महत्वपूर्ण हितों से नहीं जोड़ पाते। इसके बजाय, वे नीरस शुरुआत से दरवाजा बंद कर देते हैं, जैसे विषय की लंबी–चौड़ी जानकारी या उस विषय को समझने के लिए आवश्यक पृष्ठभूमि पर जरूरत से ज्यादा ध्यान देना।

मुझे एक बातचीत याद है जो मैंने कुछ साल पहले सुनी थी। उसका विषय श्रोताओं के लिए महत्वपूर्ण था : हमें समय–समय पर स्वास्थ्य परीक्षण की आवश्यकता पड़ती है। वक्ता ने अपनी बात कैसे शुरू की? क्या उसने प्रभावी शुरुआत करके अपने विषय को और आकर्षक बनाया? नहीं। उसने अपने विषय के इतिहास का नीरस वर्णन करते हुए शुरुआत की, जिससे श्रोताओं की रुचि धीरे–धीरे खत्म होने लगी। यदि वह "वादे वाली" तकनीक पर आधारित शुरुआत करता, तो यह अधिक बेहतर होती। उदाहरण के लिए :

क्या आपको पता है कि आप कितने साल तक जी सकते हैं? जीवन बीमा कंपनियाँ इसका अनुमान जीवन प्रत्याशा तालिकाओं के माध्यम से लगाती हैं, जो लाखों लोगों के जीवन के आंकड़ों पर आधारित होती हैं। इन तालिकाओं के अनुसार, आप अपनी मौजूदा उम्र और 80 साल की उम्र के बीच का लगभग दो–तिहाई समय जी सकते हैं।

अब, क्या यह समय आपके लिए पर्याप्त है? नहीं, बिलकुल नहीं! हम सभी चाहते हैं कि हम और अधिक समय तक जियें, और हम यह

साबित करना चाहते हैं कि यह अनुमान गलत है। लेकिन आप सोच रहे होंगे, यह कैसे किया जा सकता है? मैं अपनी उम्र को उस कम समय से कैसे बढ़ा सकता हूँ, जो आंकड़े बताते हैं कि मेरे पास बचा है? इसका एक तरीका है, और मैं आपको बताऊँगा कि आप यह कैसे कर सकते हैं...

मैं आप पर छोड़ता हूँ कि आप तय करें कि क्या इस प्रकार की शुरुआत आपकी रुचि को आकर्षित करती है, क्या यह आपको वक्ता को ध्यान से सुनने के लिए विवश करती है। आपको उसे सुनना पड़ेगा, क्योंकि वह सिर्फ आपके बारे में, आपकी जिंदगी के बारे में बात नहीं कर रहा, बल्कि वह आपको कुछ ऐसा बताने का वादा कर रहा है, जो आपके लिए बेहद महत्वपूर्ण है। यहाँ कोई नीरस तथ्य नहीं बताए जा रहे हैं! इस तरह की शुरुआत को नजरअंदाज़ करना लगभग नामुमकिन है।

एक प्रदर्शनी का प्रयोग करें

जब आप कुछ दिखाने के लिए लोगों के सामने उठाते हैं, तो लगभग हर प्राणी, चाहे वह कितना भी साधारण या जटिल हो, उस पर ध्यान देगा। इसे आप कभी–कभी सबसे सम्मानित और गंभीर श्रोताओं के सामने भी प्रभावी ढंग से इस्तेमाल कर सकते हैं। उदाहरण के तौर पर, फिलाडेल्फिया के मिस्टर एस. एस. एलिस ने हमारी कक्षा में एक भाषण की शुरुआत इस तरह की : उन्होंने अपने अँगूठे और उंगली के बीच एक सिक्का पकड़कर उसे अपने कंधे के ऊपर ऊंचा उठा लिया। स्वाभाविक रूप से, सभी की नज़रें उस सिक्के पर गईं। फिर उन्होंने पूछा : ''क्या यहाँ किसी ने कभी फुटपाथ पर ऐसा सिक्का पाया है? यह सिक्का बताता है कि जो इसे पाता है, उसे ''अमुक–अमुक रियल एस्टेट योजना में एक मुफ्त प्लॉट दिया जाएगा। बस उसे इस सिक्के को लेकर जाना होगा और प्रस्तुत करना होगा।'' इसके बाद, मिस्टर एलिस ने इन भ्रामक और अनैतिक तरीकों की कड़ी निंदा की।

दो

प्रतिकूल ध्यान आकर्षित करने से बचें

कृपया, कृपा करके, मैं आपसे विनती करता हूँ कि आपको केवल अपने श्रोताओं का ध्यान आकर्षित नहीं करना है, बल्कि उनका सकारात्मक ध्यान आकर्षित करना है। ध्यान दीजिए, मैंने 'सकारात्मक ध्यान' कहा है। कोई भी समझदार व्यक्ति अपने भाषण की शुरुआत श्रोताओं का अपमान करके या कोई ऐसा नकारात्मक या अप्रिय बयान देकर नहीं करेगा, जिससे श्रोता उसके विरूद्ध हो जाएँ और उसका संदेश न सुने। फिर भी, कितनी बार वक्ता अपनी बात की शुरुआत ध्यान आकर्षित करने के लिए गलत तरीकों का इस्तेमाल करके कर देते हैं, जैसे कि इनमें से कुछ।

माफी के साथ शुरूआत ना करें

बातचीत की शुरुआत माफी मांगकर करने से आपको अच्छी शुरुआत नहीं मिलती। कितनी बार हमने वक्ताओं को यह कहते सुना है कि वे अच्छी तरह से तैयारी नहीं कर पाए या उनकी योग्यता में कमी है। यदि आपने तैयारी नहीं की है, तो श्रोता स्वयं इसका पता लगा लेंगे, आपकी मदद की आवश्यकता नहीं है। श्रोताओं का अपमान क्यों करें, यह दिखाकर कि आप उन्हें महत्वपूर्ण नहीं समझते, और जो भी पुरानी बात आपके पास थी, वही उनके सामने प्रस्तुत कर रहे हैं? नहीं, हम माफी नहीं सुनना चाहते; हम जानकारी चाहते हैं और हमारी रुचि जगाई जाए—याद रखें, रुचि होना जरूरी है। आपकी पहली पंक्ति से ही श्रोताओं की रुचि जागनी चाहिए। दूसरी या तीसरी पंक्ति से नहीं, बल्कि पहली पंक्ति से!

हँसी मजाक वाली कहानियों के साथ शुरूआत ना करें

आपने महसूस किया होगा कि एक तरीका, जिसे कई वक्ता अपनी बात की शुरुआत के लिए पसंद करते हैं, यहाँ ठीक नहीं है : वह है हँसी मजाक वाली कहानी से शुरुआत करना। कुछ कारणों से, नए वक्ता

अक्सर सोचते हैं कि उन्हें अपनी बात को हल्का–फुल्का बनाने के लिए कोई मजाक सुनाना चाहिए; उन्हें लगता है कि मार्क ट्वेन की हास्य शैली उन पर उतर आई है। इस जाल में मत फंसें; आपको शर्मिंदगी के साथ यह कड़वा सच समझ में आएगा कि मजाकिया कहानी अक्सर हास्यास्पद नहीं होती, बल्कि दयनीय होती है–और वह कहानी आपके श्रोताओं में से कुछ लोग पहले से ही जानते हैं।

हालांकि हास्य की समझ किसी भी वक्ता के लिए एक बहुमूल्य गुण है। इसका मतलब यह नहीं है कि भाषण की शुरुआत या पूरा भाषण बहुत गंभीर और उबाऊ होना चाहिए। बिल्कुल नहीं। अगर आपके पास अपने श्रोताओं को हँसाने का अवसर है, तो आप किसी स्थानीय घटना या मौके से जुड़ी मजाकिया बात कह सकते हैं, या पिछले वक्ता की किसी टिप्पणी पर हँसी पैदा कर सकते हैं। ऐसी असमानता या विचित्रता को पहचानें और उसे बढ़ा–चढ़ाकर पेश करें। यह तरीका ज्यादा सफल होता है, क्योंकि यह प्रासंगिक होता है और मौलिक भी, जबकि पुराने चुटकुले, जैसे पैट और माइक, सास–बहू या पुराने कुत्तों के चुटकुले, अक्सर असफल हो जाते हैं।

शायद सबसे आसान तरीका मजाकिया माहौल बनाने का यह है कि आप खुद पर कोई कहानी सुनाएँ। खुद को किसी हास्यास्पद या शर्मनाक स्थिति में दिखाएँ। यह हास्य की असली जड़ तक पहुँचता है। जैक बेनी ने इस तकनीक का वर्षों तक इस्तेमाल किया। वह पहले प्रमुख रेडियो कॉमेडियन में से एक थे जिन्होंने खुद पर हँसने का तरीका अपनाया। अपनी वायलिन बजाने की योग्यता, कंजूसी और उम्र को लेकर मजाक का पात्र बनाकर, जैक बेनी ने हास्य की ऐसी धारा तैयार की, जिसने उनके शो की लोकप्रियता को साल दर साल ऊंचाई पर बनाए रखा।

श्रोता उन वक्ताओं की बातों को ध्यान से सुनते हैं, जो मजाकिया अंदाज़ से अपनी किसी कमी या गलती को स्वीकार करते हैं। जब कोई वक्ता खुद को हल्के–फुल्के अंदाज में प्रस्तुत करता है, तो श्रोता उसकी बातों से जुड़ाव महसूस करते हैं। दूसरी ओर, अगर कोई वक्ता खुद को बहुत गंभीर या सर्वज्ञानी के रूप में पेश करता है, तो श्रोताओं की उसमें रुचि कम हो जाती है, और वे उसकी बातों को उतनी गंभीरता से नहीं लेते।

तीन
अपने मुख्य विचारों का समर्थन करें

जब आप लंबी बातचीत करते हैं और लोगों से कोई काम करने के लिए कहते हैं, तो आपके पास कई मुख्य बातें होंगी। जितनी कम बातें हों, उतना अच्छा है, लेकिन हर बात को समझाने के लिए आपको कुछ सहयोग की आवश्यकता होगी, जिसे हम "सहायक सामग्री" कहते हैं। अध्याय 7 में हमने एक तरीका बताया है कि आप अपनी बात को एक कहानी या अपने जीवन के अनुभव से समझा सकते हैं। यह तरीका इसलिए अच्छा है क्योंकि लोगों को कहानियां सुनना पसंद होता है, जैसे "हर किसी को कहानी पसंद होती है।" लेकिन सिर्फ कहानी ही एकमात्र तरीका नहीं है। आप अपनी बात को आंकड़े (नंबर और डेटा), किसी विशेषज्ञ की राय, तुलना (उपमा), कुछ दिखाकर (प्रदर्शनी), या कोई उदाहरण देकर भी समझा सकते हैं।

आंकड़ों का उपयोग करें

आंकड़ों का उपयोग यह दिखाने के लिए किया जाता है कि किसी चीज के कितने उदाहरण हैं और उसका कितना असर पड़ता है। आंकड़े श्रोताओं को प्रभावित और भरोसेमंद तरीके से समझाने के लिए बहुत अच्छे होते हैं, विशेषकर तब, जब सिर्फ एक उदाहरण से बात साफ न हो पाए। उदाहरण के लिए, जब सॉल्क पोलियो वैक्सीन के कार्यक्रम की सफलता को मापा गया, तो पूरे देश से जुटाए गए आंकड़ों का इस्तेमाल किया गया। हालांकि कुछ मामलों में वैक्सीन काम नहीं कर पाई, लेकिन ये बहुत कम थे और ये अपवाद थे। अगर कोई वक्ता सिर्फ इन अपवादों पर भाषण देगा, तो वह किसी माता–पिता को यह विश्वास नहीं दिला पाएगा कि सॉल्क वैक्सीन उनके बच्चे की सुरक्षा नहीं करेगी, क्योंकि आंकड़े दिखाते हैं कि अधिकतर मामलों में वैक्सीन प्रभावी थी।

आंकड़े अपने आप में कभी–कभी उबाऊ हो सकते हैं। इसलिए, उनका सावधानी से उपयोग करना चाहिए। जब आप आंकड़ों का उपयोग करें, तो उन्हें इस तरह से प्रस्तुत करें कि वे दिलचस्प और

समझने में आसान हों। आंकड़ों को सरल और आकर्षक भाषा में बताना चाहिए, ताकि श्रोता उनकी तस्वीर अपने दिमाग में साफ देख सके और आपकी बात को आसानी से समझ सके।

यहाँ एक उदाहरण है कि कैसे आंकड़े प्रभावी हो सकते हैं, जब उनकी तुलना उन चीजों से की जाती है जो हमारे लिए परिचित हैं। एक अधिकारी ने यह साबित करने के लिए कि न्यूयॉर्क के लोग समय की बड़ी बर्बादी करते हैं क्योंकि वे समय पर फोन का जवाब नहीं देते, आंकड़ों का उपयोग करते हुए कहा :

लगाए गए हर सौ टेलीफोन कनेक्शनों में से सात में व्यक्तियों द्वारा उत्तर देने में एक मिनट से अधिक का समय लगता है। इस प्रकार प्रत्येक दिन 280,000 मिनट बेकार हो जाते हैं। छह महीने के मध्य, न्यूयॉर्क में यह मिनट की देरी कोलंबस द्वारा अमेरिका की खोज के बाद बीते सभी व्यावसायिक दिनों के समान है।

सिर्फ आंकड़े और मात्रा अपने आप में कभी बहुत प्रभावशाली नहीं होते। उन्हें समझाने के लिए उदाहरण दिए जाने चाहिए। उन्हें, यदि संभव हो, हमारे अनुभवों के संदर्भ में बताया जाना चाहिए। मुझे याद है कि मैंने एक बार ग्रैंड कूली डैम के नीचे विशाल पावर रूम में एक गाइड का भाषण सुना था। वह हमें कमरे का आकार वर्ग–फुट में बता सकता था, लेकिन वह तरीका उतना प्रभावी नहीं होता जितना कि उसने इस्तेमाल किया। उसने हमें बताया कि यह कमरा इतना बड़ा है कि इसमें 10,000 लोग एक फुटबॉल मैच देख सकते हैं, और इसके अलावा, प्रत्येक सिरे पर कई टेनिस कोर्ट्स के लिए भी जगह बची रहेगी।

कई वर्षों पहले, ब्रुकलिन सेंट्रल वाईएमसीए में मेरे पाठ्यक्रम के एक छात्र ने एक भाषण में बताया था कि पिछले साल आग से जले हुए घरों की संख्या कितनी थी। वह आगे कहता कि, अगर इन जली हुई इमारतों को पंक्ति में पास–पास रखा गया होता, तो यह पंक्ति न्यूयॉर्क से शिकागो तक पहुँच गई होती, और यदि आग में मारे गए लोगों को आधा मील की दूरी पर रखा गया होता, तो वह भयावह पंक्ति शिकागो से पुनः ब्रुकलिन वापस पहुँच जाती।

उसने जो आँकड़े दिए थे, मैं लगभग तुरंत भूल गया, किंतु कई साल बीत गए, एवं, अपनी ओर से किसी भी प्रयास के बिना, मैं अभी भी

मैनहट्टन द्वीप से कुक काउंटी, इलिनोइस तक जलती हुई इमारतों की उस पंक्ति को देख सकता हूँ।

विशेषज्ञों के बयानों का प्रयोग करें

अक्सर, आप अपनी बात को मजबूत बनाने के लिए अपनी बातचीत के मुख्य भाग में किसी विशेषज्ञ की गवाही का प्रभावी ढंग से इस्तेमाल कर सकते हैं। लेकिन विशेषज्ञ की गवाही का इस्तेमाल करने से पहले, आपको इन सवालों का जवाब देकर उसकी सटीकता जांच लेनी चाहिए :

1. क्या मैं जिस उद्धरण का उपयोग करने जा रहा हूँ वह ठीक है?
2. क्या यह जानकारी उस क्षेत्र से ली गई है जिसमें वह व्यक्ति विशेषज्ञ है? उदाहरण के तौर पर, जो लुइस को अर्थशास्त्र पर उद्धृत करना उनके नाम का गलत फायदा उठाना होगा, क्योंकि यह उनका विशेषज्ञ क्षेत्र नहीं है।
3. क्या यह उद्धरण ऐसे व्यक्ति का है जिसे दर्शक जानते हैं और उसका सम्मान करते हैं?
4. क्या आप निश्चिंत हैं कि कथन प्रत्यक्ष ज्ञान पर आधारित है, व्यक्तिगत हित या पूर्वाग्रह पर नहीं?

उपमाओं का प्रयोग करें

वेबस्टर के अनुसार, उपमा, "दो चीजों के मध्य समरूपता का संबंध है... जिसमें स्वयं चीज़ों की समानता नहीं बल्कि दो या दो से अधिक गुणों, परिस्थितियों या प्रभावों की समानता शामिल है।"

किसी प्रमुख विचार का समर्थन करने के लिए उपमा का उपयोग एक अच्छी विधि है। यहाँ सी. गिरार्ड डेविडसन द्वारा "द नीड फ़ॉर मोर इलेक्ट्रिक पावर" पर एक भाषण का एक अंश दिया गया है, जब वह आंतरिक मामलों के सहायक सचिव थे। गौर करें कि वह अपनी बात का समर्थन करने के लिए तुलना, उपमा का उपयोग कैसे करता है :

एक समृद्ध अर्थव्यवस्था को हमेशा आगे बढ़ते रहना होता है, वरना यह उलट जाती है। इसका एक समानांतर उदाहरण है विमान, जो

जमीन पर खड़ा रहकर सिर्फ नट और बोल्ट का बेकार संग्रह होता है। लेकिन जब यह हवा में आगे बढ़ता है, तो यह अपनी असली भूमिका में आता है और एक उपयोगी कार्य करता है। उड़ान में रहने के लिए, इसे आगे बढ़ते रहना चाहिए। अगर यह नहीं चलता, तो यह नीचे गिर जाएगा–और यह पीछे की ओर नहीं जा सकता।

यहाँ एक और उपमा है, जो शायद इतिहास में सबसे उल्लेखनीय उपमाओं में से एक है; इसका उपयोग लिंकन ने अपने आलोचकों के जवाब में एक महत्वपूर्ण समय के दौरान किया, जब देश में गृह युद्ध चल रहा था :

सज्जनो, मैं चाहता हूँ कि आप एक पल के लिए विषय की स्थिति पर विचार करें। मान लीजिए कि आपकी समस्त संपत्ति सोने में थी, और आपने इसे रस्सी पर चलने वाले विख्यात ब्लोंडिन के हाथों में सौंप दिया, ताकि वह इसे नियाग्रा झरने के पार एक पतली रस्सी पर ले जा सके। क्या आप उसके ऊपर से गुजरते समय रस्सी को हिलाएंगे, या चिल्लाकर कहेंगे, 'ब्लॉडिन, थोड़ा झुकें! थोड़ा तेज चलें!' नहीं, मुझे पूरा विश्वास है कि आप ऐसा नहीं करेंगे। आप अपनी सांस रोकेंगे और चुप रहेंगे, और तब तक कुछ नहीं कहेंगे जब तक वह सुरक्षित रूप से पार नहीं कर लेता। अब सरकार भी ऐसी ही स्थिति में है। यह एक बड़े तूफान से भरे महासागर के पार भारी सामान ले जा रही है। इसके पास बहुत सारे खजाने हैं। यह अपनी पूरी कोशिश कर रही है। इसे परेशान मत कीजिए! बस चुप रहें, और यह आपको सुरक्षित रूप से पार करा देगी।

प्रदर्शन का उपयोग करें, चाहे वह प्रदर्शनी के साथ हो या बिना

जब आयरन फायरमैन फ़र्म के अधिकारी डीलरों से बातचीत कर रहे थे, तो उन्हें इस तथ्य को प्रभावी रूप देने के किसी उपाय की आवश्यकता थी कि ईंधन को ऊपर की बजाय नीचे से भट्ठी में डाला जाना चाहिए। इसलिए उन्होंने इस सरल किंतु प्रभावशाली प्रदर्शन का इस्तेमाल किया। वक्ता एक मोमबत्ती जलाता है। फिर वह कहता है :

देखिए, कैसे स्पष्टता से लौ जल रही है–यह कितनी ऊँची है। चूंकि लगभग सारा ईंधन गर्मी में बदल रहा है, यह लगभग कोई धुआँ नहीं छोड़ती।

मोमबत्ती का ईंधन नीचे से डाला जाता है, जैसे कि आयरन फायरमैन भट्टी में ईंधन भरता है।

मान लीजिए कि इस मोमबत्ती में ऊपर से ईंधन दिया गया था, जैसे कि हाथ से चलने वाली भट्टियाँ होती हैं। (यहाँ वक्ता मोमबत्ती को उल्टा कर देता है।)

ध्यान दें कि कैसे लौ धीरे–धीरे बुझती है। धुएँ की गंध महसूस करें। इसे फड़कते हुए सुनें। देखिए, लौ कितनी लाल हो गई है क्योंकि जलने की प्रक्रिया पूरी नहीं हो रही है। और अंत में, लौ बुझ जाती है, जो ऊपर से ईंधन डालने के कारण होता है।

कुछ साल पहले, हेनरी मोर्टन रॉबिन्सन ने "कैसे वकील मामले जीतते हैं" नामक एक रोचक लेख लिखा था, जो "योर लाइफ" पत्रिका में छपा था। इसमें उन्होंने एक वकील, एब हम्मर, का उल्लेख किया, जिसे एक बीमा कंपनी का प्रतिनिधित्व करते समय शोमैनशिप का बेहतरीन उदाहरण पेश करने के लिए जाना जाता है। वादी, मिस्टर पोस्टलेथवेट, ने कहा कि लिफ्ट के गड्ढे में गिरने के कारण उसके कंधे में इतनी गंभीर चोट लगी थी कि वह अपना दाहिना हाथ उठाने में असमर्थ था।

हम्मर गंभीर रूप से चिंतित दिखाई दिए। "अब मिस्टर पोस्टलेथवेट," उन्होंने आत्मविश्वास से कहा, "न्यायालय को दिखाओ कि आप अपना हाथ कितना ऊपर उठा सकते हैं।" जिंजर्ली पोस्टलेथवेट ने अपना हाथ कान के स्तर तक ऊपर उठाया। "अब हमें दिखाओ कि घायल होने से पहले आप इसे कितना ऊँचा उठा सकते थे," हम्मर ने निवेदन किया। "इतना ऊँचा।" वादी ने अपने हाथ को पूरी लंबाई में उसके सिर पर मारते हुए कहा।

आप इस प्रदर्शन पर न्यायालय की प्रतिक्रिया के संबंध में अपना निष्कर्ष निकाल सकते हैं।

सुरक्षित कार्रवाई के लिए लंबी बातचीत में आप तीन या अधिकतम चार अंक बना सकते हैं। उन्हें एक मिनट से भी कम समय में उच्चारित किया जा सकता है। उन्हें दर्शकों को सुनाना नीरस और उबाऊ होगा।

क्या चीज़ इन बिंदुओं को सजीव बनाती है? यह आपके द्वारा इस्तेमाल की जाने वाली सहायक सामग्री है। यही आपकी बातचीत को प्रकाश और रोचकता प्रदान करता है। घटनाओं, तुलनाओं और प्रदर्शनों के उपयोग से आप अपने मुख्य विचारों को स्पष्ट और ज्वलंत बनाते हैं; आँकड़ों और साक्ष्यों के उपयोग से आप सत्य की पुष्टि करते हैं और अपने मुख्य बिंदुओं के महत्व पर बल देते हैं।

चार
कार्रवाई के लिए अपील

एक दिन, मैं जॉर्ज एफ. जॉनसन से कुछ मिनटों के लिए बातचीत करने गया, जो एक उद्योगपति और मानवतावादी थे। उस समय वह बड़े एंडिकॉट–जोन्सन कॉर्पोरेशन के अध्यक्ष थे। लेकिन मेरे लिए सबसे दिलचस्प बात यह थी कि वह एक ऐसे वक्ता थे जो अपने सुनने वालों को हँसा सकते थे, कभी–कभी रूला सकते थे, और अक्सर उनके कहे हुए शब्दों को लंबे समय तक याद रखवा सकते थे।

उनका कोई निजी ऑफिस नहीं था। उनके पास एक बड़ी व्यस्त फैक्ट्री में एक कोना था, और उनका व्यवहार उनकी पुरानी लकड़ी की मेज की तरह ही सरल था।

"आप अच्छे समय पर आए हैं," उन्होंने मेरा स्वागत करने के लिए खड़े होते हुए कहा। "मैंने अभी–अभी एक काम निपटाया है। आज रात मैं कार्यकर्ताओं को दिए जाने वाले भाषण के अंत में जो कहना चाहता हूँ, वह मैंने लिख लिया है।"

"अपने मन में एक भाषण को शुरू से अंत तक सोच लेना हमेशा एक राहत की बात होती है," मैंने उनसे कहा।

"ओह, मुझे अभी तक यह सब समझ में नहीं आया है," वे कहते हैं। "बस सामान्य विचार और विशिष्ट तरीके से मैं इसका समापन करना चाहता हूँ।"

वह एक पेशेवर वक्ता नहीं थे। वह कभी भी भारी–भरकम शब्दों या अच्छे वाक्यों का इस्तेमाल नहीं करते थे। लेकिन अनुभव से, उन्होंने सफल संचार का एक रहस्य सीखा था। वह जानते थे कि यदि कोई

भाषण अच्छा होना है, तो इसका अंत अच्छा होना चाहिए। उन्होंने यह महसूस किया कि एक भाषण का निष्कर्ष वह हिस्सा है, जिसके लिए उससे पहले की सारी बातें प्रभावी रूप से आगे बढ़नी चाहिए, ताकि दर्शकों पर गहरा असर पड़े।

एक भाषण का अंत वास्तव में सबसे महत्वपूर्ण हिस्सा होता है। जो कुछ भी अंत में कहा जाता है, वह सुनने वालों के कानों में गूंजता है और सबसे लंबे समय तक याद रहता है। मिस्टर जॉनसन के विपरीत, नए वक्ता इस बात की अहमियत को अक्सर नहीं समझते हैं; उनके भाषणों के अंत अक्सर संतोषजनक नहीं होते।

उनकी सामन्य गलतियाँ क्या हैं? आइए कुछ पर चर्चा करें और उपाय तलाशें।

सबसे पहले, वह व्यक्ति है जो इस प्रकार समापन करता है : ''इस विषय पर मुझे बस इतना ही कहना है, इसलिए मुझे लगता है कि मुझे ठहरना चाहिए।'' यह वक्ता गैर जिम्मेदारी से 'धन्यवाद' कहकर बातचीत को संतोषजनक तरीके से समाप्त करने में अपनी असमर्थता पर पर्दा डालता है। वह कोई समापन नहीं है। वह एक गलती है। इसमें शौकियापन की बू आती है। यह लगभग माफ करने के लायक नहीं है। यदि आपको बस इतना ही कहना है, तो क्यों न अपनी बातचीत को समाप्त कर दिया जाए और तुरंत अपनी सीट ले ली जाए और रुकने की बात किए बिना रुक जाएँ ऐसा करें, और यह निष्कर्ष कि आपको बस इतना ही कहना है, ऐसा करने पर यह समझना दर्शकों पर छोड़ दें कि यही सब आपको कहना था।

फिर, एक वक्ता है जो अपनी बात कहता है, लेकिन उसे यह नहीं पता कि उसे कैसे रुकना है। मुझे लगता है कि जोश बिलिंग्स ने लोगों को सलाह दी थी कि वे सांड को पूंछ से पकड़ें, बजाय उसके सींगों से, क्योंकि उसे छोड़ना आसान होगा। यह वक्ता सांड को उसके सींग से पकड़कर रखना चाहता है, और उससे अलग होना चाहता है, लेकिन जितना भी वह कोशिश करता है, वह किसी दोस्ताना बाड़ या पेड़ के पास नहीं पहुँच पाता। इसलिए वह अंततः एक गोलाई में घूमता है, उसी जगह पर वापस लौटता है, अपने आप को दोहराता है, और एक बुरा प्रभाव छोड़ता है।

इसका उपाय? क्या यह समझदारी की बात है कि आप ऐसा तब करें जब आप दर्शकों के सामने हों, जब आप बोलने के तनाव और दबाव में हों, जबकि आपका मन उस बात पर केंद्रित हो जो आप कह रहे हैं? या क्या सामान्य ज्ञान इसे चुपचाप, शांतिपूर्वक, पहले से करने का सुझाव देता है?

आप अपनी बात को अंतिम निष्कर्ष तक कैसे पहुँचाते हैं? यहाँ कुछ सुझाव दिए गए हैं :

संक्षेप में

लंबी बातचीत में वक्ता अक्सर इतना कुछ बोल देता है कि अंत में श्रोताओं को उसके मुख्य बिंदुओं के बारे में समझ नहीं आता। लेकिन कुछ वक्ता इस बात को नहीं समझते। वे सोचते हैं कि अगर उनके मन में ये बातें साफ हैं तो श्रोताओं को भी समझ आनी चाहिए। ऐसा नहीं है। वक्ता ने अपनी बातों पर काफी समय तक सोचा है। लेकिन ये बातें श्रोताओं के लिए नई हैं; जैसे उन पर अचानक एक साथ उडेली गयी हों। कुछ बातें शायद याद रह जाएँ लेकिन अधिकतर बातें समझ में नहीं आएंगी। श्रोता शेक्सपियर के शब्दों में 'बहुत सारी बातें याद रख सकते हैं' लेकिन कुछ भी स्पष्ट नहीं समझ पाएंगे।'

यहाँ एक अच्छा उदाहरण है। वक्ता, जो शिकागो में एक रेलवे ट्रैफिक प्रबंधक है, अपनी बात को इस सारांश के साथ समाप्त करता है :

संक्षेप में, सज्जनों, इस ब्लॉक डिवाइस के बारे में हमारे अपने अनुभव; इसका उपयोग पूर्व, पश्चिम और उत्तर में; इसके सही संचालन के सिद्धांत; और एक साल में दुर्घटनाओं से बचने में जो पैसे बचाए गए—ये सब बातें मुझे पूरी गंभीरता से और साफ तरीके से हमारी दक्षिणी शाखा पर इसकी तुरंत स्थापना की सिफारिश करने के लिए प्रेरित करती हैं।

क्या आप देख सकते हैं कि उसने क्या किया? आप इसे देख सकते हैं और महसूस कर सकते हैं, भले ही आपने बाकी बातचीत नहीं सुनी हो। उसने कुछ वाक्यों में, बासठ शब्दों में, अपने पूरे भाषण के लगभग सभी बिंदुओं को संक्षेप में कहा है।

क्या आपको नहीं लगता कि ऐसा सारांश मदद करता है? अगर ऐसा है, तो इस तकनीक को अपनाइए।

कार्रवाई के लिए पूछें

यह उद्धरण ''कार्रवाई के लिए अनुरोध'' का एक अच्छा उदाहरण है। वक्ता चाहता था कि कुछ किया जाए : अपनी रेलवे की दक्षिणी शाखा पर एक ब्लॉक डिवाइस लगवाया जाए। उसने बताया कि इससे पैसे बचेंगे और दुर्घटनाएँ कम होंगी। वक्ता ने यह कहकर कार्रवाई के लिए कहा, और उसे मंजूरी मिली। यह केवल एक अभ्यासात्मक भाषण नहीं था। यह रेलवे के निदेशकों के सामने दिया गया था, और इसके कारण ही उसे ब्लॉक डिवाइस लगवाने की अनुमति मिली।

अपनी बातचीत के अंत में, जब आप कार्रवाई के लिए कहने के लिए तैयार हों, तो समय आ गया है कि आप अपनी बात कहें। तो कहिए! अपने श्रोताओं से कहें कि वे शामिल हों, मदद करें, वोट दें, लिखें, फोन करें, खरीदें, बहिष्कार करें, भर्ती करें, जांच करें, बरी करें, या जो भी आप उनसे करवाना चाहते हैं। लेकिन इन चेतावनियों का ध्यान रखना जरूरी है :

उनसे कुछ विशिष्ट करने के लिए कहें : यह मत कहें, ''रेड क्रॉस की सहायता करें।'' यह बहुत सामान्य है। इसके अलावा कहें, ''अपना नामांकन शुल्क एक डॉलर आज रात इस शहर में अमेरिकन रेड क्रॉस, 125 स्मिथ स्ट्रीट को भेजें।''

श्रोताओं से ऐसा जवाब मांगें जो उनके बस में हो : यह न कहें, ''चलो हम डेमन रम के खिलाफ मतदान करें।'' यह संभव नहीं है। उस समय, हम डेमन रम के खिलाफ मतदान नहीं कर रहे हैं। इसके बजाय, आप उनसे एक नशाबंद समाज में शामिल होने या किसी ऐसी संस्था को योगदान देने के लिए कह सकते हैं जो शराबबंदी के लिए लड़ रही है।

अपने दर्शकों के लिए अपनी सुनवाई पर कार्रवाई करना जितना संभव हो उतना सरल बनाएँ : यह न कहें, ''इस बिल के विरुद्ध वोट देने के लिए अपने कांग्रेस सदस्य को लिखें।'' आपके निन्यानवे प्रतिशत श्रोता ऐसा नहीं करेंगे। उन्हें कोई खास दिलचस्पी नहीं है; या बहुत अधिक दिक्कत है; या वे भूल जायेंगे। इसलिए कार्य करना सरल और

सुखद बनाएँ। कैसे? स्वयं अपने कांग्रेस सदस्य को पत्र लिखकर कहें, ''हम, अधोहस्ताक्षरी, आपसे विधेयक संख्या 74321 के विरुद्ध मतदान करने का आग्रह करते हैं।'' फाउंटेन पेन के साथ पत्र को पास करें, और आपको संभवतः बहुत सारे हस्ताक्षरकर्ता मिलेंगे – और संभवतः आपका फाउंटेन पेन खो जाएगा।

बातचीत कितनी अच्छी तरह चलेगी इसका 90 प्रतिशत निर्धारण वक्ता के मंच पर कदम रखने से पहले ही हो जाता है।

–सोमर्स व्हाइट

~

केवल तैयार वक्ता ही आश्वस्त होने के योग्य है।

–डेल कारनेगी

6

आपने जो सीखा है उसे उपयोग में लाएँ

अपने पाठ्यक्रम के चौदहवें सत्र में, मैंने छात्रों को खुशी से बताते सुना है कि उन्होंने इस पुस्तक की तकनीकों का अपने रोजमर्रा के जीवन में कैसे इस्तेमाल किया। बिक्री करने वाले बढ़ी हुई बिक्री के बारे में बात करते हैं, प्रबंधक अपनी पदोन्नति के बारे में, और कार्यकारी अपनी बढ़ती जिम्मेदारी के बारे में बताते हैं। ये सभी सफलताएँ इस वजह से हैं कि उन्होंने प्रभावी भाषण के तरीके से अच्छे से निर्देश दिए और समस्याओं को हल किया।

जैसा कि एन. रिचर्ड डिलर ने आज के भाषण में लिखा है : ''बातचीत, बातचीत का प्रकार, बातचीत की मात्रा और ऐसी बातचीत के लिए वातावरण... एक औद्योगिक संचार प्रणाली के जीवनदायक रक्त के रूप में कार्य कर सकते हैं।'' आर. फ्रेड कैनाडे, प्रभावी नेतृत्व में जनरल मोटर्स डेल कारनेगी कोर्स के प्रभारी ने उसी पत्रिका में लिखा : ''जनरल मोटर्स में हम भाषण प्रशिक्षण में दिलचस्पी रखते हैं, इसका एक मूल कारण यह है कि हमारी मान्यता है कि प्रत्येक पर्यवेक्षक जिसके पास कम या ज़्यादा डिग्री हैं वह एक शिक्षक है। शुरुआती रोजगार के दौरान ओरिएंटेशन फेज में, नियमित कार्य के दौरान और संभावित पदोन्नति के समय, एक पर्यवेक्षक को अपने विभाग में हर व्यक्ति के साथ अनेक विषयों को समझाने, बताने, डांटने, जानकारी देने, सिखाने, समीक्षा करने और चर्चा करने के लिए लगातार बुलाया जाता है।''

जैसे–जैसे हम मौखिक संचार के सीढ़ी पर चढ़ते हैं और उन क्षेत्रों की ओर बढ़ते हैं जो सार्वजनिक बोलने के सबसे करीब होते हैं–जैसे

चर्चा, निर्णय लेना, समस्या हल करना और नीति बनाने के सम्मेलन—हम फिर से देखते हैं कि इस पुस्तक में सिखाए गए प्रभावी बोलने के कौशल को रोजमर्रा की बातचीत में कैसे लागू किया जा सकता है। समूहों के सामने प्रभावी ढंग से बोलने के नियम सम्मेलन में भागीदारी और सम्मेलन नेतृत्व में सीधे लागू होते हैं।

प्रस्तुत किए जाने वाले विचारों का संगठन, उसे शुरू करने के लिए सही शब्दों का चुनाव, और उसे प्रस्तुत करते समय जो गंभीरता और उत्साह होता है, ये सभी बातें उस विचार के अंतिम समाधान में उसकी जिंदगी को सुनिश्चित करेंगी। इन सभी बातों पर इस पुस्तक में अच्छे से चर्चा की गई है। अब यह पाठक पर है कि वह जो कुछ भी सीखा है, उसे हर सम्मेलन में लागू करे जिसमें वह भाग लेता है।

शायद आप सोच रहे हैं कि इस पुस्तक के पिछले तेरह अध्यायों में आपने जो सीखा है, उसे कब लागू करना शुरू करें। अगर मैं इस सवाल का जवाब एक शब्द में दूँ, तो वह होगा : तुरंत।

हालाँकि आप अभी किसी सार्वजनिक भाषण की योजना नहीं बना रहे हैं, फिर भी मैं विश्वास के साथ कह सकता हूँ कि इस पुस्तक के सिद्धांत और तकनीकें हर दिन उपयोगी हैं। जब मैं कहता हूँ कि आपको इन तकनीकों का उपयोग अभी से शुरू करना चाहिए, तो मेरा मतलब है कि अगली बार जब भी आप बोलने का मौका पाएं तब इनका उपयोग करें।

यदि आप प्रतिदिन की बातचीत का विश्लेषण करें, तो आप अपने दैनिक बोलचाल और इन पृष्ठों में चर्चा किए गए औपचारिक संचार के प्रकार के मध्य उद्देश्य की समानता से हैरान हो जाएँगे।

अध्याय सात में, आपसे समूहों के सामने बोलते समय चार सामान्य उद्देश्यों में से एक को ध्यान में रखने का निवेदन किया गया है; हो सकता है कि आप उन्हें जानकारी देना चाहें, उनका मनोरंजन करना चाहें, उन्हें विश्वास दिलाना चाहें कि आपकी स्थिति सही है, या उन्हें किसी प्रकार की कार्रवाई करने के लिए मनाना चाहें। सार्वजनिक भाषण में हम इन उद्देश्यों को अलग–अलग रखने की माँग करते हैं, यह बातचीत की सामग्री और हमारी प्रस्तुति के तरीके दोनों के संदर्भ में है।

दैनिक बातचीत में, ये उद्देश्य लगातार बदलते रहते हैं और एक–दूसरे में मिल जाते हैं। एक पल हम दोस्ताना बातचीत कर रहे होते हैं और अगले ही पल हम किसी उत्पाद को बेचने या बच्चे को उसका खर्चा बैंक में रखने के लिए मनाने की कोशिश कर सकते हैं। इस पुस्तक में बताए गई तकनीकों को रोजमर्रा की बातचीत में लागू करके, हम खुद को और प्रभावी बना सकते हैं, अपने विचारों को बेहतर तरीके से पहुँचा सकते हैं, और दूसरों को कौशल और तथ्य के साथ प्रेरित कर सकते हैं।

एक
दैनिक बातचीत में विशिष्ट विवरण का उपयोग करें

इन तकनीकों में से एक को उदाहरण के रूप में लें। याद करें, अध्याय चार में, मैंने आपसे कहा था कि अपनी बातचीत में विवरण शामिल करें। इस तरह आप अपने विचारों को जीवंत और स्पष्ट तरीके से प्रस्तुत कर सकते हैं। निश्चित रूप से, मैं मुख्य्य रूप से समूहों के सामने बोलने के बारे में सोच रहा था। लेकिन क्या दैनिक बातचीत में विवरण का उपयोग उतना महत्वपूर्ण नहीं है? एक पल के लिए उन लोगों के बारे में सोचें जो वास्तव में रोचक बातचीत करते हैं। क्या वे नहीं होते जो अपनी बातों में रंगीन और नाटकीय विवरण शामिल करते हैं, और जिनमें चित्रात्मक भाषा का उपयोग करने की क्षमता होती है?

अपने बातचीत कौशल को विकसित करने से पहले, आपको आत्मविश्वासी होना चाहिए। इसलिए इस पुस्तक के पहले तीन अध्यायों में जो कुछ भी कहा गया है, वह आपको दूसरों के साथ मिलकर रहने और अनौपचारिक सामाजिक समूह में अपनी राय व्यक्त करने के लिए सुरक्षा प्रदान करने में मदद करेगा। जब आप अपने विचार व्यक्त करने के लिए उत्सुक होंगे, भले ही छोटे स्तर पर, तो आप अपने अनुभवों में ऐसे विषयों की तलाश करने लगेंगे जिन्हें बातचीत में बदला जा सके। यहाँ एक अद्‌भुत चीज होती है–आपकी सोच का दायरा बढ़ता है और आप अपने जीवन को नए अर्थ में देखने लगते हैं।

घरेलू महिलाएँ, जिनकी रुचियाँ थोड़ी सीमित हो गई थीं, जब वे छोटी बातचीत में बोलने की तकनीकें लागू करती हैं, तो वे बहुत खुश होती हैं। "मैंने देखा कि मेरे नए आत्मविश्वास ने मुझे सामाजिक कार्यक्रमों में बोलने की हिम्मत प्रदान की," मिसेज आर. डी. हार्ट ने अपने दोस्तों से सिनसिनाटी में कहा, "और मैंने समाचारों में रुचि लेना शुरू किया। मैं समूह में बात करने से दूर नहीं रही, बल्कि खुशी से उसमें शामिल हो गई। मैं जो भी करती, वह बातचीत का विषय बन जाता और मैंने नए कामों में रुचि लेना शुरू कर दिया।"

एक शिक्षक के लिए मिसेज हार्ट की कृतज्ञता रिपोर्ट में कुछ भी नया नहीं है। एक बार जब सीखने और सीखे गए को उपयोग में लाने की प्रेरणा मिलती है, तो यह कार्रवाई और बातचीत की एक पूरी शृंखला आरंभ करती है जो पूरे व्यक्तित्व को जीवंत बनाती है। उपलब्धि का एक चक्र स्थापित किया जाता है और, मिसेज हार्ट की तरह, किसी को भी इस पुस्तक में सिखाए गए सिद्धांतों में से केवल एक को व्यवहार में लाने के माध्यम से पूर्णता की भावना मिलती है।

हालाँकि हम में से अधिकतर लोग पेशेवर शिक्षक नहीं हैं, लेकिन हम सभी दिन में कई बार दूसरों को जानकारी देने के लिए बात करते हैं। माता–पिता के रूप में अपने बच्चों को सिखाते हैं, पड़ोसी के रूप में गुलाब के पौधों को छाटने का नया तरीका बताते हैं, या पर्यटकों के रूप में सबसे अच्छे रास्ते के बारे में बात करते हैं। हम हमेशा ऐसी बातचीत में होते हैं जहाँ हमें अपने विचारों को स्पष्ट और सही तरीके से व्यक्त करना होता है। जानकारी देने के बारे में जो अध्याय आठ में बताया गया है, वह इन स्थितियों में भी काम आता है।

दो

अपने कार्य में प्रभावी बोलने की तकनीक का उपयोग करें

अब हम संचार प्रक्रिया के क्षेत्र में प्रवेश करते हैं क्योंकि यह हमारी नौकरियों को प्रभावित करता है। सेल्समैन, प्रबंधक, क्लर्क, विभाग प्रमुख, सामूहिक नेतृत्वकर्ता, शिक्षक, मंत्री, नर्स, अधिकारी, डॉक्टर, वकील, अकाउंटेंट और इंजीनियर के रूप में, हम सभी पर ज्ञान के विशेष क्षेत्रों

को समझाने और विशेषज्ञ निर्देश देने का कर्तव्य है। इन निर्देशों को स्पष्ट और सरल भाषा में देना हमारी योग्यता को दिखाने का तरीका हो सकता है। जल्दी सोचने और अच्छे तरीके से बोलने की यह कला जानकारी प्रदान करने वाले भाषणों से आती है, लेकिन यह केवल औपचारिक रूप से बोलने तक ही सीमित नहीं है–हम सभी इसे हर दिन इस्तेमाल कर सकते हैं। आज के समय में व्यवसाय और पेशेवर बातचीत में स्पष्टता की बहुत आवश्यकता है, जो उद्योग, सरकार और पेशेवर संगठनों में बोलने के पाठ्यक्रमों से समझा जा सकता है।

तीन

सार्वजनिक रूप से बातचीत के अवसर खोजें

दैनिक बातचीत में इस पुस्तक के सिद्धांतों का उपयोग करने के सिवाय, जहाँ संयोग से आप सबसे बड़ा पुरस्कार प्राप्त करेंगे, आपको सार्वजनिक रूप से बोलने के प्रत्येक अवसर की खोज करनी चाहिए। आप यह कैसे करते हैं? किसी ऐसे क्लब में शामिल होकर जहाँ किसी प्रकार का सार्वजनिक भाषण चलता रहता है। केवल एक निष्क्रिय सदस्य, मात्र देखने वाले ना बनें। समिति कार्य करके आगे बढ़ें और मदद करें। इनमें से अधिकतर नौकरियाँ भीख माँगने पर भी मिल जाती हैं। कार्यक्रम अध्यक्ष बनें। इससे आपको अपने समुदाय में अच्छे वक्ताओं का साक्षात्कार लेने का सौभाग्य प्राप्त होगा, एवं आपको निश्चित रूप से परिचयात्मक भाषण देने के लिए बुलाया जाएगा।

जितना जल्दी हो सके, एक बीस से तीस मिनट का भाषण तैयार करें। इस पुस्तक में दिए गए सुझावों का इस्तेमाल करें। अपने क्लब या संगठन को बताएं कि आप उन्हें संबोधित करने के लिए तैयार हैं। अपने शहर में किसी स्पीकर ब्यूरो को अपनी सेवाएँ प्रस्तुत करें। फंड रेजिंग कैंपेन आपको बोलने के लिए स्वयंसेवकों की तलाश कर रहे हैं। वे आपको एक स्पीकर किट प्रदान करेंगे, जो आपके भाषण की तैयारी में मदद करेगी। कई महत्वपूर्ण वक्ता इसी तरह शुरू हुए हैं। कुछ लोग बहुत प्रसिद्ध हुए हैं। उदाहरण के लिए, सैम लेवेंसन, जो एक रेडियो और टीवी स्टार हैं और जिनकी सेवाएँ पूरे देश में माँगी जाती हैं। वह न्यूयॉर्क

में एक हाई स्कूल के शिक्षक थे। उन्होंने अपने परिवार, रिश्तेदारों, अपने छात्रों और अपने काम के अनोखे पहलुओं के बारे में छोटी–छोटी बातें करना शुरू किया। ये बातें लोकप्रिय हो गईं, और उन्हें इतने समूहों को संबोधित करने के लिए बुलाया जाने लगा कि इससे उनकी पढ़ाई में बाधा आने लगी। लेकिन इस समय तक वह नेटवर्क कार्यक्रमों में मेहमान बन चुके थे, और बहुत जल्दी सैम लेवेंसन ने अपनी प्रतिभा को पूरी तरह से मनोरंजन की दुनिया में स्थानांतरित कर दिया।

चार

आपको दृढ़ रहना चाहिए

जब हम कोई नई चीज सीखते हैं, जैसे कि फ्रेंच भाषा, गोल्फ खेलना या सार्वजनिक रूप से बोलना, तो हम कभी भी धीरे–धीरे नहीं बढ़ते। हम धीरे–धीरे सुधार नहीं करते। हम यह लहरों की तरह करते हैं, अचानक शुरुआत और अचानक रुकावट के साथ। फिर हम कुछ समय के लिए एक ही जगह रुक जाते हैं, या कभी–कभी हम पीछे भी जा सकते हैं और कुछ उन्नति को खो सकते हैं। इस प्रकार के रुकावट के समय को सभी मनोवैज्ञानिक जानते हैं; इन्हें ''सीखने की अवस्था'' कहा जाता है। प्रभावी बोलने के छात्र कभी–कभी इन अवस्थाओं पर फंस जाते हैं, शायद हफ्तों तक। चाहे वे कितनी भी मेहनत करें, वे इससे बाहर नहीं निकल पाते। कमजोर लोग निराश होकर हार मान लेते हैं। लेकिन जो मजबूत होते हैं, वे भी लगातार प्रयास करते हैं, और उन्हें अचानक, लगभग रातों–रात, बिना यह जाने कि यह कैसे हुआ, बहुत प्रगति होती है। वे पठार से जैसे एक विमान की तरह उड़ जाते हैं। अचानक वे अपने बोलने में स्वाभाविकता, ताकत और आत्मविश्वास प्राप्त कर लेते हैं।

जब आप पहली बार किसी दर्शक के सामने खड़े होते हैं, तो आप थोड़ी घबराहट, डर या चिंता महसूस कर सकते हैं। यह स्वाभाविक है और यह अनुभव बड़े–बड़े संगीतकारों को भी हुआ है, चाहे उन्होंने कितनी भी बार लोगों के सामने प्रदर्शन किया हो। उदाहरण के लिए, मशहूर संगीतकार पडेरेवस्की जब भी पियानों बजाने बैठते थे, तो उससे

पहले वे अपने कुर्ते के बटन बड़ा बेचैनी के साथ खोल लिया करते थे। लेकिन जैसे ही वे पियानो बजाना शुरू करते, उनकी सारी घबराहट ऐसे दूर हो जाती जैसे गर्मी में धुँध सूरज की रोशनी से जल्दी छिप जाती है।

आपका अनुभव भी ऐसा ही होगा। अगर आप प्रयास करते रहेंगे, तो जल्द ही आप अपनी हर परेशानी और इस शुरुआती डर को दूर कर लेंगे। यह डर केवल शुरू में ही होगा और उसके बाद कुछ नहीं। जैसे ही आप कुछ वाक्य बोलेंगे, आप खुद पर नियंत्रण प्राप्त कर लेंगे। फिर आप आत्मविश्वास के साथ खुशी से बोलेंगे।

एक बार एक युवक, जो कानून की पढ़ाई करना चाहता था, उसने लिंकन को सलाह के लिए लिखा। लिंकन ने जवाब दिया : ''अगर आप दृढ़ निश्चय कर चुके हैं कि आपको वकील बनना है, तो समझिए कि आपका काम आधा हो चुका है... हमेशा यह याद रखें कि सफल होने का आपका स्वयं का निश्चय किसी भी अन्य चीज से ज्यादा महत्वपूर्ण है।''

लिंकन इसे अच्छी तरह जानते थे क्योंकि उन्होंने स्वयं यह सब झेला था। उन्होंने अपने पूरे जीवन में सिर्फ एक साल की पढ़ाई की थी। और बहुत सारी किताबें पढ़ीं? लिंकन ने एक बार कहा था कि उन्होंने अपने घर के 50 मील के अंदर जितनी भी किताबें थीं, उन्हें पैदल चलकर उधार लिया और उन्हें पढ़ा। उनके केबिन में रात भर लकड़ियों की आग जलती रहती थी और कभी–कभी वह उसी आग की रोशनी में पढ़ते थे। केबिन की लकड़ियों के बीच दरारें थीं, और लिंकन अक्सर उन दरारों में किताबें रखते थे। जैसे ही सुबह पढ़ने लायक रोशनी होती, वह अपने पत्तों के बिस्तर पर करवट लेते, आँखें मलते, किताब निकालते और उसे पढ़ने में लग जाते थे।

लिंकन बीस से तीस मील तक पैदल चलते थे ताकि किसी वक्ता को सुन सकें, और घर लौटकर, वह अपनी बातें हर जगह अभ्यास करते थे – खेतों में, जंगलों में, और गेंटरविल में जोन्स की किराने की दुकान पर इकट्ठी भीड़ के सामने। उन्होंने न्यू सलेम और स्प्रिंगफील्ड में साहित्य और वाद–विवाद संगठनों में भी भाग लिया और उस समय के मुद्दों पर बोलने का अभ्यास किया। वह महिलाओं के सामने शर्मीले थे; जब वह मैरी टॉड से मिलने जाते थे, तो बैठक में चुपचाप बैठे रहते थे, शर्म से कुछ कह नहीं पाते थे, और सिर्फ सुनते रहते थे जब मैरी बात करती थीं। फिर भी

ये वही व्यक्ति थे, जिन्होंने घर पर अध्ययन और लगातार अभ्यास से स्वयं को इतना निपुण वक्ता बना लिया कि अपने समय के सबसे कुशल वक्ता, सीनेटर डगलस, के साथ बहस कर सके। यही वह व्यक्ति थे जिन्होंने गेटीसबर्ग में, और फिर अपने दूसरे उद्‌घाटन भाषण में, इतनी प्रभावशाली बात कही जो मानव इतिहास में शायद ही कभी देखी गई हो।

यह कोई आश्चर्य की बात नहीं है कि अपनी कठिनाइयों और संघर्षों को देखते हुए, लिंकन ने लिखा : "अगर आप दृढ़ निश्चय कर चुके हैं कि आपको वकील बनना है, तो समझिए कि आपका काम आधा हो चुका है।" उनके खुद के जीवन में आई मुश्किलें और कठिन संघर्षों ने उन्हें यह सिखाया था कि सफलता के लिए दृढ़ निश्चय सबसे जरूरी चीज है।

व्हाइट हाउस के राष्ट्रपति कार्यालय में अब्राहम लिंकन की एक शानदार तस्वीर लगी हुई है। थियोडोर रूजवेल्ट ने कहा, "अक्सर जब मुझे किसी मामले पर निर्णय लेना होता था, जो जटिल और मुश्किल होता था, जिसमें अलग–अलग अधिकारों और हितों का टकराव होता था, तो मैं लिंकन की तरफ देखता था। मैं कल्पना करता कि अगर वह मेरी जगह होते, तो क्या करते। हो सकता है आपको यह अजीब लगे, लेकिन सच कहूँ तो, ऐसा करने से मुझे अपनी समस्याओं का समाधान ढूँढना आसान लगता था।"

क्यों न हम थियोडोर रूजवेल्ट की योजना को अपनाएँ? अगर आप निराश हैं और बेहतर वक्ता बनने की कोशिश छोड़ने का मन बना रहे हैं, तो क्यों न खुद से यह सवाल करें कि अब्राहम लिंकन इस स्थिति में क्या करते? आप जानते हैं कि लिंकन क्या करते, और क्या किया था। जब लिंकन अमेरिकी सीनेट के चुनाव में स्टीफन ए. डगलस से हार गए थे, तो उन्होंने अपने समर्थकों को यह कहा था, "एक या सौ बार हार जाने पर भी हार मत मानो।"

पाँच

पुरस्कार की निश्चितता अपने समक्ष रखें

काश मैं आपसे यह कह पाता कि इस किताब को हर सुबह अपने नाश्ते की मेज पर खोलकर रखें, जब तक कि आप प्रोफेसर विलियम

जेम्स के इन शब्दों को याद न कर लें : "किसी भी युवा को अपनी पढ़ाई के परिणामों को लेकर चिंता नहीं करनी चाहिए, चाहे वह किसी भी विषय में हो। अगर वह अपने काम के हर घंटे में ईमानदारी से मेहनत करता है, तो उसे अंतिम परिणाम की चिंता करने की आवश्यकता नहीं है। वह पूरी निश्चितता के साथ इस बात पर विश्वास कर सकता है कि एक दिन वह सुबह उठेगा और पाएगा कि वह अपनी पीढ़ी के सबसे कुशल लोगों में से एक बन गया है, चाहे उसने जिस भी क्षेत्र को चुना हो।"

~

और अब, प्रसिद्ध प्रोफेसर जेम्स के इन शब्दों का सहारा लेते हुए, मैं यह कहने की हिम्मत करता हूँ कि अगर आप समझदारी से लगातार अभ्यास करते रहेंगे, तो आप यह उम्मीद कर सकते हैं कि एक दिन आप सुबह उठेंगे और स्वयं को अपने शहर या समाज के कुशल वक्ताओं में से एक पाएंगे।

चाहे यह आपको अभी कितना भी असंभव लगे, लेकिन यह एक सामान्य नियम के रूप में सच है। हाँ, कुछ अपवाद जरूर हो सकते हैं। अगर किसी व्यक्ति की मानसिकता और व्यक्तित्व कमजोर हो, और उसके पास कहने के लिए कुछ खास न हो, तो वह अपने इलाके का डेनियल वेब्स्टर (महान वक्ता) नहीं बन सकता। लेकिन, सामान्य तौर पर यह बात सही है।

मैं एक उदाहरण प्रस्तुत करता हूँ : न्यू जर्सी के पूर्व गवर्नर स्टोक्स ट्रेंटन में हमारी एक कक्षा के समापन भोज में शामिल हुए। उन्होंने कहा कि उस शाम उन्होंने जो भाषण सुने, वे वाशिंगटन में हाउस ऑफ रिप्रेजेंटेटिव्स और सीनेट में सुने गए भाषणों जितने अच्छे थे। ये ट्रेंटन के "भाषण" उन व्यापारियों द्वारा दिए गए थे, जो कुछ महीने पहले तक दर्शकों के सामने बोलने से डरते थे। ये न्यू जर्सी के व्यापारी सिसेरो (प्रसिद्ध वक्ता) बनने की शुरुआत नहीं कर रहे थे; वे अमेरिका के किसी भी शहर के सामान्य व्यापारियों की तरह थे। फिर भी, एक दिन उन्होंने खुद को अपने शहर के सबसे सक्षम वक्ताओं में पाया, और शायद पूरे देश में भी।

मैंने हजारों लोगों को देखा और ध्यानपूर्वक देखा है, जो आत्मविश्वास पाने और सार्वजनिक रूप से बोलने की क्षमता विकसित करने की कोशिश कर रहे थे। उनमें से बहुत कम लोग ही असाधारण रूप से प्रतिभाशाली थे। अधिकांश सफल होने वाले लोग साधारण व्यापारी थे, जैसे कि आप अपने शहर में पाते हैं। लेकिन उन्होंने लगातार प्रयास किया। कई बार असाधारण लोग निराश हो जाते थे या पैसा कमाने में बहुत व्यस्त हो जाते थे, जिससे वे ज्यादा आगे नहीं बढ़ पाए। लेकिन साधारण लोग, जिनमें दृढ़ संकल्प और एकमात्र लक्ष्य था, अंत में सबसे ऊपर पहुँच गए।

यह बिलकुल स्वाभाविक और सामान्य है। क्या आप नहीं देखते कि ऐसा अक्सर व्यापार और पेशों में भी होता है? जॉन डी. रॉकफेलर सीनियर ने कहा था कि व्यवसाय में सफलता के लिए सबसे जरूरी चीज धैर्य है और यह विश्वास कि अंत में सफलता जरूर मिलेगी। यही बात प्रभावी रूप से बोलने में भी सफलता के लिए जरूरी है।

कुछ साल पहले की गर्मियों में, मैंने ऑस्ट्रियाई आल्प्स की एक चोटी, जिसे वाइल्डर कैसर कहते हैं, पर चढ़ाई करने की शुरुआत की। बैडेकर (पुस्तक) में लिखा था कि यह चढ़ाई मुश्किल है और नौसिखिए पर्वतारोहियों के लिए एक गाइड जरूरी है। मेरे एक दोस्त और मैंने गाइड नहीं लिया था, और हम निश्चित रूप से नौसिखिए थे। एक तीसरे व्यक्ति ने हमसे पूछा, "क्या आपको लगता है कि आप सफल हो पाएंगे? हमने जवाब दिया, "बिल्कुल।"

"आपके ऐसा सोचने की वजह क्या है?" वह पूछता है।

मैंने कहा, "दूसरों ने भी बिना गाइड के यह चढ़ाई की है, इसलिए मुझे पता है कि यह संभव है, और मैं कभी भी कोई काम *यह सोचकर शुरू नहीं करता कि मुझे हार मिलेगी।*"

यही सही मानसिकता है, चाहे वह बोलने का काम हो या माउंट एवरेस्ट पर चढ़ाई करने का प्रयास।

आपकी सफलता इस बात पर बहुत हद तक निर्भर करती है कि बोलने से पहले आपके मन में क्या विचार होते हैं। खुद को अपनी कल्पना में देखें कि आप दूसरों से पूरे आत्मनियंत्रण के साथ बात कर रहे हैं।

यह करना आपके नियंत्रण में है। विश्वास करें कि आप सफल होंगे। इस पर पूरी दृढ़ता से विश्वास करें, और फिर आप वह सब करेंगे जो सफलता पाने के लिए जरूरी है।

गृह युद्ध के मध्य, एडमिरल ड्यूपॉन्ट ने आधा दर्जन उत्कृष्ट कारण बताए कि क्यों वह अपनी जंगी बेड़े को चार्ल्ससटन बंदरगाह में नहीं ले गए थे। एडमिरल फर्रागुत ने इतिवृत्त को ध्यान से सुना। ''किंतु एक अन्य कारण और था जिसका आपने उल्लेख नहीं किया है,'' उन्होंने उत्तर दिया।

''वह क्या है?'' एडमिरल ड्यूपॉन्ट से पूछा ।

उत्तर आया : ''आपको विश्वास नहीं था कि आप यह कर सकते हैं।''

हमारी कक्षाओं में प्रशिक्षण से ज्यादातर सदस्यों को जो सबसे मूल्यवान चीज मिलती है, वह है खुद पर बढ़ा हुआ आत्मविश्वास और अपनी क्षमता पर अधिक विश्वास। किसी भी काम में सफलता के लिए इससे ज्यादा महत्वपूर्ण और क्या हो सकता है?

इमर्सन ने लिखा, ''कोई भी महान काम उत्साह के बिना कभी पूरा नहीं हो सकता।'' यह सिर्फ एक सुन्दर साहित्यिक वाक्य नहीं है, बल्कि यह सफलता का मार्ग दिखाने वाला नक्शा है।

विलियम लियोन फेल्प्स संभवतः येल विश्वविद्यालय में पढ़ाने वाले अब तक के सबसे प्रिय और सबसे लोकप्रिय प्रोफ़ेसर थे। अपनी पुस्तक *द एक्साइटमेंट ऑफ़ टीचिंग* में उन्होंने कहा है, ''मेरे लिए, शिक्षण एक कला या व्यवसाय से कहीं अधिक है। यह एक जुनून है। मुझे पढ़ाना पसंद है, जैसे एक चित्रकार को चित्र बनाना पसंद है, जैसे एक गायक को गाना पसंद है, जैसे एक कवि को कविता लिखना पसंद है। सुबह बिस्तर से उठने से पूहले, मैं अपने छात्रों के समूह की अत्यधिक प्रसन्नता के विषय में सोचता हूँ।''

क्या यह कोई आश्चर्य की बात है कि एक शिक्षक, जो अपने काम के लिए इतना उत्साहित था और अपने आगे के कार्य के बारे में इतना जोश से भरा हुआ था, सफल हुआ? बिली फेल्प्स ने अपने छात्रों पर बहुत गहरा प्रभाव डाला, खासकर अपने पढ़ाने के तरीके में डाले गए प्यार, उत्साह और जोश की वजह से।

यदि आप बोलने की कला को प्रभावी ढंग से सीखने में उत्साह डालते हैं, तो आपको रास्ते की रुकावटें गायब होती नजर आएंगी। यह

एक चुनौती है कि आप अपनी सारी प्रतिभा और शक्ति को अपने साथी मनुष्यों के साथ प्रभावी ढंग से संवाद करने के लक्ष्य पर केंद्रित करें। सोचें कि आपको कितना आत्मविश्वास, भरोसा और संतुलन मिलेगा, जब आप दूसरों का ध्यान खींचने, उनकी भावनाओं को जागाने और उन्हें कार्य करने के लिए राजी करने में सक्षम होंगे। आप पाएंगे कि आत्म–अभिव्यक्ति में दक्षता अन्य क्षेत्रों में भी आपको कुशल बनाएगी, क्योंकि प्रभावी बोलने का प्रशिक्षण हर क्षेत्र में आत्मविश्वास हासिल करने का सबसे शानदार रास्ता है।

डेल कारनेगी कोर्स पढ़ाने वाले प्रशिक्षकों के मार्गदर्शन क्रम में ये शब्द हैं : ''जब कक्षा के सदस्य यह जान जाते हैं कि वे दर्शकों का ध्यान खींच सकते हैं, प्रशिक्षक की प्रशंसा और कक्षा की तालियाँ प्राप्त कर सकते हैं–तब वे एक नई आंतरिक शक्ति, साहस और शांति का अनुभव करते हैं, जो उन्होंने पहले कभी महसूस नहीं की होती। इसका परिणाम क्या होता है? वे ऐसे काम करना शुरू करते हैं और पूरा करते हैं, जिनकी उन्होंने कभी कल्पना भी नहीं की थी। उन्हें समूहों के सामने बोलने की इच्छा होने लगती है, वे व्यापार, पेशेवर और सामुदायिक गतिविधियों में सक्रिय भाग लेने लगते हैं और नेता बन जाते हैं।''

''नेतृत्व'' शब्द का प्रयोग इस अध्याय से पहले के अध्यायों में अक्सर किया गया है। स्पष्ट, सशक्त और प्रभावी अभिव्यक्ति हमारे समाज में नेतृत्व के लक्षणों में से एक है। इस अभिव्यक्ति को नेता के निजी साक्षात्कार से लेकर सार्वजनिक घोषणाओं तक सभी कथनों को नियंत्रित करना चाहिए। भलीभाँति लागू होने पर, इस पुस्तक की सामग्री– परिवार, चर्च समूह, नागरिक संगठन, निगम और सरकार में नेतृत्व विकसित करने में सहायता करेगी।

भाषण में सबसे मूल्यवान चीज़ विराम है।

–सर राल्फ रिचर्डसन

~

जो वक्ता इस विषय में बातचीत करते हैं कि जीवन ने उन्हें क्या सिखाया है, वे अपने श्रोताओं का ध्यान आकर्षित करने में कभी असफल नहीं होते।

—डेल कारनेगी

भाग–III

प्रत्येक बातचीत के तीन पहलू

7

बातचीत का अधिकार अर्जित करना

कई साल पहले, न्यूयॉर्क में हमारी कक्षा में दो लोग आए। एक थे डॉक्टरेट की डिग्री वाले कॉलेज के प्रोफेसर, और दूसरे थे एक साधारण व्यक्ति जिसने अपनी जवानी ब्रिटिश नौसेना में बिताई थी। वह व्यक्ति अब एक छोटी ट्रकिंग कंपनी चलाता था। कक्षा में प्रोफेसर के भाषणों के मुकाबले, उस साधारण व्यक्ति के भाषण को ज्यादा पसंद किया गया। ऐसा क्यों हुआ? प्रोफेसर बहुत अच्छी अंग्रेजी बोलते थे। वे शिक्षित, शिष्ट और सुसंस्कृत थे। उनके भाषण तार्किक और स्पष्ट होते थे। लेकिन उनके भाषणों में एक कमी थी–उनमें ठोस उदाहरणों की कमी थी। उनके विचार सामान्य और अस्पष्ट थे। उन्होंने कभी भी अपने भाषण में कोई व्यक्तिगत अनुभव साझा नहीं किया। उनके भाषण सिर्फ तर्क पर आधारित कुछ विचारों के समूह होते थे, जिनमें जीवन के वास्तविक उदाहरण नहीं थे।

दूसरी ओर, ट्रकिंग कंपनी के मालिक की भाषा स्पष्ट, ठोस और दिलचस्प थी। वह रोजमर्रा के जीवन से जुड़े तथ्यों के आधार पर बात करता था। वह एक बात बताता, फिर उसे समझाने के लिए अपने व्यवसाय से जुड़ी कोई घटना साझा करता। उसने उन लोगों का वर्णन किया जिनसे उसे काम करना पड़ता था और नियमों का पालन करने में होने वाली परेशानियों के बारे में बताया। उसकी बोलचाल की ताजगी और ऊर्जा ने उसके भाषणों को बहुत ही शिक्षाप्रद और मनोरंजक बना दिया।

मैं इस उदाहरण को इसलिए नहीं दे रहा हूँ क्योंकि यह कॉलेज के प्रोफेसरों या ट्रकिंग व्यवसाय में लगे लोगों का सामान्य उदाहरण

है, बल्कि इसलिए दे रहा हूँ क्योंकि यह दिखाता है कि एक भाषण में जीवंत, रंगीन विवरण लोगों का ध्यान आकर्षित करने की कितनी शक्ति रखते हैं।

ध्यान आकर्षित करने वाले भाषण की सामग्री विकसित करने के चार तरीके हैं। अगर आप अपनी तैयारी में इन चार कदमों का पालन करते हैं, तो आप अपने श्रोताओं का पूरा ध्यान आकर्षित करने की दिशा में अच्छी तरह बढ़ रहे होंगे।

एक
अपने विषय को सीमित रखें

एक बार जब आपने अपने विषय का चयन कर लिया, तो पहला कदम यह है कि आप उस क्षेत्र को चुनें जिसे आप कवर करना चाहते हैं और उन सीमाओं के भीतर ही रहें। उस बड़ी गलती से बचें जिसमें आप बहुत बड़े दायरे को कवर करने की कोशिश करते हैं। एक युवा ने दो मिनट में "500 ईसा पूर्व से कोरियाई युद्ध तक एथेंस पर" बोलने का प्रयास किया। यह कितना बेकार था! वह शहर की स्थापना के बारे में मुश्किल से कुछ कह पाया था कि उसे बैठना पड़ा। यह एक और उदाहरण था, जिसमें बहुत सारे बिंदुओं को एक ही भाषण में कवर करने की मजबूरी ने उसे असफल बना दिया। मैं जानता हूँ कि यह एक अतिवादी उदाहरण है; मैंने हजारों भाषण सुने हैं, जो थोड़े कम व्यापक थे, लेकिन फिर भी इसी कारण विफल रहे—उन्होंने बहुत अधिक बिंदुओं को कवर किया। क्यों? क्योंकि दिमाग एक समान और उबाऊ तथ्यों की लड़ी पर ध्यान नहीं दे सकता। अगर आपका भाषण विश्व अल्मनैक की तरह लगे, तो आप श्रोताओं का ध्यान ज्यादा देर तक नहीं खींच पाएंगे। एक सरल विषय लें, जैसे कि येलोस्टोन पार्क की यात्रा। अधिकतर लोग यह गलती करते हैं कि कुछ भी छूट न जाए, इस उत्साह में वे पार्क के प्रत्येक दृश्य के बारे में कुछ न कुछ कहते हैं। श्रोता को एक स्थान से दूसरे स्थान पर इतनी तेजी से ले जाया जाता है कि अंत में उनके मन में सिर्फ झरनों, पहाड़ों और गर्म पानी के फव्वारों का एक धुंधला चित्र ही रह जाता है। कितना बेहतर होता

अगर वक्ता सिर्फ पार्क के एक पहलू, जैसे वन्यजीवन या गर्म पानी के स्रोतों पर ध्यान केंद्रित करता। फिर उसके पास ऐसे चित्रात्मक विवरण देने का समय होता जो येलोस्टोन पार्क को अपनी पूरी रंगीनता और विविधता में जीवंत कर देता।

यह किसी भी विषय पर सच है, चाहे वह बिक्री कौशल हो, केक पकाना हो, टैक्स छूट हो, या बैलिस्टिक मिसाइलें हों। आपको आरंभ करने से पहले सीमित चयन करना होगा, अपने विषय को ऐसे क्षेत्र तक सीमित करें जो आपके समय के अनुकूल हों।

पाँच मिनट से भी कम समय की एक छोटी सी बातचीत में, आप केवल एक या दो मुख्य बिंदुओं को समझाने की आशा कर सकते हैं। तीस मिनट तक की लंबी बातचीत में, कुछ वक्ता कभी सफल होते हैं यदि वे चार या पाँच से अधिक मुख्य विचारों को समाहित करने का प्रयास करते हैं।

दो
संचित शक्ति विकसित करें

तथ्यों की तह तक जाने की तुलना में सतही तौर पर सतही बातचीत करना कहीं अधिक आसान है। परंतु जब आप सरल मार्ग तय करते हैं तो आप दर्शकों पर बहुत कम या कुछ भी प्रभाव नहीं डालते। अपने विषय को सीमित करने के बाद, अगला उपाय स्वयं से प्रश्न पूछना है जो आपकी समझ को गंभीर बनाएगा और आपके द्वारा चयनित विषय पर हक के साथ आपको बातचीत के लिए तैयार करेगा : "मैं इस पर विश्वास क्यों करता हूँ? मैंने इस बिंदु का उदाहरण वास्तविक जीवन में कब देखा है ? मैं वास्तव में क्या प्रमाणित करने का प्रयास कर रहा हूँ? वास्तव में यह कैसे हुआ?"

इस प्रकार के प्रश्न उत्तर माँगते हैं जो आपको संचित शक्ति प्रदान करेंगे, वह शक्ति जो लोगों को उठने और अनुभूति के लिए प्रेरित करेगी। वनस्पति विज्ञान के जादूगर लूथर बरबैंक के विषय में कहा जाता है कि उन्होंने एक या दो उत्कृष्ट पौधों को खोजने के लिए दस लाख पौधों के नमूने तैयार किए। बातचीत के साथ भी ऐसा ही है। अपने विषय के इर्द–गिर्द सौ विचार इकट्ठा करें, फिर नब्बे को छोड़ दें।

"मैं हमेशा जितनी जानकारी का उपयोग करता हूँ, उससे दस गुना या कभी–कभी सौ गुना अधिक जानकारी इकट्ठा करने की कोशिश करता हूँ," जॉन गुनथर ने कुछ समय पहले कहा था। वह बेस्टसेलिंग *"इनसाइड"* किताबों के लेखक थे और यह बात उन्होंने अपनी किताब लिखने या भाषण देने की तैयारी के बारे में कही थी।

एक खास मौके पर, जॉन गुनथर ने अपने शब्दों को सही साबित किया। सन् 1956 में, वह मानसिक अस्पतालों पर लेखों की एक श्रृंखला पर काम कर रहे थे। उन्होंने कई अस्पतालों का दौरा किया, वहाँ के सुपरवाइजरों, कर्मचारियों और मरीजों से बात की। मेरे एक दोस्त, जो उनकी मदद कर रहे थे, ने मुझे बताया कि उन्होंने दिन–रात सीढ़ियों पर चढ़ते–उतरते, गलियारों और इमारतों के बीच मीलों चलकर शोध किया। मिस्टर गुनथर ने अपनी नोटबुक भर ली। वापस अपने ऑफिस में, उन्होंने सरकारी और राज्य की रिपोर्टें, निजी अस्पतालों की रिपोर्टें और कई समितियों के आँकड़ों के ढेर लगा लिए।

"आखिरकार," मेरे दोस्त ने मुझे बताया, "उन्होंने चार छोटे लेख लिखे, जो इतने सरल और रोचक थे कि अच्छे भाषण बन सकते थे। जिन कागजों पर वे टाइप किए गए थे, उनका वजन कुछ औंस ही रहा होगा। लेकिन जिन नोटबुक्स और बाकी सारी सामग्री का उन्होंने इन कुछ औंस के लेखों को लिखने के लिए इस्तेमाल किया, उनका वजन लगभग बीस पाउंड था।"

मिस्टर गुनथर जानते थे कि वे मूल्यवान जानकारी के साथ काम कर रहे हैं। उन्हें यह भी पता था कि वह किसी भी जानकारी को नजरअंदाज नहीं कर सकते। इस तरह के काम में अनुभवी होने के नाते, उन्होंने पूरी लगन से काम किया और उस जानकारी में से सोने जैसी महत्वपूर्ण बातें छाँट लीं।

मेरे एक सर्जन दोस्त ने कहा : "मैं आपको दस मिनट में सिखा सकता हूँ कि अपेंडिक्स कैसे निकाला जाता है। लेकिन यह सिखाने में चार साल लगेंगे कि अगर कुछ गलत हो जाए तो क्या करना है।" बोलने के साथ भी ऐसा ही है : हमेशा ऐसी तैयारी करें कि किसी भी आपात स्थिति के लिए आप तैयार रहें, जैसे किसी पिछले वक्ता की बातों के कारण जोर देना पड़ा, या आपके भाषण के बाद चर्चा के दौरान दर्शकों से कोई सटीक सवाल पूछा जाए।

आप भी अतिरिक्त शक्ति प्राप्त कर सकते हैं अगर आप अपना विषय जितनी जल्दी हो सके चुन लें। इसे बोलने के एक या दो दिन पहले तक टालें नहीं। अगर आप विषय जल्दी तय कर लेते हैं, तो आपको यह अनमोल लाभ मिलेगा कि आपका अवचेतन मन आपके लिए काम करेगा। दिन के खाली पलों में, जब आप अपने काम से मुक्त होते हैं, तो आप अपने विषय के बारे में सोच सकते हैं और उन विचारों को बेहतर बना सकते हैं जिन्हें आप अपने श्रोताओं को बताना चाहते हैं। घर जाते समय, बस का इंतजार करते समय, या मेट्रो में सफर करते समय जो समय आप आमतौर पर सोचने–समझने में बिताते हैं, उसे आप अपने भाषण के विषय पर सोचने में लगा सकते हैं। यह वही समय होता है जब आपको नए विचार मिलते हैं, क्योंकि आपने अपना विषय पहले से तय कर लिया होता है और आपका दिमाग उसे अवचेतन रूप से सोचता रहता है।

नॉर्मन थॉमस, जो एक बेहतरीन वक्ता थे और जिनकी बातें उन दर्शकों ने भी ध्यान से सुनीं, जो उनकी राजनीतिक विचारधारा से असहमत थे, ने कहा : "अगर कोई भाषण वास्तव में महत्वपूर्ण होना है, तो वक्ता को उसके विषय या संदेश के साथ जीना चाहिए, उसे बार–बार अपने मन में दोहराना चाहिए। उसे यह जानकर आश्चर्य होगा कि जब वह सड़क पर चल रहा हो, अखबार पढ़ रहा हो, बिस्तर के लिए तैयार हो रहा हो, या सुबह उठ रहा हो, तब कितने उपयोगी उदाहरण या तरीके उसकी बात को बेहतर ढंग से रखने के लिए उसके दिमाग में आएंगे। साधारण बोलना अक्सर साधारण सोच का परिणाम होता है, और उस विषय के साथ गहराई से परिचित न होने का नतीजा होता है।"

जब आप इस प्रक्रिया में होते हैं, तो आपको अपना भाषण शब्दशः लिखने का बहुत मन होगा। लेकिन कोशिश करें कि ऐसा न करें, क्योंकि एक बार जब आप एक ढांचा बना लेते हैं, तो आप उससे संतुष्ट हो सकते हैं और इसे और बेहतर बनाने पर विचार करना बंद कर सकते हैं। इसके अलावा, इसे याद करने का खतरा भी होता है। मार्क ट्वेन ने इस बारे में कहा था : "लिखी हुई बातें भाषण के लिए नहीं होतीं; उनका रूप साहित्यिक होता है; वे कड़ी और लचीलेपन से रहित होती हैं, और बोलचाल में प्रभावी ढंग से प्रस्तुत करने के लिए उपयुक्त नहीं होतीं।

जहाँ उनका उद्देश्य सिर्फ मनोरंजन करना होता है, न कि सिखाना, उन्हें सहज, तोड़–फोड़ कर, और बोलचाल की भाषा में बदलना पड़ता है। वरना, वे दर्शकों को बोर करेंगी, मनोरंजन नहीं।''

चार्ल्स एफ. केटरिंग, जिनकी आविष्कारक प्रतिभा ने जनरल मोटर्स की प्रगति को प्रेरित किया, अमेरिका के सबसे प्रसिद्ध और दिल को छू लेने वाले वक्ताओं में से एक थे। जब उनसे पूछा गया कि क्या वह अपने भाषण का कोई हिस्सा लिखते हैं, तो उन्होंने उत्तर दिया : ''जो मैं कहना चाहता हूँ, वह इतना महत्वपूर्ण है कि उसे कागज पर लिखना सही नहीं लगता। मैं अपने श्रोताओं के मन और भावनाओं पर अपने पूरे अस्तित्व के साथ लिखना पसंद करता हूँ। मेरे और जिन लोगों पर मैं प्रभाव डालना चाहता हूँ, उनके बीच कागज नहीं आ सकता।''

तीन

अपनी बातचीत को दृष्टांतों और उदाहरणों से पूरा करें

''*द आर्ट ऑफ रीडेबल राइटिंग*'' में, रुडोल्फ फ्लेश अपने एक अध्याय की शुरुआत इस वाक्य से करते हैं : ''सिर्फ कहानियाँ वास्तव में पढ़ने योग्य होती हैं।'' फिर वे यह बताते हैं कि यह सिद्धांत कैसे समय और पाठकों की डाइजेस्ट जैसी पत्रिकाओं में इस्तेमाल होता है। इन शीर्ष पत्रिकाओं के लगभग हर लेख या तो पूरी तरह कहानी के रूप में लिखा जाता है या फिर उसमें ढेर सारे किस्से जोड़े जाते हैं। यह सच है कि एक कहानी में लोगों का ध्यान आकर्षित करने की शक्ति होती है, चाहे वह समूहों के सामने बात करते समय हो या पत्रिकाओं के लिए लिखते समय।

नॉर्मन विंसेंट पील, जिनके उपदेशों को लाखों लोग रेडियो और टेलीविजन पर सुनते हैं, कहते हैं कि उनके भाषण में सबसे पसंदीदा तरीका उदाहरण या उदाहरण देना होता है। उन्होंने एक बार *क्वार्टरली जर्नल ऑफ स्पीच* के एक इंटरव्यू में कहा था, ''सही उदाहरण वह सबसे बेहतरीन तरीका है, जिसे मैं किसी विचार को स्पष्ट, दिलचस्प और प्रभावी बनाने के लिए जानता हूँ। आमतौर पर, मैं अपने हर मुख्य बिंदु का समर्थन करने के लिए कई उदाहरणों का उपयोग करता हूँ।''

मेरी किताबों के पाठकों को जल्दी ही पता लग जाता है कि मैं अपने संदेश के मुख्य बिंदुओं को समझाने के लिए किस्सों का उपयोग करता हूँ। *"हाउ टू विन फ्रेंड्स एंड इन्फ्लुएंस पीपल"* के नियमों को डेढ़ पन्नों में लिखा जा सकता है। लेकिन बाकी के दो सौ तीस पन्नों में किस्से और उदाहरण दिए गए हैं, जो यह दिखाते हैं कि दूसरों ने इन नियमों का उपयोग कैसे किया और उनसे सकारात्मक परिणाम प्राप्त किए।

हम इस महत्वपूर्ण तकनीक को कैसे सीख सकते हैं, जिसमें उदाहरणात्मक सामग्री का उपयोग किया जाता है? इसे करने के पाँच तरीके हैं : मानवीकरण, व्यक्तिगत बनाना, विशिष्ट बनाना, नाटकीय बनाना, दृश्य रूप में प्रस्तुत करना।

अपनी बातचीत को मानवीय बनाएँ

मैंने एक बार पेरिस में अमेरिकी व्यापारियों के एक समूह से "सफल कैसे हों" इस विषय पर बात करने को कहा। उनमें से अधिकांश ने केवल कई सामान्य गुणों को सूचीबद्ध किया और कड़ी मेहनत, दृढ़ता, और महत्वाकांक्षा के महत्व पर उपदेश दिए।

इसलिए मैंने कक्षा को रोका और कुछ इस तरह कहा : "हम उपदेश सुनना नहीं चाहते। किसी को भी यह पसंद नहीं आता। याद रखें, आपको मनोरंजक होना होगा, नहीं तो हम आपकी बात पर ध्यान नहीं देंगे। और यह भी याद रखें कि दुनिया की सबसे दिलचस्प चीजों में से एक है थोड़ी–सी तारीफ के साथ सुनाई गई कहानियाँ, जो गपशप की तरह लगें। तो हमें ऐसे दो लोगों की कहानियाँ सुनाएँ, जिन्हें आप जानते हैं। बताइए कि एक ने सफलता क्यों पाई और दूसरा क्यों असफल हुआ। हम खुशी से इसे सुनेंगे, याद रखेंगे और शायद इससे कुछ सीख भी लें।"

उस कोर्स में एक सदस्य था, जिसे हमेशा स्वयं को या अपने श्रोताओं को रुचि दिलाने में कठिनाई होती थी। लेकिन उस रात उसने "मानवीय रुचि" वाले सुझाव को अपनाया और हमें अपने कॉलेज के दो सहपाठियों की कहानी सुनाई। उनमें से एक इतना सावधान (कंजूस) था कि उसने शहर की अलग–अलग दुकानों से शर्ट खरीदीं

और चार्ट बनाए कि कौन–सी शर्ट सबसे अच्छी तरह धुलती हैं, सबसे लंबे समय तक चलती हैं, और सबसे ज्यादा पैसे का फायदा प्रदान करती हैं। उसका ध्यान हमेशा पैसों पर रहता था। लेकिन जब उसने ग्रेजुएशन किया–यह एक इंजीनियरिंग कॉलेज था–तो वह स्वयं को इतना महत्वपूर्ण मानता था कि वह बाकी छात्रों की तरह निचले स्तर से शुरुआत करके ऊपर बढ़ने के लिए तैयार नहीं था। यहाँ तक कि जब तीसरी सालाना मिलन पार्टी हुई, तब भी वह अपनी कमीजों के धोने के चार्ट बना रहा था, और किसी बहुत अच्छे अवसर का इंतजार कर रहा था। लेकिन वह अवसर कभी नहीं आया। तब से पच्चीस साल बीत चुके हैं, और वह व्यक्ति, जीवन से असंतुष्ट और निराश, अब भी एक मामूली नौकरी में काम कर रहा है।

वक्ता ने फिर इस असफलता की तुलना अपने एक अन्य सहपाठी की कहानी से की, जिसने सभी उम्मीदों को पार कर दिया। यह व्यक्ति सभी के साथ घुलमिल जाता था, और सभी उसे पसंद करते थे। भले ही वह भविष्य में बड़ी चीजें करने का सपना देखता था, उसने शुरुआत ड्राफ्ट्समैन (नक्शा बनाने वाला) के रूप में की। लेकिन वह हमेशा अवसरों की तलाश में रहता था। उस समय न्यूयॉर्क वर्ल्ड फेयर की योजना बनाई जा रही थी। उसे पता था कि वहाँ इंजीनियरिंग के प्रतिभा की जरूरत होगी, इसलिए उसने फिलाडेल्फिया में अपनी नौकरी छोड़ दी और न्यूयॉर्क चला गया। वहाँ उसने एक साझेदारी बनाई और ठेकेदारी का काम शुरू किया। उन्होंने फोन कंपनी के लिए काफी काम किया, और आखिरकार उस कंपनी ने उसे एक बड़ी तनख्वाह पर नौकरी दे दी।

मैंने यहाँ उस वक्ता की बातों का केवल संक्षिप्त विवरण दिया है। उसने अपने भाषण को कई मजेदार और मानवीय रुचि वाले विवरणों से दिलचस्प और ज्ञानवर्धक बना दिया। यह वही व्यक्ति था जो आमतौर पर तीन मिनट का भाषण देने के लिए सामग्री नहीं इकट्ठा कर पाता था, लेकिन उस दिन वह बोलते ही चला गया। जब उसने रुककर देखा, तो उसे यह जानकर आश्चर्य हुआ कि वह दस मिनट तक बोल चुका था। उसका भाषण इतना दिलचस्प था कि सभी को वह छोटा लगा। यह उसकी पहली असली सफलता थी।

इस घटना से लगभग हर कोई कुछ सीख सकता है। एक सामान्य बातचीत बहुत अधिक आकर्षक हो सकती है, अगर उसमें मानवीय रुचि से जुड़ी कहानियाँ हों। वक्ता को केवल कुछ मुख्य बिंदुओं पर ध्यान देना चाहिए और उन्हें ठोस उदाहरणों से समझाना चाहिए। इस तरह से भाषण बनाने की विधि ध्यान आकर्षित करने और बनाए रखने में सफल होती है।

बिलकुल, ऐसी मानवीय रुचि वाली सामग्री का सबसे समृद्ध स्रोत आपके अपने जीवन के अनुभव होते हैं। अपने अनुभवों के बारे में बात करने से इसलिए न हिचकिचाएँ कि आपको ऐसा लग रहा है कि आपको स्वयं के बारे में नहीं बोलना चाहिए। श्रोता तभी आपत्ति करते हैं जब कोई व्यक्ति अपने बारे में घमंड या अहंकार से भरी बातें करता है। इसके अलावा, श्रोता वक्ताओं की व्यक्तिगत कहानियों में बहुत रुचि रखते हैं। ये कहानियाँ श्रोताओं का ध्यान बनाए रखने का सबसे पक्का तरीका होती हैं, इसलिए इन्हें नजरअंदाज न करें।

नामों का प्रयोग करके अपनी बातचीत को वैयक्तिकृत करें

जब भी आप दूसरों से जुड़ी कहानियाँ बताएँ, तो उनके नामों का उपयोग जरूर करें। यदि आप उनकी पहचान गोपनीय रखना चाहते हैं, तो काल्पनिक नामों का उपयोग करें। यहाँ तक कि सामान्य नाम जैसे ''मिस्टर स्मिथ'' या ''जो ब्राउन'' भी ''इस व्यक्ति'' या ''एक आदमी'' से अधिक स्पष्ट और वर्णनात्मक होते हैं। नाम किसी को पहचान देने के साथ–साथ उसे व्यक्तिगत भी बना देते हैं। जैसा कि रुडोल्फ फ्लेश बताते हैं, ''कहानी में नाम जितना सच्चा जोड़ते हैं, उतना कुछ और नहीं कर सकता। बिना नाम के नायक वाली कहानी की कल्पना कीजिए, वह कितनी अवास्तविक लगेगी।''

यदि आपका भाषण नामों और व्यक्तिगत सर्वनामों (जैसे मैं, तुम, वह) से भरा हुआ है, तो आप निश्चित रूप से श्रोताओं का ध्यान खींच पाएँगे, क्योंकि आपके भाषण में मानवीय रुचि का अनमोल तत्व होगा।

विशिष्ट बनें, एवं अपनी बातचीत को विस्तृत करें

आप इस बिंदु पर कह सकते हैं, ''यह सब बहुत बढ़िया है, किंतु मैं अपनी बातचीत में पर्याप्त विवरण पाने के विषय में कैसे तय कर सकता हूँ?'' यहाँ एक परीक्षा है। प्रत्येक रिपोर्टर द्वारा समाचार लिखते समय अपनाए जाने वाले 5–डब्ल्यू: सूत्र का इस्तेमाल करें: प्रश्नों का उत्तर दें कब? कहाँ? कौन? क्या? और क्यों? (When? Where? Who? What? and Why?) अगर आप इस सूत्र का पालन करेंगे, तो आपके उदाहरणों में जीवन और रंग भर जाएगा। इसे समझाने के लिए मैं अपनी एक कहानी का उदाहरण देता हूँ, जो *रीडर्स डाइजेस्ट* में प्रकाशित हुई थी :

''कॉलेज छोड़ने के बाद, मैंने दो साल दक्षिण डकोटा में आर्मर एंड कंपनी के लिए एक सेल्समैन के रूप में यात्रा की। मैं अपना क्षेत्र मालगाड़ियों पर सफर करके कवर करता था। एक दिन मुझे रेडफील्ड, दक्षिण डकोटा में दो घंटे इंतजार करना पड़ा ताकि मुझे दक्षिण की ओर जाने वाली ट्रेन मिल सके। चूंकि रेडफील्ड मेरे क्षेत्र में नहीं था, इसलिए मैं इस समय का उपयोग बिक्री करने के लिए नहीं कर सकता था। एक साल के भीतर मुझे न्यूयॉर्क जाकर अमेरिकन एकेडमी ऑफ ड्रामैटिक आर्ट्स में पढ़ाई करनी थी, तो मैंने सोचा कि इस खाली समय का उपयोग भाषण का अभ्यास करने में किया जाए। मैं ट्रेन यार्ड से होते हुए नीचे की ओर चला और मैकबेथ के एक दृश्य का अभ्यास करने लगा। अपने हाथ फैलाते हुए, मैंने जोर से कहा : 'क्या यह वही खंजर है जो मेरे सामने दिखाई दे रहा है, उसका हत्था मेरी ओर है? आओ, मुझे इसे पकड़ने दो : मेरे पास यह नहीं है, फिर भी मैं इसे देख सकता हूँ।'''

''मैं अब भी उस दृश्य में पूरी तरह खोया हुआ था, तभी चार पुलिसकर्मी अचानक मुझ पर कूद पड़े और मुझसे पूछा कि मैं महिलाओं को क्यों डरा रहा हूँ। मैं इतना हैरान हो गया जैसे उन्होंने मुझ पर ट्रेन लूटने का आरोप लगा दिया हो। उन्होंने मुझे बताया कि एक घरेलू महिला ने मुझे अपने रसोईघर के पर्दों के पीछे से सौ गज दूर से देखा था। उसने पहले कभी ऐसा दृश्य नहीं देखा था, इसलिए उसने पुलिस को बुला लिया। जब पुलिसकर्मी पहुँचे, तो उन्होंने मुझे खंजरों के बारे में जोर–जोर से बोलते हुए सुना।''

"मैंने उन्हें बताया कि मैं शेक्सपीयर का अभ्यास कर रहा था, लेकिन उन्होंने मुझे तब तक नहीं जाने दिया जब तक मैंने उन्हें आर्मर एंड कंपनी का अपना ऑर्डर बुक नहीं दिखाया।"

ध्यान दें कि यह किस्सा उपरोक्त 5–डब्ल्यू सूत्र में पूछे गए प्रश्नों का उत्तर कैसे देता है।

बेशक, बहुत ज्यादा विवरण देना, कोई विवरण न देने से भी बुरा है। हम सभी कभी न कभी लंबी और अनावश्यक बातों से भरे भाषण सुनकर बोर हो चुके हैं। ध्यान दें कि मेरी दक्षिण डकोटा में लगभग गिरफ्तारी वाली घटना में 5– सवालों का जवाब कैसे संक्षिप्त और स्पष्ट तरीके से दिया गया है। अगर आप अपने भाषण में बहुत ज्यादा विवरण भर देंगे, तो श्रोता आपका पूरा ध्यान नहीं रखेंगे। श्रोताओं का ध्यान न देना किसी भी तरह की आलोचना से ज्यादा गंभीर होता है।

संवाद द्वारा अपनी बातचीत को नाटकीय बनाएँ

मान लीजिए कि आप यह उदाहरण देना चाहते हैं कि आपने एक नाराज ग्राहक को शांत करने में कैसे सफलता पाई, और इसमें आपने मानवीय संबंधों के एक नियम का उपयोग किया। आप इस तरह से शुरुआत कर सकते हैं :

"कुछ दिन पहले एक आदमी मेरे ऑफिस में आया। वह बहुत गुस्से में था क्योंकि हमने जो उपकरण उसे एक हफ्ते पहले भेजा था, वह ठीक से काम नहीं कर रहा था। मैंने उसे बतागा कि हम पूरी कोशिश करेंगे कि इस समस्या को हल किया जाए। थोड़ी देर बाद वह शांत हो गया और उसे विश्वास हो गया कि हम समस्या को सही करने का पूरा इरादा रखते हैं।" इस कहानी में एक अच्छा गुण है–यह काफी विशेष है–लेकिन इसमें नाम, विशिष्ट विवरण, और सबसे महत्वपूर्ण बात, वास्तविक संवाद की कमी है, जो इस घटना को जीवंत बना सकता है। अब इसे उन विशेषताओं के साथ देखें :

"पिछले मंगलवार, मेरे ऑफिस का दरवाजा जोर से बंद हुआ और मैंने ऊपर देखा तो चार्ल्स ब्लेक्सम, जो मेरे नियमित ग्राहकों में से एक था, का गुस्से से भरा चेहरा दिखा। मुझे उसे बैठने के लिए कहने का

भी समय नहीं मिला। उसने कहा, 'एड, अब ये हद हो गई है। तुम एक ट्रक भेजो और उस वॉशिंग मशीन को मेरे बेसमेंट से बाहर ले जाओ।'''

''मैंने उससे पूछा, 'क्या हुआ?' वह तुरंत जवाब देने के लिए तैयार था। 'यह काम नहीं कर रही,' उसने चिल्लाकर कहा, 'कपड़े पूरी तरह उलझ जाते हैं, और मेरी पत्नी इससे परेशान हो चुकी है।'''

''मैंने उससे कहा कि वह बैठकर मुझे विस्तार से समझाए। उसने कहा, 'मेरे पास बैठने का समय नहीं है। मुझे काम पर देर हो रही है और काश, मैंने यहाँ आकर कोई उपकरण खरीदा ही नहीं होता।'''

''यकीन मानो, मैं फिर कभी ऐसा नहीं करूंगा। यह कहते हुए उसने अपने हाथ से मेज पर जोर से मारा और मेरी पत्नी की तस्वीर गिरा दी।''

'''देखो, चार्ली,' मैंने कहा, 'यदि तुम बैठोगे और मुझे इसके विषय में बैठकर वह सब बताओगे, तो मैं वचन देता हूँ कि तुम मुझसे जो भी करवाना चाहोगे मैं करूँगा।' इसके साथ ही, वह बैठ गया और हमने शांति से इस पर बात की।'' आपकी बातचीत में संवाद सम्मिलित करना सदा संभव नहीं होता है, परंतु आप देख सकते हैं कि उपरोक्त अंश में बातचीत का सीधा उद्धरण श्रोता के लिए घटना को नाटकीय बनाने में कैसे सहायता करता है। यदि वक्ता के पास कुछ अनुकरणात्मक कौशल है और वह आवाज के मूल स्वर को शब्दों में ढाल सकता है, तो संवाद अधिक प्रभावी हो सकता है। साथ ही, संवाद आपके भाषण को दैनिक बातचीत की प्रामाणिक अनुभूति देता है। यह आपको खाने की मेज पर बातचीत करते हुए एक वास्तविक व्यक्ति की तरह लगता है, न कि किसी विद्वत् समाज के समक्ष परीक्षा देने वाले किसी पंडित या माइक्रोफोन में भाषण देने वाले वक्ता की तरह।

जो बात आप समझा रहे हैं, उसे दिखाकर स्पष्ट करें

मनोवैज्ञानिक बताते हैं कि हमारी जानकारी का पचासी प्रतिशत से अधिक हिस्सा हमें देखने के अनुभवों के माध्यम से प्राप्त होता है।

निश्चित रूप से, यही कारण है कि टेलीविजन विज्ञापन और मनोरंजन का एक बहुत ही प्रभावी माध्यम है। सार्वजनिक बोलना भी एक दृश्य (देखने की) और श्रव्य (सुनने की) कला है।

किसी भाषण को विस्तार से समृद्ध करने के सबसे अच्छे तरीकों में से एक है उसमें दृश्य प्रदर्शन शामिल करना। आप मुझे घंटों यह समझा सकते हैं कि गोल्फ क्लब कैसे घुमाया जाता है, और शायद मैं इससे बोर हो जाऊँ। लेकिन अगर आप खड़े होकर दिखाएँ कि आप गेंद को फेयरवे (गोल्फ के मैदान) में कैसे मारते हैं, तो मैं पूरी तरह से ध्यान से देखूँगा और सुनूँगा। इसी तरह, अगर आप अपने हाथों और कंधों से विमान की अनियमित उड़ान को दिखाते हुए समझाएँ, तो मैं आपके उस अनुभव को जानने के लिए और भी ध्यान से सुनूँगा, जैसे आप मौत से कैसे बचे।

मुझे एक औद्योगिक कक्षा में दिए गए एक भाषण की याद है, जो दृश्य विवरण का अद्भुत उदाहरण था। वक्ता मजाकिया अंदाज में निरीक्षकों और दक्षता विशेषज्ञों का मजाक उड़ा रहे थे। जिस तरह उन्होंने उन सज्जनों के हाव–भाव और शरीर की हरकतों की नकल की, जब वे एक खराब मशीन का निरीक्षण कर रहे थे, वह टेलीविजन पर देखी गई किसी भी चीज से ज्यादा मजेदार था। इससे भी बढ़कर, उस भाषण में उपयोग किए गए दृश्य विवरण ने उसे यादगार बना दिया–मैं तो उसे कभी नहीं भूल सकता, और मुझे विश्वास है कि उस कक्षा के अन्य सदस्य भी आज तक उस बारे में बात करते होंगे।

स्वयं से पूछना एक उत्तम विचार है, "मैं स्वयं की बातचीत में कुछ दृश्यात्मक विवरण कैसे डाल सकता हूँ?" फिर दिखाने के लिए आगे बढ़ें, क्योंकि, जैसा कि प्राचीन चीनियों ने देखा था, एक तस्वीर दस हजार शब्दों के बराबर है।

चार

स्पष्ट और जाने पहचाने शब्दों का उपयोग करें जो चित्र बनाते हैं

ध्यान आकर्षित करने और बनाए रखने की प्रक्रिया में, जो हर वक्ता का पहला उद्देश्य होता है, एक ऐसी मदद, एक ऐसी तकनीक है जो सबसे अधिक महत्वपूर्ण है। फिर भी, इसे लगभग नजरअंदाज किया जाता है। आमतौर पर वक्ताओं को इसके महत्व का अहसास नहीं होता।

उन्होंने शायद इसके बारे में कभी सोचा भी नहीं होगा। मैं उस प्रक्रिया की बात कर रहा हूँ जिसमें ऐसे शब्दों का उपयोग किया जाता है जो चित्र बनाते हैं। वह वक्ता जिसे सुनना आसान लगता है, वही है जो आपके सामने छवियाँ प्रस्तुत करता है। जबकि धुंधले, सामान्य और रंगहीन प्रतीकों का उपयोग करने वाला वक्ता श्रोताओं को ऊबाने लगता है।

चित्र, चित्र, चित्र। वे हवा की तरह मुफ्त हैं, जो आप साँस लेते हैं। अपने भाषणों और बातचीत में इन्हें शामिल करें, और आप अधिक मनोरंजक और प्रभावशाली बन जाएंगे।

हर्बर्ट स्पेंसर ने अपने प्रसिद्ध निबंध *''फिलॉसफी ऑफ स्टाइल''* में बहुत पहले ही यह बताया था कि वे शब्द या वाक्यांश, जो हमारे दिमाग में स्पष्ट और जीवंत चित्र बनाते हैं, अधिक प्रभावी होते हैं।

''हम सामान्य रूप से नहीं बल्कि विशेष रूप से सोचते हैं। हमें ऐसे वाक्य–विन्यास से बचना चाहिए :

''जितने अधिक किसी राष्ट्र के आचरण, रीति–रिवाज और मनोरंजन क्रूर और बर्बर होते हैं, उतने ही उनकी दंड संहिता के नियम कठोर होते हैं।''

''और इसके स्थान पर हमें लिखना चाहिए :

''जितना अधिक लोग युद्ध, सांडों की लड़ाई, और तलवारबाजों के मुकाबलों का आनंद लेते हैं, उतनी ही सख्ती से वे फाँसी, जलाने, और यातनाओं के द्वारा दंड देंगे।''

चित्र बनाने वाले वाक्यांश बाइबिल और शेक्सपियर की रचनाओं में उसी तरह भरे हुए हैं जैसे मधुमक्खियाँ सेब के रस के चारों ओर मंडराती हैं। उदाहरण के लिए, एक साधारण लेखक यह कहता कि किसी चीज को बेहतर बनाने की कोशिश ''अतिरिक्त'' है, जैसे पहले से ही पूर्ण चीज को सुधारना। लेकिन शेक्सपियर ने वही विचार कैसे व्यक्त किया? उन्होंने इसे एक अमर चित्रात्मक वाक्यांश के रूप में कहा : ''शुद्ध सोने पर सोने की परत चढ़ाना, लिली के फूल को रंगना, या बैंगनी फूल पर इत्र डालना।''

क्या आपने कभी ध्यान दिया है कि वे कहावतें, जो पीढ़ी दर पीढ़ी चली आ रही हैं, लगभग सभी दृश्य रूप में होती हैं? जैसे, ''हाथ का एक पक्षी झाड़ी के दो पक्षियों से बेहतर है,'' ''जब बारिश होती है, तो मूसलधार होती है,'' ''आप घोड़े को पानी तक ले जा सकते हैं,

लेकिन उसे पीने के लिए मजबूर नहीं कर सकते।'' और आप पाएंगे कि लगभग सभी पुराने उपमानों (सदियों से उपयोग किए जा रहे) में भी यही चित्रमय तत्व होता है : ''लोमड़ी जैसा चालाक,'' ''दरवाजे की कील जितना मरा हुआ,'' ''पैनकेक जैसा सपाट,'' ''चट्टान जैसा सख्त।''

लिंकन हमेशा चित्रात्मक (दृश्य) शब्दावली में बात करते थे। जब वह व्हाइट हाउस में अपनी डेस्क पर आने वाली लंबी, जटिल और आधिकारिक रिपोर्टों से परेशान हो जाते थे, तो वह इन पर आपत्ति जताते थे, लेकिन बिना नीरस शब्दों का उपयोग किए। उन्होंने ऐसा एक चित्रात्मक वाक्यांश के माध्यम से किया जिसे भूलना लगभग असंभव है। उन्होंने कहा, ''जब मैं किसी आदमी को घोड़ा खरीदने भेजता हूँ, तो मुझे यह नहीं बताया जाना चाहिए कि घोड़े की पूँछ में कितने बाल हैं। मुझे केवल यह जानना है कि घोड़े की खासियतें क्या हैं।''

अपनी दृष्टिगत अपील को स्पष्ट और सटीक बनाएँ। मानसिक चित्र इस तरह से बनाएँ कि वे स्पष्ट और तेज दिखाई दें, जैसे सूर्यास्त के खिलाफ खड़े हिरण के सींग। उदाहरण के लिए, ''कुत्ता'' शब्द एक सामान्य तस्वीर उभरता है—शायद एक कॉकर्स स्पैनियल, एक स्कॉटिश टेरियर, एक सेंट बर्नार्ड, या एक पोमेरियन। ध्यान दें कि जब कोई वक्ता ''बुलडॉग'' कहता है, तो दिमाग में कितनी अधिक स्पष्ट तस्वीर बनती है—यह शब्द कम व्यापक है। क्या ''एक धारीदार बुलडॉग'' और भी अधिक स्पष्ट तस्वीर नहीं बनाता? क्या ''एक काले शेटलैंड पोनी'' की बात करना, ''घोड़ा'' कहने की तुलना में अधिक जीवंत नहीं है? क्या ''एक सफेद बैंटम मुर्गा जिसकी टांग टूटी हो'' कहना, सिर्फ ''पक्षी'' कहने से अधिक स्पष्ट और सटीक तस्वीर नहीं बनाता?

द *एलिमेंट्स ऑफ स्टाइल* में विलियम स्ट्रंक, जूनियर कहते हैं : ''अगर लेखन कला का अध्ययन करने वाले किसी एक बात पर सहमत हैं, तो वह यह है कि पाठक का ध्यान आकर्षित करने और बनाए रखने का सबसे मजबूत तरीका है विशिष्ट, स्पष्ट और ठोस होना। 'महान लेखक—होमर, डांटे, शेक्सपियर—मुख्य रूप से इसीलिए प्रभावी होते हैं क्योंकि वे विशेषताओं से निपटते हैं और उन विवरणों की रिपोर्ट करते हैं जो मायने रखते हैं। उनके शब्द चित्र बनाते हैं।'' यह बात बोलने के लिए भी उतनी ही सही है जितनी लेखन के लिए।

एक बार कई साल पहले मैंने अपने प्रभावी बोलने के पाठ्यक्रम में एक सत्र को तथ्यों पर आधारित प्रयोग के लिए समर्पित किया। हमने यह नियम अपनाया कि हर वाक्य में वक्ता को या तो कोई तथ्य, या सही नाम, या संख्या, या तारीख शामिल करनी होगी। इसके परिणाम क्रांतिकारी थे। कक्षा के सदस्य एक–दूसरे को सामान्य बातों में फँसाने का खेल खेलने लगे; और जल्द ही वे धुंधली भाषा की बजाय स्पष्ट और सजीव भाषा में बोलने लगे, जो श्रोताओं के सिर के ऊपर से नहीं गुजरती, बल्कि सीधे समझ में आती है, जैसे सड़क पर आम आदमी की बातचीत होती है।

फ्रेंच दार्शनिक ,लेन ने कहा, "एक अमूर्त (धुंधला) शैली हमेशा खराब होती है। आपकी वाक्य रचना में पत्थर, धातुएँ, कुर्सियाँ, मेज, जानवर, आदमी और औरतें होनी चाहिए।"

यह बात रोजमर्रा की बातचीत पर भी लागू होती है। वास्तव में, इस अध्याय में समूहों के सामने बोलने में विवरण के उपयोग के बारे में जो कुछ भी कहा गया है, वह सामान्य बातचीत पर भी लागू होता है। विवरण ही है जो बातचीत को चमकदार बनाता है। जो कोई भी एक बेहतर बातचीत करने वाला बनना चाहता है, वह इस अध्याय में दी गई सलाह से लाभ उठा सकता है। सेल्समेन भी अपनी बिक्री प्रस्तुतियों में विवरण के जादू को खोजेंगे। जो लोग कार्यकारी पदों पर हैं, घरेलू महिलाएँ, और शिक्षक सभी पाएंगे कि निर्देश देना और जानकारी साझा करना ठोस और तथ्यात्मक विवरण के उपयोग से बहुत बेहतर हो जाएगा।

"अगर आप अपने संदेश को एक वाक्य में नहीं लिख सकते, तो आप उसे एक घंटे में नहीं कह सकते।"

–डायना बूहर

~

दर्शकों को बताएँ कि आप क्या कहने जा रहे हैं, इसे कहें; फिर, उन्हें बताएँ कि आपने क्या कहा है।

–डेल कारनेगी

8

बातचीत को जीवंत बनाना

प्रथम विश्व युद्ध के तुरंत बाद, मैं लंदन में लोवेल थॉमस के साथ काम कर रहा था, जो एलेनबी और लॉरेंस ऑफ अरबिया पर शानदार व्याख्यान दे रहे थे। एक रविवार को, मैं फ्लाइड पार्क में गया, उस स्थान पर जहाँ मार्बल आर्च के प्रवेश द्वार के पास हर प्रकार के लोग–धर्म, रंग, और राजनीतिक और धार्मिक विचारधारा के अनुसार–अपने विचार बिना किसी कानूनी रोक–टोक के रख सकते हैं। कुछ समय तक मैंने एक कैथोलिक को सुना, जो पोप की निरपेक्षता के सिद्धांत को समझा रहा था। फिर मैंने एक और भीड़ के किनारे पर जाकर सुना कि एक समाजवादी कार्ल मार्क्स के बारे में क्या कह रहा था। फिर मैं तीसरे वक्ता के पास गया, जो यह बता रहा था कि एक आदमी के लिए चार पत्नियाँ होना क्यों सही और उचित है! फिर मैं वहाँ से दूर हट गया और तीनों समूहों की ओर देखा।

क्या आप विश्वास करेंगे? जिस आदमी ने बहुविवाह के बारे में बात की, उसके पास सुनने वाले सबसे कम लोग थे! केवल कुछ ही लोग थे। जबकि बाकी दो वक्ताओं के चारों ओर भीड़ हर मिनट बढ़ती जा रही थी। मैंने स्वयं से पूछा, क्यों? क्या यह विषयों के बीच का अंतर है? मुझे ऐसा नहीं लगता। जैसे–जैसे मैंने देखा, मैंने पाया कि इसका कारण खुद वक्ता में है। जो आदमी चार पत्नियों के फायदों के बारे में बात कर रहा था, वह खुद चार पत्नियाँ रखने में रुचि नहीं रखता था। लेकिन बाकी दो वक्ता, जो एकदम विपरीत विचारों से बोल रहे थे, अपने विषय में पूरी तरह डूबे हुए थे। वे जीवंतता और उत्साह के साथ बोल

रहे थे। उनके हाथ भावनात्मक इशारों में हिल रहे थे। उनकी आवाजों में विश्वास था। वे गंभीरता और ऊर्जा का संचार कर रहे थे।

जीवंतता, ऊर्जा, और उत्साह—ये वे पहले गुण हैं जिन्हें मैंने हमेशा एक वक्ता में आवश्यक माना है। लोग ऊर्जावान वक्ता के चारों ओर इस तरह इकट्ठा होते हैं जैसे जंगली टर्की शरद ऋतु की गेहूँ के खेत के चारों ओर होते हैं।

आप इस ऊर्जा से भरी प्रस्तुति को कैसे प्राप्त कर सकते हैं, जो आपके श्रोताओं का ध्यान बनाए रखेगी? इस अध्याय में, मैं आपको तीन प्रमुख तरीके बताऊँगा, जो आपको बात करने में उत्साह और रोमांच भरने में मदद करेंगे।

एक
वे विषय चुनें जिनके बारे में आप सजग हैं

अध्याय तीन में अपने विषय के बारे में गंभीरता से महसूस करने के महत्व पर बल दिया गया है। जब तक आप उस विषय वस्तु में भावनात्मक रूप से शामिल नहीं होते हैं जिसके विषय में आपको बातचीत करने के लिए चुना गया है, आप अपने दर्शकों को अपने संदेश पर विश्वास करने की उम्मीद नहीं कर सकते। स्वाभाविक है, यदि आप कोई ऐसा विषय चयन करते हैं जो आपके लिए इसके साथ लंबे अनुभव के कारण रोमांचकारी है, जैसे कोई शौक या मनोरंजक गतिविधि, या इसके विषय में गंभीर चिंतन या व्यक्तिगत चिंता के कारण (उदाहरण के लिए, आपके समुदाय को अच्छे स्कूलों की आवश्यकता है), आपको उत्साह के साथ बातचीत करने में कोई दिक्कत नहीं होगी। दो दशक से भी बहुत समय पहले न्यूयॉर्क शहर में मेरी एक कक्षा से पहले हुई बातचीत की तुलना में गंभीरता की प्रेरक शक्ति मुझे पहले कभी इतनी स्पष्ट रूप से प्रदर्शित नहीं हुई थी। मैंने कई प्रेरक बातें सुनी हैं, परंतु यह, जिसे मैं ब्लू ग्रास बनाम हिकॉरी वुड एशेज का मामला कहता हूँ, सामान्य ज्ञान पर निष्ठा की विजय के रूप में सामने आता है।

शहर के सबसे मशहूर बिक्री संगठनों में से एक के उच्चकोटि के विक्रेता ने निराधार बयान दिया कि वह बीज या जड़ों की सहायता के

बिना नीली घास उगाने में सक्षम था। उसकी कहानी के अनुसार, उसने नयी जुताई वाली भूमि पर हिकॉरी की लकड़ी की राख बिखेर दी थी। वाह! नीली घास पैदा हो गई थी! उसका दृढ़विश्वास था कि हिकॉरी की लकड़ी की राख और केवल हिकॉरी की लकड़ी की राख ही नीली घास के लिए उत्तरदायी है।

उसकी बातचीत पर प्रतिक्रिया करते हुए, मैंने धीरे से उसे बताया कि उनकी अभूतपूर्व खोज, यदि सच है, तो उन्हें करोड़पति बना देगी, क्योंकि नीली घास के बीज की कीमत कई डॉलर प्रति बुशल है। मैंने उससे यह भी कहा कि यह उसे समस्त इतिहास का उत्कृष्ट वैज्ञानिक बना देगी। मैंने उसे सूचित किया कि कोई भी व्यक्ति, जीवित या मृत, कभी भी वह चमत्कार नहीं कर पाया जो उसने करने का दावा किया था : कोई भी व्यक्ति कभी भी जड़ पदार्थ से जीवन उत्पन्न करने में सक्षम नहीं हुआ था।

मैंने उसे यह बात बहुत शांति से बताई, क्योंकि मुझे लगा कि उसकी गलती इतनी स्पष्ट, इतनी बेतुकी थी कि खंडन में बल देने की आवश्यकता नहीं थी। जब मैंने अपनी बात समाप्त की, तो पाठ्यक्रम के प्रत्येक अन्य सदस्यों ने उसके दावे की मूर्खता देखी; किंतु उसने इसे एक क्षण के लिए भी नहीं देखा। वह अपने विवाद के प्रति गंभीर था, गंभीरता से घातक और कुछ नहीं हो सकता। वह अपने पैरों के बल खड़ा होकर एवं मुझे बताता है कि वह गलत नहीं था। वह सिद्धांत से संबंधित नहीं था, उसने विरोध किया था, परंतु व्यक्तिगत अनुभव से। वह जानता था कि वह किस विषय में बातचीत कर रहा है। उसने बात करना जारी रखा, अपनी पहली प्रतिक्रियाओं को विस्तार से बताया, अतिरिक्त जानकारी दी, अतिरिक्त साक्ष्यों का अंबार लगाया, उसकी आवाज में निष्ठा और ईमानदारी झलक रही थी।

मैंने उसे पुनः सूचित किया कि विश्व में उसके सही होने या लगभग सही होने या सच्चाई के एक हज़ार मील के भीतर होने की दूर–दूर तक कोई उम्मीद नहीं है। एक पल में पुनः वह अपने पैरों पर खड़ा हो गया, और मुझसे पाँच डॉलर की शर्त लगाने और यू.एस. कृषि विभाग को मामले का समाधान करने की पेशकश की।

और आप जानते हैं कि क्या हुआ? कक्षा में कई सदस्यों को अपने पक्ष में कर लिया गया। कई अन्य लोगों को संदेह होने लगा था। यदि

मैंने मतदान करवाया होता तो मुझे विश्वास है कि उस वर्ग के आधे से अधिक व्यवसायी मेरे साथ नहीं होते। मैंने उनसे पूछा कि किस वस्तु ने उन्हें उनकी मूल स्थिति से हिला दिया है। एक के बाद एक ने कहा कि वक्ता की ईमानदारी, उसका विश्वास था, इतने ऊर्जावान ढंग से कहा गया, जिससे उन्हें सामान्य ज्ञान के दृष्टिकोण पर संदेह होने लगा।

अब, उस विश्वास के प्रदर्शन के सामने, मुझे कृषि विभाग को लिखना पड़ा। मैंने उन्हें बताया कि मुझे ऐसा हास्यास्पद सवाल पूछने में शर्म आ रही है। उन्होंने जवाब दिया कि यह असंभव है कि हिकॉरी लकड़ी की राख से नीली घास या कोई अन्य जीवित चीज उगाई जा सके, और उन्होंने यह भी बताया कि उन्हें न्यूयॉर्क से भी ऐसा ही सवाल मिला था। उस सेल्समैन को अपने दावे पर इतना विश्वास था कि उसने भी बैठकर एक पत्र लिखा!

इस घटना ने मुझे एक ऐसा सबक सिखाया जिसे मैं कभी नहीं भूलूंगा। अगर कोई वक्ता किसी चीज पर इतना विश्वास रखता है और उसे उतनी ही गंभीरता से कहता है, तो उसे अपने विचारों के लिए अनुयायी मिलेंगे, भले ही वह यह दावा करे कि वह धूल और राख से नीली घास उगा सकता है। अगर हमारे विश्वास सामान्य ज्ञान और सत्य के पक्ष में हों, तो हमारी बातें और भी प्रभावशाली होंगी!

लगभग सभी वक्ता यह सोचते हैं कि क्या उनका चुना हुआ विषय श्रोताओं को रुचिकर लगेगा। एक ही तरीका है यह सुनिश्चित करने का कि वे रुचि रखते हैं : अपने विषय के प्रति अपने उत्साह को बढ़ाएं, और फिर आपको लोगों के समूह का ध्यान बनाए रखने में कोई कठिनाई नहीं होगी।

कुछ समय पहले, मैंने एक आदमी को हमारे एक पाठ्यक्रम में बाल्टीमोर में अपने श्रोताओं को चेतावनी देते हुए सुना कि अगर चेसापीक बे में चट्टानी मछलियों को पकड़ने के वर्तमान तरीके जारी रहे, तो यह प्रजाति कुछ ही वर्षों में समाप्त हो जाएगी। वह अपने विषय के प्रति गंभीर था। यह उसके लिए महत्वपूर्ण था। वह इस मामले में सच में गंभीर था, और उसकी बातों और तरीके से यह साफ दिख रहा था। जब वह बोलने के लिए खड़ा हुआ, तो मुझे नहीं पता था कि चेसापीक बे में चट्टानी मछली नाम की कोई चीज होती है। मुझे लगता है कि

श्रोताओं में से और भी कई लोगों को इस बारे में जानकारी और रुचि नहीं थी। लेकिन जब वह वक्ता अपना भाषण खत्म कर रहा था, तो हम सभी शायद कानून के तहत चट्टानी मछली की रक्षा के लिए विधायिका को एक याचिका पर हस्ताक्षर करने के लिए तैयार हो जाते।

इटली में पूर्व अमेरिकी राजदूत रिचर्ड वॉशबर्न चाइल्ड से एक बार पूछा गया कि एक दिलचस्प लेखक के रूप में उनकी सफलता का राज क्या है। उन्होंने जवाब दिया : "मैं जीवन के प्रति इतना उत्साहित हूँ कि मैं शांत नहीं रह सकता। मुझे बस लोगों को इसके बारे में बताना है।" किसी ऐसे वक्ता या लेखक को सुनकर प्रभावित होना मुश्किल नहीं है।

मैं एक बार लंदन में एक वक्ता को सुनने गया था; उनके भाषण की समाप्ति के बाद, हमारी पार्टी में से एक, मिस्टर ई. ई. बेन्सन, जो एक सुप्रसिद्ध अंग्रेज़ी उपन्यासकार हैं, ने प्रतिक्रिया दी थी कि उन्हें पहले की तुलना में बातचीत के अंतिम भाग में कहीं अधिक आनंद आया। जब मैंने उनसे इसका कारण पूछा, तो उन्होंने उत्तर दिया : "वक्ता स्वयं अंतिम भाग में अधिक रुचि रखता था, और मैं सदा उत्साह और रुचि प्रदान करने के लिए वक्ता पर विश्वास करता हूँ।"

यहाँ अपने विषयों को सुदृढ़ता से चयन के महत्व का एक और उदाहरण दिया गया है।

एक सज्जन, जिन्हें हम मिस्टर फ्लिन कहेंगे, वाशिंगटन, डी.सी. में हमारे एक पाठ्यक्रम में नामांकित थे। पाठ्यक्रम की शुरुआत में एक शाम, उन्होंने अपने भाषण में अमेरिका की राजधानी का वर्णन किया। उन्होंने जल्दी–जल्दी और सतही रूप से अपने तथ्य एक स्थानीय समाचार पत्र द्वारा प्रकाशित बुकलेट से इकट्ठा किए थे। उनकी बातें ऐसा ही लगती थीं–सूखी, असंबद्ध, और अधूरी। हालांकि वह कई सालों से वाशिंगटन में रह रहे थे, उन्होंने यह बताने का एक भी व्यक्तिगत उदाहरण नहीं दिया कि उन्हें यह शहर क्यों पसंद है। उन्होंने बस कुछ बोरिंग तथ्य पढ़कर सुनाए, और उनका यह भाषण कक्षा के लिए सुनना उतना ही कष्टदायक था जितना कि उनके लिए इसे देना।

दो सप्ताह बाद, कुछ ऐसा हुआ जिसने मिस्टर फ्लिन को अंदर तक झकझोर कर रख दिया : एक अज्ञात ड्राइवर ने सड़क पर खड़ी उनकी नई कार में टक्कर मार दी थी और अपनी पहचान बताए बिना गाड़ी

लेकर चला गया था। मिस्टर फ्लिन के लिए बीमा करवाना असंभव था और उन्हें बिल स्वयं ही भरना पड़ता था। यहाँ कुछ ऐसा था जो उनके अनुभव से गर्म होकर निकला। वाशिंगटन शहर के विषय में उनकी बातचीत, जिसे उन्होंने कठिन परिश्रम से एक–एक वाक्य करके निकाला, उनके और उनके दर्शकों के लिए पीड़ादायक था; परंतु जब उन्होंने अपनी क्षतिग्रस्त कार के विषय में बात की, तो उनकी बातें ज्वालामुखी की तरह भड़क उठीं। वही कक्षा जो दो सप्ताह पहले अपनी सीटों पर बेचैनी से छटपटा रही थी, अब तालियों की गड़गड़ाहट के साथ मिस्टर फ्लिन का स्वागत कर रही है।

जैसा कि मैंने कई बार बताया है, यदि आप अपने लिए सही विषय का चयन करते हैं तो आप कामयाब हुए बिना नहीं रह सकते। विषयों का एक क्षेत्र निश्चित है : अपने विश्वासों के विषय में बात करें! निश्चित रूप से आपके आस–पास के जीवन के किसी पहलू के विषय में आपकी दृढ़ इच्छाएँ हैं। आपको इन विषयों को दूर–दूर तक तलाश करने की आवश्यकता नहीं है – वे सामान्यतः आपकी चेतना की धारा की सतह पर होते हैं, क्योंकि आप अक्सर उनके विषय में सोचते हैं।

हाल ही में, मृत्युदंड पर एक विधायी सुनवाई का प्रसारण टेलीविजन पर किया गया। कई गवाहों को इस विवादास्पद विषय पर अपने दृष्टिकोण प्रदाप करने के लिए बुलाया गया। उनमें से एक लॉस एंजेलेस पुलिस विभाग के एक सदस्य थे, जिन्होंने इस विषय पर काफी विचार किया था। उनके पास मजबूत विश्वास थे, जो इस तथ्य पर आधारित थे कि उनके ग्यारह साथी पुलिस अधिकारियों को अपराधियों के साथ मुठभेड़ में मार दिया गया था। उन्होंने दिल से अपने कारण की सटीकता में विश्वास के साथ गहरी गंभीरता से बात की। इतिहास में जो सबसे प्रभावशाली बातें कही गई हैं, वे हमेशा किसी के गहरे विश्वास और भावनाओं से निकली हैं। ईमानदारी विश्वास पर आधारित होती है, और विश्वास दिल का मामला है, अर्थात् आप जो कह रहे हैं, उसे दिल से महसूस करना, जैसे कि यह दिमाग की बात है, कि आप क्या कहने जा रहे हैं। ''दिल के पास ऐसे कारण होते हैं जिन्हें कारण नहीं जानता।'' मैंने कई कक्षाओं में पास्कल की इस गहरी बात को कई बार सत्यापित किया है। मुझे कोस्टोन में एक वकील याद है, जिनका आकर्षक व्यक्तित्व

था और वह बहुत अच्छी तरह से बोलते थे, लेकिन जब उन्होंने बोलना समाप्त किया, तो लोगों ने कहा : "चतुर आदमी।" उन्होंने केवल सतही प्रभाव छोड़ा क्योंकि उनके चमकदार शब्दों के पीछे कोई भावना नहीं थी। उसी कक्षा में एक बीमा विक्रेता थे, जो कद में छोटे और दिखने में साधारण थे, और कभी–कभी शब्द खोजने में उन्हें कठिनाई होती थी, लेकिन जब वे बोलते थे, तो उनके श्रोताओं को कोई संदेह नहीं होता था कि उन्होंने अपनी बात के हर शब्द को महसूस किया। अब लगभग एक सौ वर्ष हो गए हैं जब अब्राहम लिंकन की हत्या वाशिंगटन, डी.सी. के फोर्ड थिएटर में राष्ट्रपति बॉक्स में हुई थी, लेकिन उनके जीवन और शब्दों की गहरी ईमानदारी आज भी हमारे साथ जीवित है। जहाँ तक कानून के ज्ञान की बात है, उनके समय के कई अन्य लोग उनसे अधिक कुशल थे। उनमें नजाकत, सहजता और चमक की कमी थी। लेकिन गेटिसबर्ग, कूपर यूनियन, और वाशिंगटन में कैपिटल की सीढ़ियों पर उनके शब्दों की ईमानदारी और गंभीरता हमारे इतिहास में कभी भी पार नहीं की गई।

आप कह सकते हैं, जैसा कि एक बार एक आदमी ने कहा था, कि आपकी कोई दृढ़ इच्छा या रुचि नहीं है। मुझे इस पर हमेशा कुछ हैरानी होती है, परंतु मैंने इस आदमी से कहा कि व्यस्त हो जाओ और किसी वस्तु में रुचि लो। "उदाहरण के लिए क्या?" उसने पूछा। निराशा में मैंने कहा, "कबूतर।" "कबूतर?" उसने हैरानी भरे स्वर में पूछा। "हाँ," मैंने उससे कहा, "कबूतर। चौक पर जाओ और उन्हें देखो, उन्हें दाना खिलाओ, पुस्तकालय जाओ और उनके विषय में पढ़ो, फिर पुनः वापस आओ और उनके विषय में बात करो।" उसने ऐसा किया। जब वह वापस आया तो उसे कोई रोक नहीं पाया। उसने एक शौकीन व्यक्ति के पूरे उत्साह के साथ कबूतरों के विषय में बातचीत करना आरंभ कर दिया। जब मैंने उसे रोकने का प्रयास किया तो वह चालीस पुस्तकों के विषय में कुछ कह रहा था, कबूतरों पर एवं उसने उन सभी को पढ़ा था। उसने सबसे रोचक बातचीतों में से एक दी जो मैंने कभी सुनी है।

यहाँ एक और सुझाव है : जिसे आप अब एक बहुत अच्छा विषय मानते हैं, उसके बारे में अधिक से अधिक जानें। आप किसी वस्तु के विषय में जितना अधिक जानेंगे, आप उतने ही अधिक गंभीर और उत्साही

बनेंगे। *फाइव ग्रेट रूल्स ऑफ सेलिंग* के लेखक पर्सी एच. व्हिटिंग विक्रयकर्ता से कहते हैं कि वे जो उत्पाद बेच रहे हैं उसके बारे में सीखना कभी बंद न करें। जैसा कि मिस्टर व्हिटिंग कहते हैं, "जितना अधिक आप किसी उत्तम उत्पाद के बारे में जानते हैं, आप उसके लिए उतने ही अधिक उत्साही हो जाते हैं।" यही बात आपके विषयों के बारे में भी सच है–जितना अधिक आप उसके बारे में जानेंगे, आप उसके लिए उतने ही अधिक ईमानदार और उत्साही होंगे।

दो
अपने विषय के बारे में जो भावनाएँ आपके पास हैं, उन्हें फिर से महसूस करें

मान लीजिए आप अपने दर्शकों को उस पुलिसकर्मी के बारे में बता रहे हैं जिसने आपको स्पीड लिमिट से एक मील ऊपर जाने पर रोका था। आप हमें यह बात एक दर्शक की पूर्ण निष्पक्षता के साथ बता सकते हैं, परंतु यह आपके साथ हुआ था और आपकी कुछ भावनाएँ थीं जिन्हें आपने बिल्कुल निश्चित भाषा में व्यक्त किया था। तीसरे व्यक्ति का दृष्टिकोण आपके दर्शकों पर अधिक प्रभाव नहीं डालेगा। वे वास्तव में जानना चाहते हैं कि जब उस पुलिसकर्मी ने चालान लिखा तो आपको कैसा महसूस हुआ। इसलिए, जितना अधिक आप उस दृश्य को पुनः याद करेंगे जिसका आप वर्णन कर रहे हैं, या उन भावनाओं को पुनः बनाएँ जिन्हें आपने मूल रूप से अनुभव किया था, उतनी ही अधिक स्पष्टता से आप स्वयं को व्यक्त करेंगे।

हम नाटक और फिल्में देखने क्यों जाते हैं इसका एक कारण यह है कि हम व्यक्त भावनाओं को सुनना और देखना चाहते हैं। हम सार्वजनिक रूप से अपनी भावनाओं को व्यक्त करने से इतने भयभीत हो गए हैं कि भावनात्मक अभिव्यक्ति की इस आवश्यकता को पूरा करने के लिए हमें नाटक में जाना पड़ता है।

इसलिए, जब आप सार्वजनिक रूप से बोलते हैं, तो आप अपनी बातचीत में जितना उत्साह डालते हैं, उसके समानुपात में ही उसमें

उत्साह और दिलचस्पी उत्पन्न होगी। अपनी निष्ठावान भावनाओं को मत दबाओ; अपने प्रामाणिक उत्साह पर कोई प्रभाव न डालें। अपने श्रोताओं को दिखाएँ कि आप अपने विषय पर बातचीत करने के लिए कितने उत्सुक हैं, एवं आप उनका ध्यान आकर्षित करेंगे।

तीन

ईमानदारी से प्रयास करें

जब आप अपने श्रोताओं के सामने बोलने के लिए चलें, तो उत्साह के साथ चलें, जैसे कोई व्यक्ति जो किसी अच्छी चीज का इंतजार कर रहा है, न कि जैसे कोई व्यक्ति फांसी पर चढ़ रहा हो। आपके चलने में जो ऊर्जान्वित भावना है, वह भले ही थोड़ी दिखावटी हो, लेकिन यह आपके लिए चमत्कार कर सकती है और श्रोताओं को यह एहसास कराएगी कि आपके पास कुछ ऐसा है जिसे आप उत्सुकता से बताना चाहते हैं। बोलने से पहले, गहरी सांस लें। फर्नीचर या वक्ता की मेज से दूर रहें। अपना सिर ऊँचा रखें और ठोड़ी उठाए रखें। आप अपने श्रोताओं को कुछ महत्वपूर्ण बताने वाले हैं, और आपके हर अंग को यह साफ और स्पष्ट रूप से बताना चाहिए। आप स्वयं नियंत्रण में हैं, और जैसे विलियम जेम्स कहते हैं, जैसे कि आप वास्तव में हैं। अगर आप अपने स्वर को हॉल के पीछे तक पहुँचाने की कोशिश करते हैं, तो आपकी आवाज आपको आत्मविश्वास देगी। जब आप किसी भी तरह के इशारे करने लगेंगे, तो वे आपको और भी उत्साहित करेंगे।

"हमारी प्रतिक्रियाशीलता को हौसला प्रदान करने" का यह सिद्धांत, जैसा कि डोनाल्ड एवं एलेनोर लेयर्ड इसका वर्णन करते हैं, उन सभी स्थितियों पर प्रयोग किया जा सकता है जो मानसिक सजगता की माँग करती हैं। अपनी पुस्तक *टेक्निक्स फॉर एफिशिएंट रिमेम्बरिंग* में, लैयर्ड ने राष्ट्रपति थियोडोर रूजवेल्ट को एक ऐसे व्यक्ति के रूप में संकेतित किया है, जो "उछाल, जोश, उमंग और उत्साह के साथ जीवन में आगे बढ़े, जो उनका ट्रेडमार्क बन गया। वह जो कुछ भी कर रहे थे, उसमें उनकी गहन दिलचस्पी थी, या प्रभावी ढंग से दिखावा कर रहे थे।" टेडी रूजवेल्ट विलियम जेम्स के दर्शन के एक जीवित प्रतिपादक

थे : "ईमानदारी से कार्य करें और आप जो कुछ भी करते हैं उसमें आप स्वाभाविक रूप से ईमानदार हो जाएँगे।"

सबसे बढ़कर, यह याद रखें : ईमानदारी से कार्य करने से आप गंभीरता का अनुभव करेंगे।

यदि आप नहीं जानते कि आप अपनी प्रस्तुति में क्या प्राप्त करना चाहते हैं तो आपके दर्शक कभी नहीं जान पाएँगे।

–हार्वे डायमंड

~

हर एक भाषण के लिए हमेशा तीन भाषण होते हैं : एक जो आपने अभ्यास किया, एक जो आपने दिया, और एक जो आप देना चाहते थे।

–डेल कारनेगी

9

बातचीत करना

क्या आप इस पर विश्वास करेंगे? चार तरीके हैं, और केवल चार ही तरीके हैं, जिनके माध्यम से हमारा विश्व से संपर्क होता है। हमारा मूल्यांकन और वर्गीकरण इन्हीं चार संपर्कों द्वारा किया जाता है : हम क्या करते हैं, हम कैसे दिखते हैं, हम क्या कहते हैं और हम इसे कैसे कहते हैं। यह अध्याय इनमें से अंतिम पर चर्चा करेगा कि–हम इसे कैसे कहते हैं।

जब मैंने पहली बार सार्वजनिक बोलने की कक्षाएँ सिखाना शुरू किया, तो मैंने स्वर अभ्यास पर बहुत समय लगाया, ताकि स्वर की गूंज, आवाज की सीमा बढ़ाई जा सके और स्वर परिवर्तन में निपुणता लाई जा सके। हालांकि, बहुत समय नहीं हुआ कि मैंने महसूस किया कि वयस्कों को उनके स्वर को ऊपरी साइनस में पहुँचाने और "तरल" स्वर बनाने के तरीके सिखाना बेकार है। यह उन लोगों के लिए ठीक है जो तीन या चार साल अपने आप को स्वर देने की कला में सुधारने के लिए समर्पित कर सकते हैं। मैंने महसूस किया कि मेरे छात्रों को उस स्वर उपकरण के साथ समझौता करना होगा जिसके साथ वे पैदा हुए थे। मैंने पाया कि अगर मैं पहले की तरह समय और ऊर्जा "फेफड़े से सांस लेने" में मदद करने में लगाता, तो मैं उन्हें अपनी भावनाओं को व्यक्त करने में झिझक और सामान्य संकोच से मुक्त करने पर ध्यान केंद्रित करूँगा, तो मुझे जल्दी और स्थायी परिणाम मिलते, जो सच में अद्भुत होते। मैं भगवान का धन्यवाद करता हूँ कि मैंने यह समझदारी दिखाई।

एक

अपनी आत्म–चेतना के आवरण से बाहर निकलें

मेरे पाठ्यक्रम में ऐसे कई सत्र हैं जिनका उद्देश्य कसकर बँधे और तनावग्रस्त वयस्कों को स्वतंत्र करना है। मैं अपने घुटनों पर बैठ गया, सचमुच, अपनी कक्षा के सदस्यों से विनती करने के लिए कि वे अपने आवरण से बाहर आएँ और स्वयं पता लगाएँ कि जब वे ऐसा करेंगे तो विश्व उनके साथ सौहार्दपूर्ण व्यवहार करेगा और उनका स्वागत करेगा। मैं मानता हूँ कि इसमें कुछ समय लगा, परंतु यह इसके योग्य था। जैसा कि मार्शल फोच युद्ध की कला के विषय में कहते हैं, "यह अपनी अवधारणा में बहुत सरल है, परंतु दुर्भाग्य से इसका कार्यान्वयन जटिल है।" कोई बात नहीं, सबसे बड़ी बाधा कठोरता है, न केवल शारीरिक, बल्कि मानसिक भी, श्रेणियों में एक प्रकार की कठोरता जो बड़े होने के साथ आती है।

दर्शकों के पास स्वाभाविक रूप से रहना आसान नहीं है। अभिनेता यह जानते हैं। जब आप बच्चे थे, मान लीजिए, चार वर्ष के थे, तब आप संभवतः एक मंच पर चढ़ सकते थे और दर्शकों से स्वाभाविक रूप से बात कर सकते थे। परंतु जब आप चौबीस या चौवालीस वर्ष के होते हैं, तब क्या होता है जब आप किसी मंच पर चढ़ते हैं और बोलना प्रारंभ करते हैं? क्या आप उस अचेतन स्वाभाविकता को यथावत् रखते हैं जो चार वर्ष की आयु में आपके पास थी? परंतु यह डोनट्स के लिए डॉलर है कि आप कठोर, अविनीत और यांत्रिक हो जाएँगे, एवं एक स्नैपिंग टर्टल (कछुए) के समान अपने आवरण में वापस आ जाएँगे।

वितरण में वयस्कों को पढ़ाने या प्रशिक्षित करने की समस्या अतिरिक्त विशेषताओं को आरोपित करने में से एक नहीं है; यह मुख्य रूप से बाधाओं को दूर करने में से एक है, उन्हें उसी स्वाभाविकता के साथ बोलने के लिए प्रेरित करना है जैसा कि अगर कोई उन्हें गिरा दे तो वे प्रदर्शित करेंगे।

हज़ारों बार मैंने उनकी बातचीत के मध्य में वक्ताओं को रोका है और उनसे "एक मनुष्य की तरह बात करने" का निवेदन किया है। हज़ारों रातों में, मैं अपनी कक्षाओं के सदस्यों को स्वाभाविक रूप से बातचीत

करने के लिए प्रेरित करने का प्रयास करते हुए मानसिक रूप से थका हुआ और घबराया हुआ घर लौटते देखता हूँ। नहीं, मेरा विश्वास करो, यह उतना सरल नहीं है जितना लगता है।

मेरे पाठ्यक्रम के एक सत्र में, मैं कक्षा से कुछ संवादों के भागों को अभिनय करने के लिए कहता हूँ, जिनमें से कुछ बोलचाल की भाषा में होते हैं। मैं उनसे इन नाटकीय दृश्यों में पूरी तरह डूबकर अभिनय करने के लिए कहता हूँ। जब वे ऐसा करते हैं, तो वे हैरान होते हैं कि हालांकि उन्होंने मूर्खतापूर्ण तरीके से अभिनय किया, लेकिन जब वे इसे कर रहे थे, तो उन्हें बुरा नहीं लगा। कक्षा के अन्य सदस्य भी उन कुछ विद्यार्थियों की नाटकीय क्षमताओं को देखकर हैरान होते हैं। मेरा कहना है कि जब आप एक समूह के सामने अपनी हिचकिचाहट को छोड़ देते हैं, तो फिर आप सामान्य, रोजमर्रा के तरीके से अपनी राय व्यक्त करने में संकोच नहीं करेंगे, चाहे वह व्यक्तियों के सामने हो या समूह के सामने।

आपको जो अचानक स्वतंत्रता का अनुभव होता है, वह ऐसा होता है जैसे एक पक्षी जो पिंजरे में कैद रहने के बाद उड़ान भरता है। आप समझ सकते हैं कि लोग थिएटर और फिल्मों में क्यों आते हैं—क्योंकि वहाँ वे अपने जैसे इंसानों को बिना किसी संकोच के अभिनय करते हुए देखते हैं, वहाँ वे लोगों को अपनी भावनाएँ खुले तौर पर दिखाते हुए देखते हैं।

दो

दूसरों की नकल करने की कोशिश न करें

हम उन वक्ताओं को पसंद करते हैं जो अपनी बात कहने के लिए रचनात्मक और व्यक्तिगत तरीके का उपयोग करते हैं। ऐसे वक्ता अपने विचारों को स्पष्ट और प्रभावशाली ढंग से व्यक्त करते हैं, जो श्रोताओं को आकर्षित करता है।

प्रथम विश्वयुद्ध की समाप्ति के कुछ समय बाद, मैं लंदन में दो भाइयों, सर रॉस और सर कीथ स्मिथ से मिला। उन्होंने ऑस्ट्रेलियाई सरकार द्वारा प्रस्तावित पचास हज़ार डॉलर का पुरस्कार जीतने के लिए लंदन से ऑस्ट्रेलिया के लिए पहली हवाई उड़ान भरी थी। उन्होंने पूरे

ब्रिटिश साम्राज्य में सनसनी उत्पन्न कर दी थी और राजा द्वारा उन्हें नाइट की उपाधि दी गई थी।

कैप्टन हरली, जो एक प्रसिद्ध दृश्य फोटोग्राफर थे, उनके साथ यात्रा के दौरान कुछ समय के लिए उड़ान भरी थी और उन्होंने चलती तस्वीरें ली थीं; इसलिए मैंने उनकी उड़ान के बारे में एक चित्रित यात्रा वार्ता तैयार करने में उनकी मदद की और इसे प्रस्तुत करने के लिए उन्हें प्रशिक्षित किया। उन्होंने इसे लंदन के फिल्हारमोनिक हॉल में चार महीने तक दिन में दो बार प्रस्तुत किया, एक बार दोपहर में और एक बार रात में।

उन्हें बिल्कुल वैसा ही अनुभव हुआ, जैसा उन्हें हुआ था जब वे दुनियाभर में आधी उड़ान भर रहे थे, तब वे एक–दूसरे के साथ बैठे थे और उन्होंने एक ही बात कही, लगभग शब्दशः। फिर भी, किसी तरह यह बिल्कुल भी वैसी ही बातचीत नहीं लग रही थी।

किसी बातचीत में मात्र शब्दों के अलावा भी कुछ होता है जो महत्व रखता है। यह वह स्वाद है जिसके साथ उन्हें वितरित किया जाता है। यह इतना महत्वपूर्ण नहीं है कि आप क्या कहते हैं बल्कि यह महत्वपूर्ण है कि आप इसे कैसे कहते हैं।

महान रूसी चित्रकार ब्रुरुल्लॉफ ने एक बार एक छात्र के अध्ययन की चित्रकला को सही किया। छात्र ने आश्चर्य से बदली हुई चित्रकला को देखा और कहा : "आपने तो इसे केवल थोड़ा सा ही छुआ है, लेकिन यह एकदम अलग हो गयी है।" ब्रुरुल्लॉफ ने जवाब दिया, "कला वहाँ से शुरू होती है जहाँ थोड़ी सी छुआवट होती है।" यह बात बोलने के लिए भी उतनी ही सच है जितनी कि चित्रकला और पैडरेव्स्की के संगीत के लिए।

जब कोई शब्दों को छू रहा हो तो यही बात सच होती है। अंग्रेज़ी संसद में एक पुरानी कहावत है कि सब कुछ बोलने के तरीके पर निर्भर करता है, विषय पर नहीं। क्विंटिलियन ने यह बहुत पहले कहा था, जब इंग्लैंड रोम के दूरस्थ उपनिवेशों में से एक था।

"सभी घाट बिल्कुल एक जैसे हैं," उनके निर्माता कहा करते थे, परंतु कोई भी दो आदमी एक जैसे नहीं होते। प्रत्येक नया जीवन सूर्य के अधीन एक नवीन वस्तु है; इसके जैसा कुछ पहले कभी नहीं हुआ

है, एवं फिर कभी नहीं होगा। एक युवा को अपने विषय में यह विचार प्राप्त करना चाहिए; उसे व्यक्तित्व की उस एक चिंगारी की खोज करनी चाहिए जो उसे अन्य लोगों से अलग बनाती है, और उसे उस योग्य विकसित करना चाहिए जिसके वह लायक है। समाज और स्कूल उससे इसे दूर करने की कोशिश कर सकते हैं, उनकी प्रवृत्ति हम सभी को एक ही साँचे में ढालने की है, परंतु मैं कहता हूँ, उस चिंगारी को बुझने मत दो; यह महत्व का आपका एकमात्र वास्तविक अधिकार है।

यह प्रभावी बोलने के लिए और भी अधिक सच है। दुनिया में आप जैसा कोई और मानव नहीं है। सैकड़ों मिलियन लोगों की दो आँखें, एक नाक और एक मुँह होता है; लेकिन कोई भी व्यक्ति आपके जैसा बिल्कुल नहीं दिखता; और न ही किसी के पास आपकी विशेषताएँ, तरीके और सोचने का तरीका है। उनमें से बहुत कम लोग आप की तरह स्वाभाविक रूप से बात करेंगे और अपने विचार व्यक्त करेंगे। दूसरे शब्दों में, आपके पास एक व्यक्तित्व है। एक वक्ता के रूप में, यह आपकी सबसे मूल्यवान संपत्ति है। इसे पकड़कर रखें। इसकी कद्र करें। इसे विकसित करें। यह वह चिंगारी है जो आपके बोलने में शक्ति और ईमानदारी लाएगी। "यह आपकी एकमात्र असली पहचान है।" कृपया, मैं आपसे निवेदन करता हूँ, अपने आप को किसी साँचे में न डालें और इस प्रकार अपनी विशिष्टता को न खोएँ।

तीन
अपने दर्शकों से बातचीत करें

मैं आपको एक उदाहरण देता हूँ जो यह दर्शाता है कि हजारों लोग किस तरह बातें करते हैं। एक बार मैं स्विस आल्प्स के एक गर्मियों के रिसॉर्ट मुर्रेन में ठहरा था। मैं एक होटल में रह रहा था, जो एक लंदन की कंपनी द्वारा संचालित था; और वे आमतौर पर हर सप्ताह इंग्लैंड से कुछ व्याख्याताओं को भेजते थे ताकि वे मेहमानों से बात कर सकें। उनमें से एक प्रसिद्ध अंग्रेजी उपन्यासकार थीं। उनका विषय था "उपन्यास का भविष्य।" उन्होंने स्वीकार किया कि उन्होंने यह विषय खुद नहीं चुना; और सच तो यह है कि उनके पास इसके बारे में कहने के लिए

कुछ भी नहीं था, जो इसे सुनने लायक बनाता। उन्होंने जल्दी–जल्दी कुछ बेतरतीब नोट बनाए थे; और वह दर्शकों के सामने खड़ी थीं, अपने श्रोताओं को अनदेखा करते हुए, कभी उन्हें नहीं देख रही थीं, कभी उनके सिर के ऊपर, कभी अपने नोट्स पर, कभी फर्श पर घूरते हुए। उनकी आंखों में दूर की नजर और आवाज में एक अजीब गूंज थी, जैसे वह शब्दों को बस एक प्राचीन खालीपन में निकाल रही हों।

यह वास्तव में एक भाषण नहीं है। यह तो एक स्वभाषण है। इसमें संवाद का कोई एहसास नहीं है। और अच्छे बोलने की पहली आवश्यकता यही है : संवाद का एहसास। श्रोताओं को यह महसूस होना चाहिए कि वक्ता के मन और दिल से उनके मन और दिल तक एक संदेश पहुँचाया जा रहा है। जिस प्रकार के भाषण का मैंने अभी वर्णन किया है, वह तो गोबी रेगिस्तान की रेत भरी, बिना पानी की जगह पर भी बोला जा सकता था। वास्तव में, ऐसा लगता था जैसे यह किसी ऐसे स्थान पर दिया जा रहा हो, न कि जीवित इंसानों के समूह के सामने।

बातचीत के कथन के विषय में भारी मात्रा में अनाप–शनाप और अनर्गल बातें लिखी गई हैं। इसे नियमों और संस्कारों का जामा पहनाकर रहस्यमय बना दिया गया है। प्राचीनकाल के "वाक् प्रचार" ने अक्सर इसे हास्यास्पद बना दिया है। व्यवसायी, पुस्तकालय या पुस्तक की दुकान में जाकर, "वक्तृत्व" पर ऐसे खंड पाए गए जो पूर्ण रूप से निरर्थक थे। अन्य दिशाओं में प्रगति के उपरांत, आज संघ के लगभग प्रत्येक राज्य में, स्कूली बच्चों को अभी भी अलंकृत "वक्ताओं की वक्तृत्व कला" सुनाने के लिए विवश किया जा रहा है – एक ऐसी वस्तु जो गिलहरी के सिर वाले टायर पंप के समान ही निरर्थक है, कलम के रूप में पुरानी कलम।

बीस के दशक के उपरांत बोलने का एक बिल्कुल नया स्कूल सामने आया है। समय की भावना को ध्यान में रखते हुए, यह ऑटोमोबाइल की तरह आधुनिक और व्यावहारिक है, टेलीग्राम की तरह प्रत्यक्ष है, एक बताने वाले विज्ञापन की तरह व्यावसायिक है। मौखिक आतिशबाजी जो एक समय प्रचलन में थी, आज दर्शकों द्वारा सहन करने योग्य नहीं है।

एक आधुनिक दर्शक, चाहे वह एक व्यावसायिक सम्मेलन में पंद्रह लोग हों या एक तंबू के नीचे एक हजार लोग, चाहता है कि वक्ता उसी

तरह सीधे बात करे जैसे वह बातचीत में करता है, और उसी सामान्य तरीके से, लेकिन अधिक ताकत या ऊर्जा के साथ। स्वाभाविक दिखने के लिए, उसे चालीस लोगों से बात करते समय एक व्यक्ति से बात करने की तुलना में बहुत अधिक ऊर्जा का उपयोग करना होगा, ठीक उसी तरह जैसे एक इमारत के शीर्ष पर एक मूर्ति को जीवन के अनुपात में दिखाने के लिए नायक के आकार में होना चाहिए। मार्क ट्वेन के एक व्याख्यान के अंत में, नेवादा के एक खनन शिविर में एक पुराने खननकर्ता ने उनसे संपर्क किया और पूछा : "क्या ये आपके स्वाभाविक प्रवाह की ध्वनियाँ हैं?"

दर्शक यही चाहते हैं : "आपकी वाक्पटुता का मौलिक स्वर," थोड़ा विस्तृत हो। इस विस्तृत मौलिकता की कुशलता प्राप्त करने का एकमात्र तरीका अभ्यास है। जैसा कि आप अभ्यास करते हैं, यदि आप अपने आप को हठपूर्ण तरीके से बात करते हुए पाते हैं, तो रुकें और मानसिक रूप से अपने आप से तीव्रता से कहें : "यहाँ! क्या गलत है? जागो! मनुष्य बनो।" फिर मानसिक रूप से दर्शकों में से किसी एक व्यक्ति का चयन करो, पीछे बैठे किसी व्यक्ति को या सबसे कम ध्यान देने वाले व्यक्ति को चुनो, और इस व्यक्ति से बात करो। भूल जाओ कि वहाँ कोई और भी उपस्थित है। इस व्यक्ति से बातचीत करो। कल्पना करो कि उसने आपसे एक प्रश्न पूछा है और आप उसका उत्तर दे रहे हैं, और केवल आप ही हैं जो इसका उत्तर दे सकते हैं। यदि वह खड़ा हो और आपसे बात करे, और आप उत्तर में उससे बात करें, तो यह प्रक्रिया तुरंत और अनिवार्य रूप से आपकी बातचीत को अधिक संवादात्मक, अधिक स्वाभाविक, अधिक प्रत्यक्ष बना देगी। तो, कल्पना कीजिए कि बिल्कुल यही हो रहा है।

आप वास्तव में सवाल पूछ सकते हैं और उनका जवाब भी दे सकते हैं। उदाहरण के लिए, अपने भाषण के बीच में आप कह सकते हैं, "और आप पूछते हैं कि इस बयान के लिए मेरे पास क्या प्रमाण है? मेरे पास पर्याप्त प्रमाण है और यहाँ यह है..." फिर उस सवाल का जवाब दें। ऐसा करना बहुत स्वाभाविक रूप से किया जा सकता है। यह आपकी प्रस्तुति की नीरसता को तोड़ देगा; यह इसे सीधा, सुखद और बातचीत जैसा बना देगा।

चेम्बर ऑफ कॉमर्स से उसी तरह बातचीत करें जैसे आप जॉन हेनरी स्मिथ से बात करते हैं। आखिरकार, चेम्बर ऑफ कॉमर्स की एक बैठक क्या है, सिवाय जॉन हेनरी स्मिथ के एक समूह के? क्या वही तरीके जो उन लोगों के साथ व्यक्तिगत रूप से सफल होते हैं, वे सभी के साथ एक साथ भी सफल नहीं होंगे?

इस अध्याय में पहले एक महिला उपन्यासकार के भाषण के बारे में बताया गया था। उसी बैलरूम में, जहाँ उसने बात की थी, हमें कुछ रातों बाद सर ओलिवर लॉज को सुनने का आनंद मिला। उनका विषय था "परमाणु और संसार।" उन्होंने इस विषय पर पचास साल से अधिक का समय विचार, अध्ययन, प्रयोग और अनुसंधान में लगाया था। उनके पास कुछ ऐसा था जो उनके दिल, मन और जीवन का एक महत्वपूर्ण हिस्सा था, कुछ ऐसा जिसे वह बहुत कहना चाहते थे। वे भूल गए कि वह एक ''भाषण'' देने की कोशिश कर रहे थे। यह उनके लिए चिंता की सबसे कम बात थी। वह केवल दर्शकों को परमाणुओं के बारे में बताने में लगे थे, हमें सही, स्पष्ट और भावनापूर्ण तरीके से। वह ईमानदारी से कोशिश कर रहे थे कि हम वह देखें जो उन्होंने देखा और वह महसूस करें जो उन्होंने महसूस किया।

और परिणाम क्या था? उन्होंने एक उल्लेखनीय भाषण दिया। इसमें आकर्षण और शक्ति दोनों थे। इसने अमिट छाप छोड़ी। वे असामान्य क्षमता के वक्ता थे। पुनः मुझे विश्वास है कि उन्होंने स्वयं को उस दृष्टिकोण से नहीं देखा। मुझे विश्वास है कि उन्हें सुनने वाले बहुत कम लोगों ने कभी उन्हें ''सार्वजनिक वक्ता'' के रूप में सोचा होगा।

अगर आप सार्वजनिक रूप से ऐसा बोलते हैं कि आपके सुनने वाले सोचें कि आपको सार्वजनिक रूप से बोलने के लिए प्रशिक्षण मिला है, तो आप अपने प्रशिक्षक के लिए गर्व का कारण नहीं बनेंगे, खासकर मेरे पाठ्यक्रम के प्रशिक्षक के लिए। वह चाहता है कि आप इतनी स्वाभाविकता से बोलें कि आपके श्रोता कभी भी यह न सोचें कि आपको ''औपचारिक'' तरीके से प्रशिक्षित किया गया है। एक अच्छी खिड़की अपने आप ध्यान आकर्षित नहीं करती। वह बस रोशनी आने देती है। एक अच्छा वक्ता भी ऐसा ही होता है। वह इतना सरल होता है कि उसके श्रोताओं को उसके बोलने के तरीके का एहसास नहीं होता; वे केवल उसकी बातों पर ध्यान देते हैं।

चार

अपना दिल अपनी बातचीत में केंद्रित करें

ईमानदारी, उत्साह, और उच्च गंभीरता भी आपकी मदद करेंगे। जब कोई व्यक्ति अपनी भावनाओं के प्रभाव में होता है, तो उसका असली स्वरूप सामने आता है। सभी रुकावटें दूर हो जाती हैं। उसकी भावनाओं की गर्मी ने सभी बाधाओं को जला दिया है। वह स्वाभाविक रूप से काम करता है। वह स्वाभाविक रूप से बोलता है। वह बहुत ही स्वाभाविक होता है।

इसलिए, अंत में, यह बात भी उसी विषय पर वापस आती है जिसे इन पृष्ठों में बार–बार महत्वपूर्ण बताया गया है : यानी, *अपने भाषणों में अपना दिल लगाएँ*।

"मैं कभी नहीं भूलूँगा," डीन ब्राउन ने येल डिविनिटी स्कूल में अपने उपदेश पर व्याख्यान में कहा, "एक दोस्त ने लंदन में एक चर्च सेवा का जो वर्णन किया, वह उपदेशक जॉर्ज मैकडोनाल्ड थे; उन्होंने उस सुबह इब्रानियों का ग्यारहवां अध्याय पढ़ा। जब उपदेश का समय आया, तो उन्होंने कहा : 'आप सभी ने विश्वास के इन पुरुषों के बारे में सुना है। मैं आपको यह नहीं बताऊंगा कि विश्वास क्या है। यहाँ ऐसे धार्मिक प्रोफेसर हैं जो यह मुझसे कहीं बेहतर कर सकते हैं। मैं यहाँ आपको विश्वास करने में मदद करने के लिए हूँ।' इसके बाद उन्होंने अपनी गहरी आस्था को इतनी सरलता और दिल से व्यक्त किया कि इससे उनके सभी श्रोताओं के मन और दिल में विश्वास जागृत हो गया। *उनका दिल अपने काम में था, और उनकी प्रस्तुति प्रभावी थी क्योंकि यह उनके आंतरिक जीवन की सच्ची सुंदरता पर आधारित थी*।"

"उनका दिल अपने काम में था।" यही राज है। फिर भी, मैं जानता हूँ कि इस तरह की सलाह लोकप्रिय नहीं है। यह अस्पष्ट लगती है। यह अनिश्चित लगती है। आम लोग ठोस नियम चाहते हैं, कुछ निश्चित, कुछ ऐसा जिसे वे समझ सकें, नियम जो कार चलाने के निर्देशों की तरह सटीक हों।

वह यही चाहता है; मैं उसे यही देना चाहूँगा। यह उसके लिए उतना ही सरल जितना मेरे लिए है। यहाँ ऐसे नियम हैं, और उनमें केवल एक छोटी सी गड़बड़ी है: वे कार्य नहीं करते हैं। वे मनुष्य के बोलने की हर स्वाभाविकता, सहजता, जीवन एवं रस छीन लेते हैं। मुझे पता है। अपने युवा दिनों में, मैंने इन्हें अमल में लाने में बहुत सारी ऊर्जा व्यर्थ कर दी। वे इन पृष्ठों में दिखाई नहीं देंगे, जैसा कि जोश बिलिंग्स ने अपने एक सामान्य पल में कहा था : "इतनी सारी वस्तुओं को जानने का कोई लाभ नहीं है जो ऐसी नहीं हैं।"

एडमंड बर्क ने भाषण ऐसे शानदार तरीके से लिखे कि वे आज भी इस देश के कॉलेजों में ओरेटरी के क्लासिक मॉडल के रूप में पढ़े जाते हैं; फिर भी, बर्क एक वक्ता के रूप में असफल रहे। उनके पास अपने शानदार विचारों को प्रभावी और दिलचस्प तरीके से प्रस्तुत करने की क्षमता नहीं थी; इसलिए उन्हें हाउस ऑफ कॉमन्स का "डिनर बेल" कहा जाता था। जब वे बोलने के लिए खड़े होते, तो अन्य सदस्य खांसते और इधर–उधर हलचल करते, और या तो सो जाते या बड़ी संख्या में बाहर चले जाते।

आप अपनी पूरी शक्ति से किसी आदमी पर स्टील–जैकेट वाली गोली चला सकते हैं, और आप उसके कपड़ों में एक खरोंच तक नहीं लगा सकते। परंतु एक चर्बीयुक्त मोमबत्ती के पीछे पाउडर डालें और आप इसे लकड़ी के बोर्ड के माध्यम से शूट कर सकते हैं। मुझे यह कहते हुए दुःख हो रहा है कि पाउडर की बनी कई टैलोकैंडल बातचीतें, स्टील–जैकेट वाली बातचीत से अधिक प्रभाव डालती है, जिसके पीछे कोई शक्ति या उत्तेजना नहीं होती है।

पाँच

अपनी आवाज को मजबूत और लचीला बनाने का अभ्यास करें

जब हम सचमुच में अपने विचारों को अपने श्रोताओं तक संप्रेषित कर रहे होते हैं तो हम स्वर और शारीरिक विविधता के कई तत्त्वों का प्रयोग कर रहे होते हैं। हम अपने कंधे उचकाते हैं, अपनी भुजाएँ हिलाते

हैं, अपनी भौंहें सिकोड़ते हैं, अपनी वाणी को कम ज़्यादा करते हैं, बदलते हैं, और अक्सर सामग्री के अनुसार जल्दी या धीमी गति से बातचीत करते हैं। यह याद रखना अच्छा है कि ये सभी प्रभाव हैं, कारण नहीं। तथाकथित अस्थिरता, या स्वर के उतार–चढ़ाव, हमारी मानसिक और भावनात्मक स्थिति के सीधे प्रभाव में हैं। इसीलिए यह इतना महत्वपूर्ण है कि हमारे पास एक ऐसा विषय हो जिसे हम जानते हों और एक ऐसा विषय हो जिसके बारे में हम दर्शकों के पास जाने पर उत्साहित हों। इसीलिए हमें उस विषय को अपने श्रोताओं के साथ साझा करने के लिए इतना उत्सुक होना चाहिए। चूँकि हममें से अधिकांश लोग आयु बढ़ने के साथ युवावस्था की सहजता और मौलिकता खो देते हैं, हम शारीरिक एवं मौखिक संचार के एक निश्चित ढाँचे में ढल जाते हैं। हम स्वयं को संकेतों और जीव–संचरण का इस्तेमाल करने के लिए कम तैयार पाते हैं; हम शायद ही कभी अपनी आवाज़ को एक स्वर से दूसरे स्वर तक बढ़ाते या कम करते हैं। संक्षेप में, हम सच्ची बातचीत की ताजगी और सहजता खो देते हैं। हमें बहुत धीमे या बहुत तीव्रता से बात करने की आदत हो सकती है, एवं हमारी बोली, जब तक ध्यान से न सुनी जाए, टेढ़ी–मेढ़ी और लापरवाह हो जाती है। इस पुस्तक में आपको बार–बार स्वाभाविक व्यवहार करने के लिए कहा गया है, और आप यह मान सकते हैं कि मैं ख़राब उच्चारण या नीरस प्रस्तुति को नज़रअंदाज़ करता हूँ, बशर्ते कि यह स्वाभाविक हो। इसके विपरीत, मैं कहता हूँ कि हमें इस अर्थ में स्वाभाविक होना चाहिए कि हम अपने विचारों को व्यक्त करें और उन्हें भावना के साथ व्यक्त करें। दूसरी ओर, प्रत्येक उत्तम वक्ता स्वयं को शब्दावली की व्यापक, कल्पना और उच्चारण की समृद्धि, एवं अभिव्यक्ति की विविधता और शक्ति में सुधार करने में असमर्थ नहीं मानेगा। ये ऐसे क्षेत्र हैं जिनमें आत्म–सुधार में रुचि दिखाने वाला प्रत्येक व्यक्ति सुधार करना चाहेगा।

अपनी आवाज की मात्रा, ऊँचाई में बदलाव, और गति के संदर्भ में स्वयं का मूल्यांकन करना एक शानदार विचार है। इसके लिए आप टेप रिकॉर्डर की मदद ले सकते हैं। दूसरी ओर, अपने दोस्तों से मदद लेना भी उपयोगी होगा। अगर आपको विशेषज्ञों की सलाह मिल सके, तो और भी अच्छा है। हालाँकि, यह याद रखना चाहिए कि ये सभी बातें दर्शकों

के सामने बोलने से पहले के अभ्यास के लिए हैं। जब आप दर्शकों के सामने हों, तो तकनीक पर ध्यान केंद्रित करना आपकी प्रभावशीलता को कम कर सकता है। एक बार जब आप वहाँ हों, तो अपने भाषण में अपने आप को पूरी तरह लगा दें, अपने पूरे अस्तित्व को अपने दर्शकों पर मानसिक और भावनात्मक प्रभाव डालने में केंद्रित करें, और फिर आप दस में से नौ बार अधिक जोरदार और प्रभाव के साथ बोलेंगे जितना आप किताबों से सीख सकते हैं।

मंच के भय पर सफलता पाने का सबसे सुदृढ़ तरीका यह ज्ञात करना है कि आप किस विषय में चर्चा कर रहे हैं।

—माइकल एच मेसकॉन

हमारे पास दुनिया से संपर्क करने के चार तरीके हैं, और सिर्फ चार तरीके ही हैं। हमें इन चार संपर्कों के आधार पर मूल्यांकित और वर्गीकृत किया जाता है : हम क्या करते हैं, हम कैसे दिखते हैं, हम क्या कहते हैं, और हम इसे कैसे कहते हैं।

—डेल कारनेगी

10

दर्शकों के साथ बातचीत साझा करना

रसेल कॉनवेल का प्रसिद्ध व्याख्यान, *''एकर्स ऑफ डायमंड्स,''* लगभग छह हजार बार दिया गया। आप सोच सकते हैं कि इतनी बार बोला गया भाषण वक्ता के मन में स्थिर हो जाएगा और कोई शब्द या स्वर नहीं बदलेगा। लेकिन ऐसा नहीं था। डॉ. कॉनवेल जानते थे कि दर्शक अलग होते हैं। उन्होंने समझा कि उन्हें हर नए दर्शक को यह महसूस कराना होगा कि उनका भाषण उनके लिए व्यक्तिगत रूप से महत्वपूर्ण है। उन्होंने यह कैसे किया? उन्होंने लिखा, "मैं किसी शहर या कस्बे में जाता हूँ, और कोशिश करता हूँ कि जल्दी पहुँचूं ताकि पोस्टमास्टर, नाई, होटल के प्रबंधक, स्कूल के प्रधानाचार्य, और कुछ पादरियों से मिल सकूँ। फिर मैं दुकानों में जाकर लोगों से बात करता हूँ और उनकी कहानियाँ और अवसर को जानता हूँ। इसके बाद मैं अपना व्याख्यान देता हूँ और उन विषयों पर बात करता हूँ जो उनके लिए महत्वपूर्ण होते हैं।''

डॉ. कॉनवेल पूरी तरह से जानते थे कि सफल संवाद इस बात पर निर्भर करता है कि वक्ता अपने भाषण को श्रोताओं तक कैसे पहुँचा सकता है और श्रोताओं को भाषण का हिस्सा कैसे बना सकता है। यही कारण है कि *''एकर्स ऑफ डायमंड्स''* की कोई सही नकल नहीं है, जो सबसे लोकप्रिय भाषणों में से एक है। मानव स्वभाव की उनकी चतुर समझ और मेहनत के कारण, डॉ. कॉनवेल ने एक ही विषय पर लगभग छह हजार अलग–अलग दर्शकों को कभी भी वही व्याख्यान नहीं दिया। आप उनके उदाहरण से सीख सकते हैं और सुनिश्चित कर सकते हैं कि

आपके व्याख्यान हमेशा एक विशिष्ट दर्शक के लिए तैयार किए जाएं। यहाँ कुछ सरल नियम दिए गए हैं जो आपको अपने श्रोताओं के साथ एक मजबूत संबंध बनाने में मदद करेंगे।

एक
अपने श्रोताओं की पसंद के अनुसार बातचीत करें

डॉ. कॉनवेल ने ठीक यही किया। उन्होंने अपने व्याख्यान में बहुत सारे स्थानीय संकेतों और उदाहरणों को सम्मिलित करने का निश्चय किया। उनके श्रोताओं की रुचि इसमें इसलिए थी क्योंकि उनकी बातचीत उनसे, उनकी रुचियों, उनकी समस्याओं से संबंधित थीं। जिस वस्तु में आपके श्रोता सबसे अधिक रुचि रखते हैं, अर्थात् स्वयं, उसके साथ यह जुड़ाव अनुभव करते हैं आश्वासन मिलता है कि संचार की रेखाएँ स्वतंत्र रहेंगी। यूनाइटेड स्टेट्स चैंबर ऑफ़ कॉमर्स के पूर्व प्रमुख और अब मोशन पिक्चर एसोसिएशन के अध्यक्ष एरिक जॉनस्टन, अपनी लगभग प्रत्येक बातचीत में इस विधि का उपयोग करते हैं। ध्यान दें कि ओक्लाहोमा विश्वविद्यालय में एक प्रारंभिक भाषण में उन्होंने स्थानीय हितों को बड़ी कुशलता से नियोजित किया :

> आप ओक्लाहोमावासियों को ''गूस–पिम्पल'' बेचने वालों के बारे में अच्छी तरह से पता है। आपको बहुत पीछे नहीं सोचना पड़ेगा जब उन्होंने ओक्लाहोमा को हमेशा के लिए एक निराशाजनक जोखिम के रूप में लिख दिया था।
>
> क्योंकि, सन् 1930 के दशक में, निराशा के सभी गिद्ध कह रहे थे कि कौवे ओक्लाहोमा को छोड़ दें, जब तक कि वे अपने साथ खाने की चीजें न ले जाएं।
>
> उन्होंने ओक्लाहोमा को एक नए अमेरिकी रेगिस्तान के अंग के रूप में एक चिरस्थायी भविष्य के लिए समर्पित कर दिया। उन्होंने कहा, फिर कभी कुछ प्रस्फुटित नहीं होगा। परंतु सन् 1940 के दशक में, ओक्लाहोमा एक वन्य स्थल और ब्रॉडवे का मुख्य आकर्षण केंद्र था। क्योंकि, एक बार पुनः, वहाँ

"लहराता हुआ गेहूँ था जो वर्षा के ठीक पीछे हवा आने पर निश्चित रूप से सौंधी खुशबू प्रदान करता है।"

एक छोटे से दशक में, धूल के गड्ढे को हाथी की आँखों के बराबर ऊँचे मक्का के पौधों से ढक दिया गया।

यहाँ विश्वास और सावधानी से किए गए जोखिम का फल मिला...

लेकिन हमेशा यह संभव है कि हम अपने समय को कल के संदर्भ में बेहतर तरीके से देख सकें।

इसलिए मैंने यहाँ अपनी यात्रा की तैयारी के लिए सन् 1901 के वसंत के लिए *डेली ओक्लाहोमन* की फाइलें देखीं। मैं पचास वर्षों के बाद इस क्षेत्र में जीवन के स्वाद का नमूना लेना चाहता था।

और मैंने क्या पाया?

मुझे जो सबसे बड़ा संदेश मिला, वह ओक्लाहोमा के भविष्य पर जोर दे रहा था। सबसे बड़ा महत्व आशा पर था।

दर्शकों की रुचि के संदर्भ में बात करने का यह एक अतिउत्तम उदाहरण है। एरिक जॉनस्टन ने अपने श्रोताओं के समक्ष नपे–तुले संकट के उदाहरणों का प्रयोग किया। उन्होंने उन्हें यह महसूस कराया कि उनकी बातचीत कोई लिखी–लिखाई प्रति नहीं थी – यह उनके लिए नई तैयार की गयी थी। कोई भी श्रोता उस वक्ता का ध्यान बाधित नहीं कर सकता जो उसके हित में बातचीत करता है।

स्वयं से पूछें कि आपके विषय का ज्ञान आपके दर्शकों को उनकी समस्याओं का समाधान करने और उनके लक्ष्यों को प्राप्त करने में कैसे सहयोग करेगा। पुनः उन्हें यह दिखाने के लिए आगे बढ़ें, और आपका पूरा ध्यान उनकी ओर होगा। यदि आप एक अकाउंटेंट हैं और आप अपनी बातचीत कुछ इस तरह से आरंभ करते हैं, "मैं आपको दिखाऊँगा कि आप अपने टैक्स रिटर्न पर पचास से सौ डॉलर तक कैसे बचा सकते हैं," या आप एक वकील हैं और आप अपने श्रोताओं को बताते हैं कि वसीयत कैसे बनाई जाए, तो निश्चित रूप से आपके पास दिलचस्पी रखने वाले दर्शक होंगे। निश्चित रूप से, वहाँ आपके ज्ञान की विशेष

निधि में कुछ विषय हैं जो आपके दर्शकों के लिए वास्तव में सहयोगी हो सकते हैं।

जब पूछा गया कि लोगों की रोचकता किसमें है, तो ब्रिटिश पत्रकारिता के विलियम रैंडोल्फ हर्स्ट लॉर्ड नॉर्थक्लिफ ने उत्तर दिया, ''स्वयं में।'' उसने उस एक सत्य पर अखबार का साम्राज्य खड़ा किया।

माइंड इन द मेकिंग में, जेम्स हार्वे रॉबिन्सन ने श्रद्धा को ''एक सहज और पसंदीदा प्रकार की सोच'' के रूप में वर्णित किया है। वह आगे कहते हैं कि, श्रद्धा में, हम अपने विचारों को अपना मार्ग तय करने की अनुमति प्रदान करते हैं, और यह मार्ग हमारी आशाओं और डर, हमारी सहज इच्छाओं, उनकी पूर्ति या हताशा से निर्धारित होता है; हमारी पसंद–नापसंद, हमारे प्रेम, घृणा और नाराज़गी से है। हमारे लिए हमारे जितना रोचक कुछ भी नहीं है।

फिलाडेल्फिया के हेरोल्ड ड्वाइट ने एक प्रीतिभोज में असाधारण रूप से सफल बातचीत प्रस्तुत की, जो हमारे पाठ्यक्रम के समापन सत्र का प्रतीक था। उन्होंने पूरी मेज पर बारी–बारी से प्रत्येक व्यक्ति के विषय में बातचीत की, पाठ्यक्रम आरंभ होने पर उन्होंने कैसे बातचीत की थी, उन्होंने कैसे सुधार किया था; उन्होंने विभिन्न सदस्यों द्वारा की गई बातचीत को याद किया, जिन विषयों पर उन्होंने चर्चा की थी; उसने उनमें से कुछ की नकल की, उनकी विशिष्टताओं को बढ़ा–चढ़ाकर बताया, सभी को हँसाया, सभी को प्रसन्न किया। ऐसी सामग्री के साथ, वह संभवतः असफल नहीं हो सकता था। यह बिल्कुल आदर्श स्थिति थी। आकाश के नीले गुंबद के आधीन किसी अन्य विषय में उस समूह की इतनी रुचि नहीं रही होगी। मिस्टर ड्वाइट को पता था कि मानव स्वभाव को कैसे संभालना है।

कुछ वर्षों पूर्व मैंने *अमेरिकी पत्रिका* के लिए लेखों की एक श्रृंखला लिखी थी, और मुझे जॉन सिडल के साथ बातचीत करने का मौका मिला था, जो उस समय दिलचस्प लोक विभाग के प्रभारी थे।

''लोग स्वार्थी होते हैं,'' उसने कहा। ''वे मुख्य रूप से अपने बारे में ही सोचते हैं। उन्हें इस बात की ज्यादा परवाह नहीं है कि सरकार को रेलवे का मालिक होना चाहिए या नहीं; लेकिन वे यह जानना चाहते हैं कि कैसे आगे बढ़ें, कैसे अधिक वेतन प्राप्त करें, और कैसे स्वस्थ रहें।

अगर मैं इस पत्रिका का संपादक होता,'' उसने आगे कहा, ''तो मैं उन्हें बताता कि कैसे अपने दाँतों का ख्याल रखें, कैसे स्नान करें, कैसे गर्मी में ठंडा रहें, कैसे नौकरी पाएं, कैसे कर्मचारियों को संभालें, कैसे घर खरीदें, कैसे याद रखें, कैसे व्याकरण की गलतियों से बचें, और इसी तरह। लोग हमेशा मानव हित की कहानियों में रुचि रखते हैं, इसलिए मैं किसी अमीर आदमी को यह बताने के लिए कहता कि उसने रियल एस्टेट में एक मिलियन कैसे कमाए। मैं प्रमुख बैंकरों और विभिन्न कंपनियों के अध्यक्षों को भी शामिल करता जो बताएंगे कि उन्होंने कैसे कठिनाइयों से लड़कर शक्ति और धन प्राप्त किया।''

उसके कुछ ही समय पश्चात् सिडल को संपादक बना दिया गया। तब पत्रिका का प्रसार छोटा था। सिडल ने वही किया जो उसने कहा था कि वह करेगा। प्रतिक्रिया स्वरूप? यह शानदार था। प्रसार का आँकड़ा दो लाख, तीन, चार, पाँच लाख तक पहुँच गया। यहाँ कुछ ऐसा था जो जनता चाहती थी। शीघ्र ही प्रति महीने दस लाख लोग इसे खरीदने लगे, फिर पंद्रह लाख और अंततः बीस लाख। यह यहीं नहीं रुका, बल्कि कई वर्षों तक बढ़ता ही रहा। सिडल ने अपने पाठकों के आत्महितों के लिए प्रार्थना की।

अगली बार जब आप दर्शकों का सामना करें, तो कल्पना करें कि आप जो कहना चाहते हैं उसे सुनने के लिए वे उत्सुक हैं – जब तक कि यह उन पर लागू होता है। जो वक्ता अपने श्रोताओं की इस आवश्यक अहंकार केंद्रता को ध्यान में रखने में असफल रहते हैं, वे स्वयं को एक बेचैन दर्शकों का सामना करते हुए पाते हैं, जो बोरियत से छटपटा रहा है, कलाई पर घड़ी की ओर देख रहा है, और आशा से बाहर निकलने वाले दरवाज़े की ओर देख रहा है।

दो

ईमानदारी से प्रशंसा करें

दर्शक व्यक्तियों से मिलकर बने होते हैं, और वे व्यक्तियों की तरह ही प्रतिक्रिया व्यक्त करते हैं। अगर आप दर्शकों की खुलकर आलोचना करते हैं, तो वे बुरा मानते हैं। यदि आप उनकी किसी अच्छी बात की

सराहना करते हैं, तो आप उनके दिलों में जगह बना लेते हैं। इसके लिए अक्सर आपको कुछ शोध करना पड़ता है। ऐसे शब्द जैसे "यह सबसे बुद्धिमान दर्शक है जिसे मैंने कभी संबोधित किया है," अधिकांश दर्शकों द्वारा खोखली प्रशंसा के रूप में नापसंद किए जाते हैं।

एक महान वक्ता चौंसी एम. डिप्यू के शब्दों में, आपको "उन्हें अपने विषय में कुछ ऐसा बताना होगा जिसके बारे में उन्होंने कभी नहीं सोचा था कि आप संभवतः जान सकते हैं।" उदाहरण के लिए, हाल ही में बाल्टीमोर किवानिस क्लब के समक्ष बोलने वाले एक व्यक्ति को उस क्लब के विषय में कुछ भी असामान्य नहीं मिला, सिवाय इसके कि एक पूर्व अंतर्राष्ट्रीय अध्यक्ष और एक अंतर्राष्ट्रीय ट्रस्टी उसके सदस्य थे। क्लब के सदस्यों के लिए यह कोई समाचार नहीं था इसलिए उन्होंने इसे एक नया मोड़ देने का प्रयास किया। उन्होंने अपनी बात की शुरूआत इस वाक्य से की : "बाल्टीमोर किवानिस क्लब 101,898 में से एक क्लब है।" सदस्यों ने सुना। यह वक्ता निश्चित रूप से गलत था–क्योंकि दुनिया में केवल 2,897 किवानिस क्लब थे। इसके बाद वक्ता ने आगे कहा :

> हाँ, भले ही आप इस पर विश्वास न करें, फिर भी यह एक तथ्य है कि आपका क्लब, कम से कम गणितीय रूप से, 101,898 में से एक है। 100,000 में एक क्लब या 200,000 में एक नहीं, बल्कि 101,898 में से बस एक क्लब।
>
> मैं इसका पता कैसे लगाऊँ? किवानिस इंटरनेशनल के मात्र 2,897 सदस्य क्लब हैं। खैर, बाल्टीमोर क्लब में किवानिस इंटरनेशनल का एक पूर्व अध्यक्ष और एक अंतर्राष्ट्रीय ट्रस्टी है। गणितीय रूप से, उम्मीद है कि किसी भी किवानिस क्लब में एक ही समय में एक पूर्व अध्यक्ष और एक अंतर्राष्ट्रीय ट्रस्टी दोनों होंगे, 101,898 में से एक है – और इसका सही कारण मुझे पता है कि मुझे जॉन्स हॉपकिन्स से गणित में पीएच.डी. मिली है, ताकि मैं इसका पता लगा सकूँ।

बिल्कुल सौ फीसदी ईमानदार रहें। एक कपटपूर्ण बयान कभी–कभी किसी व्यक्ति को मूर्ख बना सकता है, परंतु यह कभी भी दर्शकों को मूर्ख

नहीं बनाता है। ''यहाँ अत्यधिक बुद्धिमान दर्शक हैं...'' ''हो–हो–कुस, न्यू जर्सी की सुंदरता और वीरता का यह असाधारण जमावड़ा...'' ''मुझे यहाँ आकर प्रसन्नता हुई क्योंकि मैं आप में से हर एक से प्रेम करता हूँ।'' नहीं, नहीं, नहीं! यदि आप सच्ची प्रशंसा नहीं दिखा सकते, तो कुछ भी न दिखाएँ!

तीन

दर्शकों के साथ अपनी पहचान बनाएँ

जितनी जल्दी हो सके, बेहतर है कि आप अपने पहले शब्दों में ही उस समूह के साथ सीधे संबंध स्थापित करें, जिसके सामने आप बोल रहे हैं। अगर आपको बोलने का सम्मान मिला है, तो इसका जिक्र करें। जब हैरोल्ड मैकमिलन ने ग्रीनकैसल, इंडियाना में डी पॉव विश्वविद्यालय के स्नातक वर्ग को संबोधित किया, तो उन्होंने अपने पहले वाक्य में संवाद के रास्ते खोल दिए।

"मैं आपके स्वागत के लिए बहुत आभारी हूँ," उन्होंने कहा, "ब्रिटेन के प्रधानमंत्री को आपके महान विश्वविद्यालय में आमंत्रित करना एक असामान्य अवसर है। लेकिन मुझे लगता है कि मेरे वर्तमान पद के अलावा, शायद यह आपके आमंत्रण का मुख्य कारण नहीं है।''

पुनः उन्होंने बताया कि उनकी माँ एक अमेरिकी थीं, जिनका जन्म इंडियाना में हुआ था एवं उनके पिता डी पॉव के प्रथम स्नातकों में से एक थे।

उन्होंने कहा, ''मैं आपको आश्वस्त कर सकता हूँ कि मुझे डी पॉव विश्वविद्यालय के साथ जुड़ने एवं एक पुरानी पारिवारिक परंपरा को नवीनीकृत करने पर गर्व है।''

आप निश्चिंत हो सकते हैं कि मैकमिलन ने अमेरिकी स्कूल और अमेरिकी जीवनशैली के विषय में जो उल्लेख किया था, जिसके विषय में उसकी माँ और उसके अग्रणी पिता को पता था, उसने तुरंत ही उसे मित्र बना दिया।

संचार के रास्ते खोलने का एक और तरीका है कि आप दर्शकों में मौजूद लोगों के नामों का इस्तेमाल करें। एक बार मैं एक भोज में मुख्य

वक्ता के बगल में बैठा था, और मैं उनकी उत्सुकता देखकर हैरान रह गया कि वह हॉल में विभिन्न लोगों के बारे में कितना जानना चाहते थे। पूरे खाने के दौरान वह मास्टर ऑफ सेरेमनी से पूछते रहे कि एक मेज पर नीले सूट में बैठे व्यक्ति कौन हैं, या फूलदार टोपी वाली महिला का नाम क्या है। जब वह बोलने के लिए उठे, तो तुरंत यह स्पष्ट हो गया कि वह क्यों उत्सुक थे। उन्होंने बहुत चतुराई से उन नामों को अपने भाषण में शामिल किया, और मैंने उन लोगों के चेहरों पर स्पष्ट खुशी देखी जिनके नामों का उपयोग किया गया था। मैंने यह भी महसूस किया कि इस सरल तकनीक ने वक्ता के लिए दर्शकों में कितनी गर्मजोशी और मित्रता पैदा की।

ध्यान दें कि जनरल डायनेमिक्स कॉरपोरेशन के अध्यक्ष के रूप में बातचीत करते हुए फ्रैंक पेस जूनियर ने कैसे लाभ के लिए कुछ नामों पर कार्य किया। वह न्यूयॉर्क में रिलिजन इन अमेरिकन लाइफ, इंक. के वार्षिक रात्रिभोज में बोल रहे थे :

''यह कई मायनों में मेरे लिए एक आनंददायक और सार्थक शाम रही है,'' उन्होंने कहा। ''सबसे पहले, मेरे अपने मंत्री, रेवरेंड रॉबर्ट एप्पलयार्ड, यहाँ दर्शकों में उपस्थित हैं। अपने शब्दों, कार्यों एवं नेतृत्व से वह व्यक्तिगत रूप से मेरे लिए, मेरे परिवार के लिए और हमारी पूरी मंडली के लिए प्रेरणा रहे हैं... दूसरे, लुईस स्ट्रॉस और बॉब स्टीवंस के मध्य बैठना, ऐसे व्यक्ति जिनकी धर्म में रुचि सार्वजनिक सेवा में उनकी रुचि से बढ़ी है... पुनः महान व्यक्तिगत खुशी का स्रोत है...''

सावधानी का एक शब्द : यदि आप अपनी बातचीत में विचित्र नाम सम्मिलित करने जा रहे हैं, तो अवसर के लिए की गई पूछताछ के माध्यम से उन्हें जानने के पश्चात्, सुनिश्चित करें कि आपके पास वे बिल्कुल सही हैं; सुनिश्चित करें कि आप नामों के उपयोग का कारण पूरी तरह से समझते हैं; सुनिश्चित करें कि आप उनका उल्लेख केवल अनुकूल तरीके से ही करेंगे एवं उन्हें संयमित मात्रा में उपयोग करेंगे।

दर्शकों का पूरी तरह से ध्यान केंद्रित रखने का एक और तरीका है कि आप ''आप'' सर्वनाम का उपयोग करें, बजाय ''वे'' तीसरे व्यक्ति के। इस तरह आप दर्शकों को आत्म–चेतना की स्थिति में रखते हैं, जो मैंने पहले बताया है कि वक्ता को इसे नजरअंदाज नहीं करना चाहिए यदि

वह अपने श्रोताओं की रुचि और ध्यान बनाए रखना चाहता है। यहाँ न्यू यॉर्क सिटी की एक कक्षा में हमारे एक छात्र द्वारा सल्फ्यूरिक अम्ल पर दिए गए भाषण से कुछ अंश हैं :

> सल्फ्यूरिक अम्ल आपके जीवन में कई तरह से आपको प्रभावित करता है। यदि यह सल्फ्यूरिक अम्ल न होता, तो आपकी गाड़ी रुक जाती, क्योंकि इसका उपयोग केरोसिन और गैसोलीन के शोधन में बड़े पैमाने पर किया जाता है। बिजली की रोशनी जो आपके कार्यालय और आपके घर को प्रकाशित करती है, उसके बिना यह संभव नहीं होगा।
>
> जब आप अपने नहाने के लिए पानी चालू करते हैं, तो आप एक निकल–लेपित नल का इस्तेमाल करते हैं, जिसके निर्माण में सल्फ्यूरिक अम्ल की आवश्यकता होती है। जिस साबुन का आप उपयोग करते हैं, वह संभवतः उन वसा या तेलों से बनाया गया है, जिन्हें एसिड के साथ उपचारित किया गया है। आपकी कंघी और आपके सेलुलॉइड कंघी के ब्रिसल्स को बिना इसके बनाया नहीं जा सकता। निस्संदेह, आपके रेजर को धातु पर परत के चढाने के बाद बनाया गया है।
>
> आप नाश्ते के लिए नीचे आते हैं। यदि आपकी कप और तश्तरी साधारण सफेद नहीं है, तो वे इसके बिना नहीं बन सकते थे। आपका चम्मच, चाकू और कांटा अगर चांदी का लेप किया गया है, तो उन्हें सल्फ्यूरिक अम्ल में स्नान कराया गया होगा। और पूरे दिन सल्फ्यूरिक अम्ल हर कदम पर आपको प्रभावित करता है। आप जहाँ भी जाएंगे, आप इसके प्रभाव से नहीं बच सकते।

''आप'' शब्द का कुशलता से इस्तेमाल करके और श्रोताओं को अपने चित्र में शामिल करके, इस वक्ता ने ध्यान को बनाए रखा। लेकिन कुछ समय ऐसे होते हैं जब ''आप'' शब्द खतरनाक हो सकता है। यह तब होता है जब ऐसा लगता है कि हम अपने दर्शकों से नीचे

बात कर रहे हैं या उन्हें उपदेश दे रहे हैं। ऐसे में "आप" के बजाय "हम" कहना बेहतर होता है।

डॉ. डब्ल्यू.डब्ल्यू. बाउर, स्वास्थ्य शिक्षा निदेशक अमेरिकन मेडिकल एसोसिएशन, अक्सर अपनी रेडियो और टेलीविजन बातचीतों में इस विधि का उपयोग करते थे। "हम सभी जानना चाहते हैं कि एक अच्छा डॉक्टर कैसे चुनें, है ना?" उन्होंने अपनी एक बातचीत में कहा। "एवं यदि हमें अपने डॉक्टर से सबसे बेहतर सेवा लेनी है, तो क्या हम सभी यह नहीं जानना चाहेंगे कि अच्छे मरीज कैसे बनें?"

चार

अपने दर्शकों को अपनी बातचीत में भागीदार बनाएँ

क्या आपको कभी यह ध्यान आया है कि आप थोड़े बनावटीपन का प्रयोग करके दर्शकों का ध्यान हर शब्द पर केंद्रित रख सकते हैं? जब आप दर्शकों में से किसी एक सदस्य को अपने साथ किसी बिंदु को स्पष्ट करने या एक विचार को प्रदर्शित करने के लिए चुनते हैं, तो आपको ध्यान में एक स्पष्ट वृद्धि देखने को मिलेगी। दर्शक के रूप में खुद को समझते हुए, वे इस बात के प्रति जागरूक रहते हैं कि जब उनमें से किसी एक को वक्ता द्वारा "कार्य" में लगाया जाता है, तो क्या होता है। अगर मंच पर व्यक्ति और दर्शकों के बीच एक दीवार है, जैसा कि कई वक्ता कहते हैं, तो दर्शकों की भागीदारी उस दीवार को तोड़ देगी। मुझे एक वक्ता याद है जो यह समझा रहा था कि कार को रोकने के लिए कितनी दूरी चाहिए जब ब्रेक लगाई जाती है। उसने पहली पंक्ति में से एक श्रोता से खड़े होकर दिखाने के लिए कहा कि यह दूरी कार की गति के साथ कैसे बदलती है। उस व्यक्ति ने एक स्टील की टेप नाप ली और उसे चालीस–पाँच फीट नीचे गलियारे में ले जाकर वहाँ एक संकेत पर रुक गया। जब मैंने इस प्रक्रिया को देखा, तो मैंने देखा कि पूरा दर्शकों का समूह इस वार्ता में गहराई से लगा हुआ था। मैंने अपने आप से कहा कि टेप का नाप, वक्ता के बिंदु के स्पष्ट चित्रण के अलावा, निश्चित रूप से उस वक्ता और इस दर्शक के बीच संवाद की एक रेखा थी। बिना इस बनावटीपन के, दर्शक शायद अब भी यह

सोच रहे होते कि उन्हें रात के खाने में क्या मिलेगा या उस शाम टीवी पर कौन से प्रोग्राम आएंगे।

दर्शकों की भागीदारी प्राप्त करने का मेरा एक पसंदीदा तरीका है सीधे सवाल पूछना और जवाब लेना। मुझे दर्शकों को खड़ा करना पसंद है, ताकि वे मेरे बाद एक वाक्य दोहराएँ या हाथ उठाकर मेरे सवालों का जवाब दें। पर्सी एच. व्हाइटिंग, जिनकी किताब *हाउ टू पुट ह्यूमर इन योर स्पीकिंग एंड राइटिंग* में दर्शकों की भागीदारी के विषय में कुछ अच्छी सलाह है, यह सुझाव देते हैं कि आप अपने श्रोताओं को किसी चीज पर वोट करने के लिए कहें या उन्हें किसी समस्या को हल करने में मदद के लिए आमंत्रित करें। "अपने मन की सही स्थिति में रहें," मिस्टर व्हाइटिंग कहते हैं," यह एक ऐसी स्थिति जो यह मानती है कि एक भाषण पाठ का समान नहीं होता–यह दर्शकों की प्रतिक्रिया प्राप्त करने के लिए होता है–दर्शकों को इस कार्य में एक साथी बनाने के लिए होता है।" मुझे दर्शकों को "इस कार्य में साथी" के रूप में संदर्भित करना पसंद है। यह इस अध्याय का मुख्य विचार है। यदि आप दर्शक भागीदारी का उपयोग करते हैं, तो आप अपने श्रोताओं को साझेदारी के अधिकार प्रदान करते हैं।

पांच

स्वयं को कम महत्व देना

निःसंदेह, वक्ता–श्रोता के इस संबंध में ईमानदारी की जगह कोई नहीं ले सकता। नॉर्मन विंसेंट पील ने एक बार एक साथी मंत्री को कुछ बहुत उपयोगी सलाह दी, जिसे अपनी बातचीत के प्रति श्रोताओं को बनाए रखने में बड़ी कठिनाई हो रही थी। उन्होंने इस मंत्री से प्रत्येक रविवार सुबह जिस सभा को संबोधित करवाया, उसके विषय में उनकी भावनाओं पर प्रश्न उठाने के लिए कहा–क्या उन्हें वे पसंद हैं, क्या वह उनका सहयोग करना चाहते हैं, क्या वह उसे बौद्धिक रूप से कमज़ोर मानते हैं? डॉ. पील ने कहा कि जिन पुरुषों और स्त्रियों से उनका सामना होता था, उनके प्रति स्नेह की प्रबल भावना महसूस किए बिना वे कभी भी मंच पर नहीं चढ़ते थे। श्रोता उस वक्ता का मूल्यांकन

करने में तेज़ होते हैं जो यह मान लेता है कि वह मानसिक उपलब्धि या सामाजिक प्रतिष्ठा में श्रेष्ठ है। वास्तव में, एक वक्ता के लिए स्वयं को दर्शकों के समक्ष प्रस्तुत करने का सबसे अच्छा उपाय स्वयं को कम महत्व देना है।

मेन के तत्कालीन अमेरिकी सीनेटर एडमंड एस. मुस्की ने बोस्टन में अमेरिकन फ़ोरेंसिक एसोसिएशन से बातचीत करते समय इसको प्रमाणित किया।

"मैं इस सुबह अपने काम को लेकर कई संदेहों के साथ आया हूँ," उन्होंने कहा। "पहली बात, मैं इस दर्शक की पेशेवर योग्यताओं के बारे में जानता हूँ और सोचता हूँ कि क्या मेरी कमजोर क्षमताओं को आपके सामने लाना सही है। दूसरी बात, यह एक नाश्ते की बैठक है–दिन का वह समय जब किसी व्यक्ति का ध्यान रखना लगभग असंभव होता है; और इस मामले में असफलता एक राजनेता के लिए बहुत खराब हो सकती है। और तीसरी बात, मेरा विषय–बहस का मेरे सार्वजनिक सेवा करियर पर प्रभाव। जब तक मैं राजनीति में सक्रिय रहूँगा, मेरे क्षेत्र के लोगों में इस बात पर बहस हो सकती है कि वह प्रभाव अच्छा है या बुरा।"

"इन संशयों का सामना करते हुए, मैं बिल्कुल उस मच्छर की तरह महसूस करता हूँ जिसने स्वयं को अप्रत्याशित रूप से एक नग्न क्षेत्र में पाया। मुझे नहीं पता कि कहाँ से आरंभ करूँ।"

सीनेटर मुस्की एक अच्छा संबोधन देने के लिए वहाँ से आगे बढ़े।

एडलाई ई. स्टीवेन्सन ने मिशिगन स्टेट यूनिवर्सिटी में एक प्रारंभिक अभ्यासात्मक बातचीत के आरंभ में स्वयं को कम महत्व दिया। उन्होंने कहा :

"इन सुअवसरों पर मेरी अपर्याप्तता की भावना सैमुअल बटलर की प्रतिक्रिया की याद दिलाती है जब उनसे एक बार इस विषय में बात करने के लिए कहा गया था कि जीवन का अधिकतम लाभ कैसे उठाया जाए। मुझे लगता है कि उनका उत्तर था : 'मैं यह भी नहीं जानता कि अगले पंद्रह मिनटों का अधिकतम लाभ कैसे उठाया जाए, एवं अगले बीस मिनट तक मुझे ऐसा ही महसूस होता है।"

दर्शकों को अप्रसन्न करने का सबसे बेहतर उपाय यह संकेत देना है कि आप स्वयं को उनसे ऊपर मानते हैं। जब आप बोलते हैं, तो

आप एक प्रदर्शन मंजूषा में होते हैं और आपके व्यक्तित्व का हर पहलू प्रदर्शित होता है। डींगें हाँकने का जरा सा संकेत भी घातक है। दूसरी ओर, विनम्रता, आत्मविश्वास और सद्भावना को प्रेरित करती है। आप क्षमाप्रार्थी हुए बिना विनम्र रह सकते हैं। जब तक आप दिखाते हैं कि आप अपना सर्वश्रेष्ठ करने के लिए प्रतिबद्ध हैं, तब तक आपके दर्शक आपकी सीमाओं का परामर्श देने के लिए आपको पसंद करेंगे और आपका सम्मान करेंगे।

अमेरिकी टेलीविजन की दुनिया बहुत मुश्किल है, और हर साल कई टॉप रेटेड कलाकारों को कड़ी प्रतियोगिता का सामना करना पड़ता है। एक ऐसे कलाकार हैं जो हर साल लौटते हैं, उनका नाम है एड सुलिवन। वे एक पत्रकार हैं और टेलीविजन के विशेषज्ञ नहीं हैं। वे इस कड़ी प्रतिस्पर्धा में शौकिया तौर पर भाग ले रहे हैं और इसलिए वे बने रहते हैं क्योंकि वे यह नहीं समझते कि वे कुछ और हैं। कैमरे पर उनकी कुछ आदतें दूसरों के लिए परेशानी बन सकती हैं। जैसे वे अपने हाथ से ठोड़ी को पकड़े रहते हैं, कंधे झुकाते हैं, अपनी टाई को खींचते हैं, और शब्दों से ठोकर खाते हैं। लेकिन ये कमियाँ एड सुलिवन के लिए बड़ी समस्या नहीं हैं। वे आलोचना को बुरा नहीं मानते। हर साल एक बार वह एक मिमिकरी (नकल करने वाले) कलाकार को बुलाते हैं, जो उनकी सभी कमियों को बढ़ा–चढ़ाकर दिखाता है। जब यह नकल करने वाला प्रदर्शन करता है, तो एड सुलिवन भी बाकी सब की तरह हँसते हैं। वे आलोचना का स्वागत करते हैं, और दर्शक उन्हें इसलिए पसंद करते हैं। दर्शकों को विनम्रता पसंद है। उन्हें दिखावे वाले और खुद को बड़ा समझने वाले लोग पसंद नहीं होते।

हेनरी और डाना ली थॉमस ने अपनी पुस्तक *लिविंग बायोग्राफीज़ ऑफ रिलिजियस लीडर्स* में कन्फ्यूशियस के विषय में कहा :

"उन्होंने कभी भी अपने विशिष्ट ज्ञान से लोगों को हैरान करने का प्रयास नहीं किया। उन्होंने मात्र अपनी समावेशी सहानुभूति से उन्हें प्रबुद्ध करने का प्रयास किया।" यदि हमारे पास यह समावेशी सहानुभूति है, तो हमारे पास वह कुंजी है जो दर्शकों के दिलों का दरवाज़ा खोलती है।

वे भूल सकते हैं कि आपने क्या कहा था, परंतु वे यह कभी नहीं भूलेंगे कि आपने उन्हें कैसा महसूस कराया था।

—कार्ल डब्ल्यू ब्यूचनर

~

आप दूसरे लोगों में दिलचस्पी लेकर दो महीनों में उससे अधिक मित्र बना सकते हैं, जितना आप दूसरे लोगों में दिलचस्पी जगाकर दो सालों में नहीं बना सकते।

—डेल कारनेगी

भाग–IV

बातचीत करने के दो तरीके

11

कार्यवाही हेतु संक्षिप्त बातचीत

प्रथम विश्वयुद्ध के मध्य एक प्रसिद्ध अंग्रेज़ बिशप ने कैंप अप्टन में सैनिकों से बातचीत की। वे खाइयों की ओर जा रहे थे; उनमें से बहुत कम फीसदी को ही पर्याप्त जानकारी थी कि उन्हें क्यों भेजा जा रहा है। मुझे पता है; मैंने उनसे प्रश्न किया। पुनः लॉर्ड बिशप ने इन लोगों से "अंतर्राष्ट्रीय सौहार्द" और "सूर्य में एक स्थान का सर्बिया का अधिकार" के विषय में बातचीत की। क्यों, उनमें से आधे लोगों को यह नहीं पता था कि सर्बिया एक शहर है या एक बीमारी। हो सकता है कि उसने नेबुलर परिकल्पना पर एक विद्वत्तापूर्ण विवेचन भी किया हो। यद्यपि, जब वह बोल रहा था तो एक भी सैनिक हॉल से बाहर नहीं गया; उनको जाने से रोकने के लिए प्रत्येक निकास द्वार पर सैन्य पुलिस नियुक्त की गई थी।

मैं बिशप को कमतर नहीं समझ रहा था। वह हर तरह से एक विद्वान था, और चर्च के लोगों के एक समूह के समक्ष वह संभवतः शतिशाली होता; परन्तु वह इन सैनिकों के साथ असफल रहा, और वह पूरी तरह से असफल रहा। क्यों? स्वाभाविक तौर वह न तो अपनी बातचीत का मूल उद्देश्य जानता था और न ही उसे कैसे पूरा किया जाए, यह जानता था।

बातचीत के उद्देश्य से हमारा अभिप्राय क्या है? मात्र इतना ही : प्रत्येक बातचीत, चाहे वक्ता को इसकी अनुभूति हो या न हो, के चार प्रमुख लक्ष्यों में से एक होती है। वह क्या हैं?

1. कार्यवाही हेतु सहमत करना।
2. सूचित करना।

3. प्रभावित करना और विश्वास में लेना।
4. मनोरंजन करना।

आइए, हम इन्हें अब्राहम लिंकन की बातचीत के क्षेत्र के ठोस उदाहरणों की एक शृंखला से स्पष्ट करें।

कम ही लोग जानते हैं कि लिंकन ने एक बार रेत की पट्टियों और अन्य बाधाओं से फँसी नावों को निकालने के लिए एक उपकरण का आविष्कार कर पेटेंट कराया था। उन्होंने अपने विधि कार्यालय के समीप एक मैकेनिक की दुकान में अपने उपकरण का एक मॉडल बनाने का कार्य किया। जब मित्र मॉडल को देखने के लिए उनके कार्यालय में आए, तो उन्होंने इसे समझाने में कोई कसर नहीं छोड़ी। उन स्पष्टीकरणों का प्रमुख उद्देश्य सूचित करना था।

जब उन्होंने गेटीसबर्ग में अपना जीवंत भाषण दिया, जब उन्होंने अपना पहला और दूसरा उद्घाटन भाषण दिया, जब हेनरी क्ले की मृत्यु हुई और लिंकन ने उनके जीवन पर एक स्तुतिपरक भाषण दिया– इन सभी अवसरों पर, लिंकन का प्रमुख उद्देश्य प्रभावित करना और निश्चिंत करना था।

निर्णायक समिति से अपनी बातचीत में, उन्होंने अनुकूल निर्णय लेने का प्रयत्न किया। अपनी राजनीतिक बातचीतों में उन्होंने मताधिकार प्राप्त करने का प्रयास किया। तब उसका उद्देश्य कार्यवाही था।

राष्ट्रपति चुने जाने से दो वर्ष पूर्व लिंकन ने आविष्कारों पर एक व्याख्यान तैयार किया था। उनका लक्ष्य हँसी मजाक करना था। कम से कम, यही उनका लक्ष्य होना चाहिए था; किंतु स्वभावतः वे इसे प्राप्त करने में बहुत सफल नहीं रहे। एक लोकप्रिय व्याख्याता के रूप में उनका पेशा, वास्तव में, एक स्पष्ट निराशा वाला था। एक शहर में तो एक भी व्यक्ति उनकी बातचीत सुनने नहीं आया।

परंतु वे अपनी अन्य बातचीतों में उल्लेखनीय रूप से सफल रहे, जिनमें से कुछ मानवीय कथन परंपरागत बन गए हैं। क्यों? बड़े पैमाने पर इसलिए क्योंकि उन उदाहरणों में वे अपना लक्ष्य जानते थे, और वे जानते थे कि इसे कैसे प्राप्त किया जाए।

बल्कि बहुत से वक्ता जिस सभा में बोल रहे हैं उसके उद्देश्य के साथ अपने उद्देश्य को जोड़ने में असफल रहते हैं, वे अक्सर लड़खड़ा जाते हैं और परेशान हो जाते हैं।

उदाहरण के लिए : एक अमेरिकी कांग्रेसमैन को एक बार न्यूयॉर्क हिप्पोड्रोम में परेशान किए जाने पर मंच छोड़ना पड़ा। उसने एक जानकारीपूर्ण भाषण देने का प्रयास किया। भीड़ को सिखाना पसंद नहीं था। उन्हें मनोरंजन चाहिए था। उन्होंने धैर्य से और शिष्टता से उसकी बात सुनी। दस मिनट और फिर एक चौथाई घंटे तक वह बोलता रहा, जबकि भीड़ चाहती थी कि यह जल्दी खत्म करे। लेकिन वह बात करता रहा; लोगों का धैर्य टूट गया और उन्होंने और सुनने से मना कर दिया। किसी ने मजाक में ताली बजाई। दूसरे लोग भी उसके साथ हो गए। एक पल में, हजारों लोग सीटी बजाने और चिल्लाने लगे। वक्ता, जो दर्शकों की भावना को समझ नहीं पा रहे थे, बोलते रहे। इससे दर्शक और गुस्से में आ गए। उनकी अधीरता गुस्से में बदल गई और उन्होंने उसे चुप कराने का फैसला किया। उनका विरोध बढ़ता गया। अंत में, उनकी आवाजें इतनी तेज हो गईं कि वक्ता की बातें सुनाई नहीं दीं। इसलिए उन्हें हार माननी पड़ी और शर्म के साथ मंच छोड़ना पड़ा।

उसके उदाहरण से लाभ उठाएँ। अपनी बातचीत के उद्देश्य को दर्शकों और अवसर के अनुरूप बनाएँ। यदि कांग्रेसी ने पहले ही तय कर लिया होता कि दर्शकों को सूचित करने का उनका लक्ष्य राजनीतिक रैली में आने वाले दर्शकों के लक्ष्य के अनुरूप होगा या नहीं, तो उन्हें इस संकट का सामना नहीं करना पड़ता। दर्शकों और उन्हें एक साथ लाने वाले अवसर का विश्लेषण करने के उपरांत ही चार उद्देश्यों में से एक चुनें।

बातचीत निर्माण के महत्वपूर्ण क्षेत्र में आपको मार्गदर्शन देने के लिए, यह पूरा अध्याय कार्यवाही के लिए छोटी बातचीत के लिए समर्पित है। अगले तीन अध्याय अन्य प्रमुख बातचीत उद्देश्यों के लिए समर्पित होंगे : सूचित करना, प्रभावित करना एवं विश्वास में लेना, और मनोरंजन करना। प्रत्येक उद्देश्य उपचार के एक अलग संगठनात्मक ढाँचे की माँग करता है, सभी की अपनी बाधाएँ होती हैं जिन्हें अवश्य ही दूर किया जाना चाहिए। सर्वप्रथम, आइए दर्शकों को अभिनय के लिए प्रेरित करने के लिए अपनी बातचीत को व्यवस्थित करने के मुख्य गुणों पर ध्यान दें।

क्या हमारी सामग्री को व्यवस्थित करने की कोई विधि है जिससे हम दर्शकों से जो करने के लिए कहते हैं उस पर सफल अनुवर्ती कार्यवाही के लिए हमारे पास सबसे अच्छा अवसर हो? या यह केवल संकेत और छूटने की रणनीति का विषय है?

मुझे याद है कि मैं तीस के दशक में अपने सहयोगियों के साथ इस विषय पर चर्चा कर रहा था, जब मेरी कक्षाएँ पूरे देश में प्रसिद्ध होने लगी थीं। हमारे समूहों के आकार के कारण हम कक्षा के सदस्यों द्वारा दी जाने वाली बातचीत पर दो मिनट की समय सीमा का उपयोग कर रहे थे। जब वक्ता का उद्देश्य मात्र मनोरंजन या सूचना देना था तो इस सीमा का बातचीत पर कोई प्रभाव नहीं पड़ता था। परंतु जब बातचीत उपयोग में लाने की बात आई तो वह कुछ और ही थी। जब हमने परिचय, मुख्य भाग और निष्कर्ष की पुरानी प्रणाली – अरस्तू के उपरांत, वक्ताओं द्वारा अपनाई गई संगठनात्मक पद्धति – का उपयोग किया तो कार्यवाही करने की बात धरातल पर नहीं उतरी। श्रोताओं से कार्यवाही प्राप्त करने के लिए बनायी गई दो मिनट की बातचीत में परिणाम प्राप्त करने की एक निश्चित विधि प्रदान करने के लिए स्पष्ट रूप से कुछ नया और अलग करने की आवश्यकता थी।

हमने शिकागो, लॉस एंजिल्स और न्यूयॉर्क में सभाएँ कीं। हमने अपने सभी प्रशिक्षकों से प्रार्थना की, उनमें से कई हमारे सबसे सम्मानित विश्वविद्यालयों में भाषण विभागों के संकायों में थे। अन्य वे पुरुष थे जो व्यवसाय प्रशासन में प्रमुख पदों पर विराजमान थे। कुछ विज्ञापन और प्रचार की तीव्रता से बढ़ते क्षेत्रों से थे। पृष्ठभूमि और मस्तिष्क के इस मिश्रण से, हमें बातचीत संगठन के लिए एक नया दृष्टिकोण प्राप्त करने की आशा थी, जो एक तरह से क्रमबद्ध होगा, और जो एक श्रोता को कार्य करने के लिए प्रभावित करने के लिए, एक मनोवैज्ञानिक और साथ ही एक तार्किक विधि की हमारी आयु की आवश्यकता को प्रतिबिंबित करेगी।

हम निराश नहीं थे। उन चर्चाओं से भाषण निर्माण का जादुई सूत्र निकला। हमने इसे अपनी कक्षाओं में इस्तेमाल करना आरंभ किया और तब से हम इसका इस्तेमाल करते आ रहे हैं। जादुई सूत्र क्या हैं? बस यह : हमें अपने उदाहरण का विवरण देकर अपनी बातचीत प्रारंभ करनी है, एक घटना जो चित्रात्मक रूप से उस मुख्य विचार को दर्शाती है

जिसे आप समझना चाहते हैं। दूसरा, विशिष्ट स्पष्ट शब्दों में अपनी बात बताएँ, ठीक–ठीक बताएँ कि आप अपने दर्शकों से क्या चाहते हैं; और तीसरा, अपना कारण बताएँ, यानी, श्रोता द्वारा प्राप्त किए जाने वाले लाभ को उजागर करें जब वह वही करता है जो आप उससे करने के लिए कहते हैं।

यह एक ऐसा सूत्र है जो हमारी तेज–तर्रार जिंदगी के लिए बहुत उपयुक्त है। वक्ता अब लंबे और आराम से शुरूआती भाषण देने का जोखिम नहीं उठा सकते। दर्शक व्यस्त लोग होते हैं जो कुछ भी वक्ता कहना चाहता है, उसे सीधे और स्पष्ट भाषा में सुनना चाहते हैं। वे संक्षिप्त और साफ पत्रकारिता के अभ्यस्त होते हैं, जो तथ्य सीधे पेश करती है। वे उन मजबूत विज्ञापनों के संपर्क में आते हैं जो संदेश को स्पष्ट और प्रभावशाली शब्दों में प्रस्तुत करते हैं–चाहे वह साइनबोर्ड हो, टीवी स्क्रीन, मैगजीन, या अखबार। हर शब्द का सही इस्तेमाल होता है और कुछ भी बर्बाद नहीं होता। ''जादुई सूत्र'' का उपयोग करके, आप यह सुनिश्चित कर सकते हैं कि आप दर्शकों का ध्यान आकर्षित करें और इसे अपने संदेश के मुख्य बिंदु पर केंद्रित करें। यह बेतुके उद्‌घाटन के बयानों से बचने की सलाह देता है, जैसे : ''मेरे पास इस भाषण को अच्छे से तैयार करने का समय नहीं था,'' या ''जब आपके अध्यक्ष ने मुझसे इस विषय पर बोलने के लिए कहा, तो मैंने सोचा कि उन्होंने मुझे क्यों चुना।'' दर्शकों को माफी या बहानों में कोई दिलचस्पी नहीं होती, चाहे वह असली हो या नकली। वे कार्रवाई चाहते हैं। ''जादुई सूत्र'' में आप उन्हें पहले ही शब्द से कार्रवाई प्रदान करते हैं

यह सूत्र छोटी बातचीत के लिए आदर्श है, क्योंकि यह थोड़े नाटकीय तनाव पर आधारित है। श्रोता उस कहानी में डूबा रहता है जिसे आप बता रहे हैं, लेकिन उसे इस बात का पता नहीं होता कि आपके भाषण का मुख्य बिंदु क्या है, जब तक कि वह दो या तीन मिनट के समय के अंत के करीब न पहुँच जाए। जब दर्शकों से कुछ मांगने की बात होती है, तो यह सफलता के लिए लगभग आवश्यक है। कोई भी वक्ता जो चाहता है कि उसका श्रोता एक अच्छे कारण के लिए अपनी जेब से पैसे निकाले, चाहे वह कितना भी महान क्यों न हो, यदि वह इस तरह से शुरू करता है : "देवियों और सज्जनों। मैं यहाँ आप में से प्रत्येक से पाँच डॉलर इकट्ठा

करने आया हूँ।" तो तुरंत वहाँ से निकलने की भागदौड़ हो जाएगी। लेकिन अगर वक्ता बच्चों के अस्पताल में अपनी यात्रा का वर्णन करता है, जहाँ उसने जरूरत की एक बेहद भावुक स्थिति देखी, एक छोटे बच्चे की जो एक दूर के अस्पताल में ऑपरेशन के लिए आर्थिक मदद की कमी से जूझ रहा था, और फिर वह योगदान मांगता है, तो उसके दर्शकों से सहायता प्राप्त करने की संभावना बहुत बढ़ जाती है। यही कहानी और उदाहरण है, जो इच्छित कार्रवाई के लिए रास्ता तैयार करता है।

ध्यान दें कि लीलैंड स्टोव ने कैसे एक घटना का उदाहरण देकर अपने दर्शकों को संयुक्त राष्ट्र के बच्चों के लिए अपील का समर्थन करने के लिए तैयार किया :

> मैं प्रार्थना करता हूँ कि मुझे फिर कभी ऐसा नहीं करना पड़े। क्या इससे बुरा कुछ हो सकता है कि एक बच्चे और मौत के बीच केवल एक मूंगफली हो? मुझे उम्मीद है कि आपको ऐसा करने का मौका नहीं मिलेगा, और इसके बाद इस याद को जीना नहीं पड़ेगा। अगर आप उनकी आवाजें सुनते और उनकी आँखें देखते, उस जनवरी के दिन में, एथेंस में, बम से क्षतिग्रस्त श्रमिक क्षेत्र में... फिर भी मेरे पास केवल आधा पाउंड मूंगफली का डिब्बा बचा था। जब मैं इसे खोलने की कोशिश कर रहा था, तब दर्जनों फटे–चिट्टे बच्चे मुझे चारों ओर से घेर रहे थे। सैकड़ों माताएँ, अपने बच्चों को गोद में लिए, मुझ तक पहुँचने के लिए धक्का–मुक्की कर रही थीं। वे अपने बच्चों को मेरी ओर बढ़ा रही थीं। छोटी–छोटी त्वचा और हड्डियों वाले हाथ बेचैनी से फैल रहे थे। मैंने कोशिश की कि हर मूंगफली का सही इस्तेमाल कर सकूँ।
>
> अपने पागलपन में उन्होंने मुझे लगभग ज़मीन पर गिरा ही दिया था। सैकड़ों हाथों के अलावा कुछ नहीं : भीख माँगते हाथ, हाथ पकड़ना, निराश हाथ; वे सभी दयनीय रूप से छोटे हाथ हैं। एक नमकीन मूँगफली यहाँ, और एक मूँगफली वहाँ। मेरी उँगलियों से छह मूँगफली के दाने छूट गए, और मेरे पैरों पर कमज़ोर शरीरों की एक दारुण भीड़ उमड़ पड़ी। यहाँ एक और

मूँगफली, और वहाँ एक और मूँगफली। सैकड़ों हाथ, पहुँचते और विनती करते; आशा की रोशनी वाली सैकड़ों आँखें टिमटिमा रही हैं। मैं वहाँ असहाय खड़ा था, मेरे हाथ में एक खाली नीला डिब्बा था.... हाँ, मुझे आशा है कि आपके साथ ऐसा कभी नहीं होगा।

जादुई सूत्र का उपयोग व्यावसायिक पत्र लिखने और साथी कर्मचारियों और अधीनस्थों को निर्देश देने में भी किया जा सकता है। माताएँ अपने बच्चों को प्रेरित करते समय इसका उपयोग कर सकती हैं, और बच्चे अपने माता–पिता से किसी उपकार या विशेषाधिकार के लिए विनती करते समय इसे उपयोगी पाएँगे। आप इसमें एक मनोवैज्ञानिक उपकरण पाएँगे जिसका प्रयोग आपके जीवन के प्रत्येक दिन अपने विचारों को दूसरों तक पहुँचाने के लिए किया जा सकता है।

विज्ञापनों में भी ''जादुई सूत्र'' का हर दिन इस्तेमाल होता है। एवररेडी बैटरियों ने हाल ही में इस सूत्र पर आधारित रेडियो और टेलीविजन विज्ञापन चलाए। उदाहरण के क्रम में, उद्घोषक ने किसी के अनुभव के बारे में बताया, जैसे रात के समय एक पलटी हुई कार में फंसे होने का अनुभव। दुर्घटना का चित्रात्मक विवरण देने के बाद, उन्होंने पीड़ित से कहा कि वह अपनी कहानी को पूरा करे कि कैसे एवररेडी बैटरियों से चलने वाली टॉर्च ने समय पर मदद की। फिर उद्घोषक ने मुख्य बिंदु बताया : "एवररेडी बैटरियाँ खरीदें और आप ऐसे ही किसी संकट में बच सकते हैं।" ये सभी कहानियाँ एवररेडी बैटरी कंपनी की सच्ची कहानियाँ थीं।

मुझे नहीं पता कि इस विशेष विज्ञापन शृंखला ने कितनी एवरेडी बैटरियाँ बेचीं, परंतु मुझे पता है कि जादुई सूत्र वह प्रस्तुत करने का एक प्रभावी उपाय है जो आप दर्शकों से कराना चाहते हैं, या जिनसे बचना चाहते हैं। आइए एक–एक करके कदम उठाएँ।

एक

अपने जीवन की एक घटना का उदाहरण दीजिए

यह आपके भाषण का वह हिस्सा है जो आपके समय का बड़ा हिस्सा लेगा। इसमें आप एक अनुभव का वर्णन करते हैं जिसने आपको

एक सबक सिखाया। मनोवैज्ञानिक कहते हैं कि हम दो तरीकों से सीखते हैं : पहला, अभ्यास के नियम से, जिसमें समान घटनाओं की एक श्रृंखला हमारे व्यावहारिक ढाँचे में परिवर्तन लाती है; और दूसरा, प्रभाव के नियम द्वारा, जिसमें एक भी घटना इतनी चौंकाने वाली हो सकती है कि हमारे व्यवहार में परिवर्तन ला सकती है। हम सभी को इस प्रकार का असामान्य अनुभव हुआ है। हमें इन घटनाओं को बहुत देर तक ढूँढ़ने की आवश्यकता नहीं है क्योंकि ये हमारी स्मृतियों की सतह के समीप होती हैं। हमारा व्यवहार बहुत समय तक इन अनुभवों से निर्देशित होता है। इन घटनाओं का सजीव पुनर्निर्माण करके हम उन्हें दूसरों के व्यवहार को प्रभावित करने का आधार बना सकते हैं। हम ऐसा कर सकते हैं क्योंकि लोग शब्दों पर उसी तरह प्रतिक्रिया व्यक्त करते हैं जैसे वे वास्तविक घटनाओं पर प्रतिक्रिया करते हैं। अपनी बातचीत के उदाहरण भाग में, आपको अपने अनुभव के एक खंड को इस तरह से पुनः बनाना होगा कि इसका आपके दर्शकों पर वही प्रभाव पड़े जो मूल रूप से आप पर था। यह आप पर अपने अनुभवों को इस तरह से स्पष्ट करने, तीव्र करने और नाटकीय रूप देने का दायित्व डालता है जो उन्हें आपके श्रोताओं के लिए रोचक और मनमोहक बना देगा। नीचे कई सुझाव दिए गए हैं जो आपकी कार्यवाही के उदाहरण स्तर को स्पष्ट, गहन और विचारपूर्ण बनाने में सहयोग करेंगे।

एक व्यक्तिगत अनुभव के आधार पर अपना उदाहरण प्रस्तुत करें

प्रसंग पर आधारित उदाहरण विशेष रूप से शक्तिशाली होता है जब यह किसी एक घटना पर आधारित होता है जिसका आपके जीवन पर नाटकीय प्रभाव पड़ा। इसमें कुछ पल से अधिक का समय नहीं लगा होगा, परंतु उस थोड़े से समय में आपने एक अविस्मरणीय पाठ सीख लिया। कुछ समय पहले हमारी कक्षा में एक व्यक्ति ने एक भयानक अनुभव के विषय में बताया था जब उसने अपनी पलटी हुई नाव से तैरकर किनारे पर आने का प्रयास किया था। मुझे विश्वास है कि उनके दर्शकों में से हर किसी ने मन बना लिया था कि, ऐसी ही स्थिति का

सामना करने पर, वह इस वक्ता की राय का पालन करेंगे और मदद आने तक पलटी हुई नाव के साथ रहेंगे। मुझे एक वक्ता के कष्टदायक अनुभव का एक और उदाहरण याद है जिसमें एक बच्चा और एक पलटी हुई घास काटने वाली बिजली से चलने वाली मशीन शामिल थी। वह घटना मेरे दिमाग में इस तरह छप गई थी कि जब बच्चे मेरी बिजली से चलने वाली घास काटने वाली मशीन के पास घूम रहे हों तो मैं हमेशा सतर्क रहूँगा। हमारे कई प्रशिक्षक अपनी कक्षाओं में सुनी गई बातचीत से इतने प्रभावित हुए हैं कि उन्होंने अपने घरों के आस–पास इसी तरह की दुर्घटनाओं को रोकने के लिए तुरंत कार्यवाही की है। उदाहरण के लिए, कोई अपनी रसोई में आग बुझाने का यंत्र रखता है, क्योंकि उसने एक बात सुनी थी जिसमें खाना पकाने की दुर्घटना के कारण लगी दुखद आग को स्पष्ट रूप से दोहराया गया था। दूसरे ने सभी बोतलों पर जहर का लेबल लगा दिया है और यह तय किया है कि वे उसके बच्चों की पहुँच से बाहर हों। ये कार्यवाही एक व्याकुल माता–पिता के अनुभव का विवरण देने वाली बातचीत से प्रेरित हुई जब उन्होंने अपने बच्चे को हाथ में जहर की बोतल के साथ गुसलखाने में बेहोश पाया।

एक व्यक्तिगत अनुभव जिसने आपको एक पाठ सिखाया है जिसे आप कभी नहीं भूलेंगे, प्रेरक कार्यवाही बातचीत की पहली आवश्यकता है। इस तरह की घटना से आप दर्शकों को कार्यवाही के लिए प्रेरित कर सकते हैं–यदि यह आपके साथ हुआ है, आपके श्रोता तर्क देते हैं, तो यह उनके साथ भी हो सकता है, और बेहतर होगा कि आप उनसे जो करने के लिए कहें, उसे करके वे आपकी राय लें।

अपने भाषण की शुरुआत अपने उदाहरण के एक विवरण से करें

अपने भाषण की शुरुआत उदाहरण से करने के कई कारण हैं, जिनमें से एक है तुरंत ध्यान आकर्षित करना। कुछ वक्ता अपने शुरुआती शब्दों से ध्यान नहीं खींच पाते क्योंकि अक्सर ये शब्द सिर्फ दोहराए जाने वाले वाक्य, सामान्य बातें, या छोटे–छोटे माफी के बयान होते हैं, जो दर्शकों के लिए कोई रुचि नहीं रखते। जैसे "मैं सार्वजनिक रूप से

बोलने में असहज हूँ'' बहुत ही नकारात्मक होता है, लेकिन इस तरह की सामान्य शुरुआत के कई अन्य तरीके भी होते हैं जो ध्यान आकर्षित करने में कमजोर होते हैं। यह बताना कि आपने विषय क्यों चुना, दर्शकों को यह बताना कि आप पूरी तैयारी में नहीं हैं (वे जल्द ही इस बात को समझ जाएंगे), या अपने विषय का ऐलान करना जैसे कि एक पादरी उपदेश का पाठ दे रहा हो, ये सब ऐसे तरीके हैं जिनसे बचना चाहिए यदि आप त्वरित कार्रवाई करने वाला भाषण दे रहे हैं।

शीर्ष–उड़ान पत्रिका और समाचार पत्र लेखकों से सुझाव लें : अपने उदाहरण से सही शुरुआत करें और आप तत्काल अपने दर्शकों का ध्यान आकर्षित करेंगे।

यहाँ कुछ आरंभिक वाक्य हैं जिन्होंने चुंबक की तरह मेरा ध्यान खींचा : ''सन् 1942 में, मैंने स्वयं को एक अस्पताल में एक बिस्तर पर पाया''; ''कल नाश्ते के समय मेरी पत्नी कॉफी डाल रही थी और...''; ''पिछली जुलाई में मैं राजमार्ग 42 पर तेज़ी से गाड़ी चला रहा था...''; ''मेरे कार्यालय का दरवाज़ा खुला और चार्ली वान, हमारा फोरमैन, अकस्मात् अंदर आया''; ''मैं झील के मध्य में मछली पकड़ रहा था; मैंने अचानक ऊपर देखा एक मोटरबोट को तेजी से मेरी ओर आते हुए।''

यदि आप अपनी बातचीत ऐसे वाक्यांशों से प्रारंभ करते हैं जो किसी एक प्रश्न का उत्तर देती है, कौन? कब? कहाँ? क्या? कैसे? या क्यों? आप ध्यान आकर्षित करने के लिए विश्व के सबसे पुराने संचार उपकरणों में से एक का उपयोग कर रहे होंगे– कहानी। ''एक समय की बात है'' वे जादुई शब्द हैं जो एक बच्चे की कल्पना के द्वार खोल देते हैं। इसी मानवीय हित के दृष्टिकोण से आप अपने पहले शब्दों से अपने श्रोताओं का मन मोह सकते हैं।

अपना उदाहरण प्रासंगिक विस्तार से भरें

विस्तार, अपने आप में, मन को भाता नहीं है। फर्नीचर और ईंट–पत्थर से भरा कक्ष आकर्षक नहीं होता। बहुत सारे असंबंधित विस्तारों से भरी तस्वीर आँखों को उस पर टिकने के लिए विवश नहीं करती। उसी तरह, बहुत सारे विस्तार–महत्वहीन, विस्तृत–बातचीत एवं सार्वजनिक भाषण को

सहनशक्ति की नीरस परीक्षा बना देते हैं। रहस्य केवल उन्हीं विस्तारों का चयन करना है जो बातचीत के मुद्दे और कारण पर बल देने का कार्य करेंगे। यदि आप यह विचार प्राप्त करना चाहते हैं कि आपके श्रोताओं को लंबी यात्रा पर जाने से पहले अपनी कारों की जाँच करानी चाहिए, तो आपके उदाहरण के सभी विस्तार इस बात से संबंधित होने चाहिए कि जब आप यात्रा करने से पहले अपनी कार की जाँच कराने में असफल रहे तो आपके साथ क्या हुआ। यदि आप यह बताते हैं कि आपने दृश्यों का आनंद कैसे लिया या अपने गंतव्य पर पहुँचने पर आप कहाँ रुके थे, तो आप केवल मुद्दे को ओझल करने और ध्यान भटकाने में ही सफल होंगे।

किंतु प्रासंगिक विस्तार, ठोस, रंगीन भाषा में, घटना को उसी रूप में पुनः बनाने और दर्शकों के लिए चित्रित करने का सबसे अच्छा तरीका है। केवल यह कहना कि एक बार असावधानी के कारण आपकी दुर्घटना हुई थी, बेतुका, अरुचिकर है और शायद ही किसी को कार चलाते समय अधिक सावधान रहने के लिए प्रेरित किया जा सके। परंतु अपने डरावने अनुभव का एक शब्दचित्र चित्रित करने के लिए, बहुसंवेदनशील वाक्य विन्यास की पूरी श्रृंखला का उपयोग करके, श्रोताओं की चेतना पर घटना को अंकित किया जा सकता है। उदाहरण के लिए, यहाँ बताया गया है कि किस प्रकार कक्षा के एक सदस्य ने एक उदाहरण स्तर विकसित किया है जो सर्दियों की सड़कों पर अत्यधिक सावधानी की आवश्यकता को स्पष्ट रूप से संकेतित करता है :

> सन् 1949 में, क्रिसमस से ठीक पहले एक सुबह मैं इंडियाना में राजमार्ग 41 पर उत्तर की ओर गाड़ी चला रहा था। कार में मेरी पत्नी और दो बच्चे थे। कई घंटों तक हम शीशे जैसी बर्फ की चादर पर रेंगते रहे थे; स्टीयरिंग व्हील पर हल्के से स्पर्श से मेरी फोर्ड का पिछला भाग खराब हो गया। कुछ ड्राइवर लाइन से बाहर निकल गए या आगे निकलने का प्रयास किया, और ऐसा लगा कि घंटे कारों की तरह धीरे–धीरे रेंग रहे थे।
>
> पुनः हम एक खुली जगह पर आ गए जहाँ सूर्य के प्रकाश से बर्फ पिघल गई थी और मैंने व्यर्थ हुए समय की भरपाई

के लिए एक्सीलरेटर पर कदम रखा। अन्य कारों ने भी ऐसा ही किया। हर कोई अचानक सबसे पहले शिकागो पहुँचने की जल्दी में लग रहा था। खतरे का तनाव कम होते ही बच्चों ने पिछली सीट पर गाना शुरू कर दिया।

सड़क अकस्मात् ऊपर की ओर कठिन होती चली गई और एक जंगली इलाके में पहुँच गई। जैसे ही तेज रफ्तार कार शीर्ष पर पहुँची, मैंने बहुत देरी से देखा, कि पहाड़ी की उत्तरी ढलान, जो अभी भी सूर्य की किरणों से अछूती थी, बर्फ की एक चिकनी नदी की तरह थी। मेरी दृष्टि हमारे सामने दो निराशा से धीमी गति से चलने वाली कारों पर पड़ी और पुनः हम फिसल गए। हम कंधे के ऊपर से देखते हुए, निराशाजनक रूप से नियंत्रण से बाहर हो गए, और बर्फ के ढेर में जा गिरे, अभी भी सीधे खड़े थे; परंतु जो कार हमारा पीछा कर रही थी, वह भी फिसल गई और हमारी कार के पिछले हिस्से से जा टकराई, जिससे दरवाजे टूट गए और हम पर शीशे की बौछार हो गई।

इस उदाहरण में विस्तार की प्रचुरता ने दर्शकों के लिए स्वयं को चित्र में प्रस्तुत करना सरल बना दिया। अंततः, आपका उद्देश्य अपने दर्शकों को वह दिखाना है जो आपने देखा, जो आपने सुना वह सुनें, जो आपने महसूस किया वह महसूस करें। एकमात्र उपाय जिससे आप संभवतः इस प्रभाव को प्राप्त कर सकते हैं वह है प्रचुर मात्रा में ठोस विस्तार का उपयोग करना। जैसा कि अध्याय चार में बताया गया था, बातचीत की तैयारी का कार्य प्रश्नों के उत्तरों को पुनः बनाने का कार्य है, कौन? कब? कहाँ? विस्तार? और क्यों? आपको शब्द चित्रों को चित्रित करके अपने श्रोताओं की दृश्य कल्पना को उत्तेजित करना चाहिए।

अपने अनुभव को फिर से जिएं जब आप इसे साझा करें

चित्रात्मक विवरणों का उपयोग करने के अलावा, वक्ता को उस अनुभव को फिर से जीने की आवश्यकता होती है जिसका वह वर्णन

कर रहा है। यहीं पर बोलना अभिनय के क्षेत्र के करीब पहुँचता है। सभी महान वक्ताओं में नाटकीयता की भावना होती है, लेकिन यह एक दुर्लभ गुण नहीं है, जो केवल प्रतिभाशाली व्यक्तियों में होता है। अधिकांश बच्चों में यह गुण भरपूर मात्रा में होता है। हमारे कई परिचित लोग समय का सही उपयोग, चेहरे के भाव, नकल करने की क्षमता, या इशारों के माध्यम से अभिव्यक्ति में निपुण होते हैं, जो इस अमूल्य क्षमता का एक हिस्सा है। हममें से अधिकांश के पास इन क्षेत्रों में कुछ निपुणता होती है, और थोड़े प्रयास और अभ्यास से हम इसे और विकसित कर सकते हैं।

जितनी अधिक क्रिया और उत्तेजना आप अपने अनुभव को फिर से सुनाने में डालेंगे, उतनी ही अधिक छाप यह आपके श्रोताओं पर छोड़ेगी। चाहे आपके भाषण में विवरण कितना भी समृद्ध क्यों न हो, अगर वक्ता इसे नए तरीके से बताने में पूरी ऊर्जा नहीं लगाता, तो यह प्रभावशाली नहीं होगा। क्या आप आग का वर्णन कर रहे हैं? हमें उस उत्तेजना का अनुभव कराएँ जो दर्शकों में तब हुई जब दमकलकर्मी आग से लड़ रहे थे। क्या आप हमें अपने पड़ोसी के साथ हुए झगड़े के बारे में बता रहे हैं? इसे फिर से जिएं; इसे नाटकीय बनाएं। क्या आप पानी में अपने अंतिम संघर्षों का वर्णन कर रहे हैं जब डर ने आपको घेर लिया? अपने दर्शकों को उन भयानक क्षणों की निराशा का अनुभव कराएँ। क्योंकि उदाहरण का एक उद्देश्य आपके भाषण को यादगार बनाना है। आपके श्रोता केवल तभी आपके भाषण और आपकी इच्छा को याद करेंगे जब उदाहरण उनके दिमाग में गहराई से बैठ जाए। हम जॉर्ज वॉशिंगटन की ईमानदारी को चेरी के पेड़ की घटना के कारण याद करते हैं, जिसे वीम्स की जीवनी में लोकप्रिय बनाया गया। नया नियम नैतिक आचरण के सिद्धांतों का एक समृद्ध भंडार है, जो मानव रुचि से भरे उदाहरणों द्वारा समर्थित है–जैसे कि अच्छे सामारिटन की कहानी।

आपके भाषण को अधिक यादगार बनाने के अलावा, उदाहरणात्मक घटना इसे अधिक रोचक, अधिक विश्वसनीय और समझने में आसान बनाती है। आपके जीवन के अनुभवों से जो सबक आपने सीखा है, वह दर्शकों के लिए ताजा होता है : वे एक तरह से, पहले से ही उस पर प्रतिक्रिया देने के लिए तैयार होते हैं जो आप उन्हें करना चाहते हैं। यह हमें जादुई सूत्र के दूसरे चरण के दरवाजे पर लाता है।

दो

अपना बिंदु बताएँ, आप दर्शकों से क्या करवाना चाहते हैं

आपके "कार्य के लिए उदाहरण" क्रम ने आपके समय का तीन–चौथाई से अधिक हिस्सा लिया है। मान लीजिए कि आप दो मिनट के लिए बोल रहे हैं। आपके पास लगभग बीस सेकंड हैं, जिसमें आपको यह स्पष्ट करना है कि आप चाहते हैं कि दर्शक क्या करें और इसके परिणामस्वरूप उन्हें क्या लाभ होगा। अब विवरण की आवश्यकता खत्म हो गई है। अब सीधी और स्पष्ट बात करने का समय आ गया है। यह समाचार पत्र तकनीक का उल्टा है। पहले शीर्षक देने के बजाय, आप समाचार कहानी देते हैं और फिर इसे अपने बिंदु या कार्य के लिए अपील के साथ शीर्षित करते हैं। इस चरण पर तीन नियम लागू होते हैं :

बिंदु को संक्षिप्त और विशेष बनाएँ

दर्शकों को सटीक रूप से वही बताएँ जो आप उनसे कराना चाहते हैं। लोग वही करेंगे जो वे स्पष्ट रूप से समझते हैं। स्वयं से यह पूछना जरूरी है कि अब आप दर्शकों से क्या चाहते हैं कि वे आपके उदाहरण द्वारा कार्य करने के लिए तत्पर हो गए हैं। शब्दों की संख्या कम करने और अपनी भाषा को यथासंभव स्पष्ट और सुस्पष्ट बनाने का प्रयास करते हुए, चिट्ठी की तरह बिंदु लिखना एक बेहतर विचार है। यह मत कहो : "हमारे स्थानीय अनाथालय में रोगियों का सहयोग करो।" यह बहुत समान्य बात है। इसके बजाय कहें : "पच्चीस बच्चों को पिकनिक पर ले जाने के लिए अगले रविवार को मिलने के लिए आज रात साइन अप करें।" मानसिक क्रियाओं के बजाय, जो बहुत अस्पष्ट होती हैं, प्रत्यक्ष कार्रवाई के लिए पूछना महत्वपूर्ण है, जिसे देखा जा सके। उदाहरण के लिए, "समय–समय पर अपने दादा–दादी के बारे में सोचें," यह इतना सामान्य है कि इस पर कार्रवाई नहीं की जा सकती। इसके बजाय कहें : "इस सप्ताह के अंत में अपने दादा–दादी से मिलने का निश्चय करें।" "देशभक्त बनें" जैसे कथन को "अगले मंगलवार को अपना वोट डालें" में परिवर्तित किया जाना चाहिए।

श्रोताओं के लिए बातचीत को समझना सरल बनाएँ

चाहे मुद्दा कितना भी विवादास्पद क्यों न हो, यह वक्ता की जिम्मेदारी है कि वह अपने बिंदु, यानी कार्रवाई के लिए अनुरोध को इस तरह शब्दबद्ध करे कि उसे समझना और करना श्रोताओं के लिए आसान हो। यह करने का सबसे अच्छा तरीका है कि आप विशेष रूप से कहें। यदि आप चाहते हैं कि आपके श्रोता नामों को याद करने की अपनी क्षमता में सुधार करें, तो न कहें : "अब से अपने नामों की स्मृति सुधारें।" यह बहुत सामान्य है और करना मुश्किल है। इसके बजाय कहें : "जैसे ही आप अगले अज्ञात व्यक्ति से मिलें, उनके नाम को पांच बार पांच मिनट के भीतर दोहराएं।"

जो वक्ता स्पष्ट कार्रवाई के बिंदु देते हैं, वे अपने श्रोताओं को प्रेरित करने में अधिक सफल होते हैं, बजाए उनके जो सामान्य बातें करते हैं। जैसे कहना : "कमरे के पीछे 'ठीक हो जाओ' कार्ड पर हस्ताक्षर करें" यह कहना बहुत बेहतर है कि आप अपने श्रोताओं से कहें कि किसी अस्पताल में भर्ती साथी छात्र को कार्ड भेजें या पत्र लिखें।

इस प्रश्न का उत्तर श्रोताओं के दृष्टिकोण से देखकर दिया जाना चाहिए कि बात को नकारात्मक रूप से बताया जाए या सकारात्मक रूप से। सभी नकारात्मक वाक्यांश अप्रभावी नहीं होते। जब वे टालने के रवैये का प्रतीक होते हैं तो वे संभवतः सकारात्मक रूप से कही गई विनती की तुलना में श्रोताओं को अधिक आश्वस्त करते हैं। बल्ब–छीनने वाला मत बनो, यह वाक्यांश कुछ वर्षों पहले बिजली के बल्ब बेचने के लिए बनाए गए एक विज्ञापन अभियान में बड़े प्रभाव के साथ प्रयोग किया गया था।

बात को बलपूर्वक और दृढ़ विश्वास के साथ कहें

बिंदु आपकी बातचीत का संपूर्ण विषय है। इसलिए, आपको इसे दृढ़ता और दृढ़ विश्वास के साथ कहना चाहिए। जैसा कि बड़े अक्षरों में शीर्षक स्पष्ट होता है, कार्यवाही के लिए आपके अनुरोध को मुखर जीव–संचारण और प्रत्यक्षता द्वारा बल दिया जाना चाहिए। आप

दर्शकों पर अपनी अंतिम छाप छोड़ने वाले हैं। इसे इस तरह बनाएँ कि दर्शकों को कार्रवाई के लिए आपकी अपील की ईमानदार अनुभूति हो। जिस तरह से आप ऑर्डर माँगते हैं उसमें कोई अनिश्चितता या संदेह नहीं होना चाहिए। व्यवहार की यह प्रेरकता आपके अंतिम शब्दों तक बनी रहनी चाहिए, जिसमें आप जादुई सूत्र का तीसरा चरण बताते हैं।

तीन
श्रोताओं को वह कारण या लाभ बताएँ जो उन्हें मिलने वाला है

हाँ फिर से, संक्षिप्तता और आर्थिकता जरूरी हैं। कारण के चरण में, आप उन प्रोत्साहनों या पुरस्कारों को प्रस्तुत करते हैं जो श्रोताओं को मिल सकते हैं यदि वे आपके द्वारा बताए गए बिंदु पर काम करते हैं।

सुनिश्चित करें कि कारण उदाहरण से संबंधित हो

सार्वजनिक भाषण में प्रेरणा के बारे में बहुत कुछ लिखा गया है। यह एक विशाल और उपयोगी विषय है, खासकर उन लोगों के लिए जो दूसरों को क्रियान्वित करने के लिए प्रेरित करने में लगे होते हैं। इस अध्याय में हम जिस संक्षिप्त भाषण पर ध्यान केंद्रित कर रहे हैं, उसमें आपका लक्ष्य केवल एक या दो वाक्यों में लाभ को प्रकट करना और फिर बैठ जाना है। हालाँकि, यह बहुत महत्वपूर्ण है कि आप उस लाभ पर ध्यान केंद्रित करें जिसे उदाहरण के चरण में बताया गया था।

यदि आप अपने अनुभव के बारे में बात कर रहे हैं कि आपने एक पुरानी कार खरीदकर पैसे कैसे बचाए, और अपने श्रोताओं से पुरानी कार खरीदने के लिए कह रहे हैं, तो आपको यह बताना चाहिए कि वे भी पुरानी कार खरीदने के आर्थिक लाभ का आनंद ले सकते हैं। आपको उदाहरण से भटकते हुए यह नहीं बताना चाहिए कि कुछ पुरानी कारों का डिजाइन नवीनतम मॉडल्स से बेहतर होता है।

सुनिश्चित करें कि केवल एक ही कारण पर जोर दें

अधिकांश सेल्समैन आधा दर्जन कारण बता सकते हैं कि आपको उनका उत्पाद क्यों खरीदना चाहिए, और यह बहुत संभव है कि आप अपनी बात का समर्थन करने के लिए कई कारण दे सकते हैं और वे सभी आपके द्वारा इस्तेमाल किए गए उदाहरण के लिए प्रासंगिक हो सकते हैं। किंतु फिर भी एक उत्कृष्ट कारण या लाभ चुनना और उस पर अपना मामला छोड़ना सबसे अच्छा है। दर्शकों के लिए आपके अंतिम शब्द एक राष्ट्रीय पत्रिका में विज्ञापन पर संदेश के समान स्पष्ट होने चाहिए। यदि आप इन विज्ञापनों का अध्ययन करेंगे जिन पर इतनी प्रतिभा खर्च की गई है, तो आप अपनी बात के मुद्दे और तर्क को संभालने में कौशल विकसित कर लेंगे। कोई भी विज्ञापन एक समय में एक से अधिक उत्पाद या एक विचार बेचने का प्रयास नहीं करता। बड़ी प्रसार पत्रिकाओं में बहुत कम विज्ञापन एक से अधिक कारणों का उपयोग करते हैं कि आपको क्यों खरीदना चाहिए। उदाहरण के लिए, एक ही कंपनी अपनी प्रेरक अपील को एक माध्यम से दूसरे माध्यम में, टेलीविजन से समाचार पत्रों तक बदल सकती है, परंतु संभवतः ही कभी एक ही कंपनी एक विज्ञापन में अलग–अलग अपील करेगी, चाहे वह मुखर हो या दृश्य।

यदि आप पत्रिकाओं, अखबारों और टेलीविजन पर देखे जाने वाले विज्ञापनों का अध्ययन करें और उनकी सामग्री का विश्लेषण करें तो आप आश्चर्यचकित हो जाएँगे कि लोगों को खरीदारी के लिए प्रेरित करने के लिए जादुई सूत्र का कितनी बार इस्तेमाल किया जाता है। आप प्रासंगिकता के फीते से अवगत हो जाएँगे जो पूरे विज्ञापन या विज्ञापन को एक एकीकृत पैकेज में बाँधता है।

उदाहरण को बनाने के और भी तरीके हैं, जैसे प्रदर्शनी का उपयोग करना, प्रदर्शन देना, विशेषज्ञों के उद्धरण देना, तुलना करना और आंकड़े देना। इन तरीकों के बारे में विस्तार से अध्याय तेरह में बताया जाएगा, जहाँ प्रेरित करने के लिए लंबे भाषण पर चर्चा की जाएगी। इस अध्याय में, सूत्र को व्यक्तिगत अनुभव के उदाहरणों तक ही सीमित रखा गया है क्योंकि संक्षिप्त भाषण में क्रियान्वयन के लिए यह सबसे आसान, सबसे

दिलचस्प, नाटकीय और प्रेरक तरीका है जिसे एक वक्ता उपयोग कर सकता है।

कोई भी कभी ये शिकायत नहीं करता कि भाषण बहुत छोटा है!

—इरा हेस

~

आपका उद्देश्य है कि आपका दर्शक वही देखे जो आपने देखा, वही सुने जो आपने सुना, और वही महसूस करे जो आपने महसूस किया। प्रासंगिक विवरण, जिसे ठोस और रंगीन भाषा में प्रस्तुत किया गया है, घटना को पुनः जीवित करने और उसे दर्शकों के लिए चित्रित करने का सबसे अच्छा तरीका है।

—डेल कारनेगी

12

जानकारी देने के लिए बातचीत करना

शायद आपने ऐसे वक्ताओं को सुना होगा, जैसे एक बार एक वक्ता ने संयुक्त राज्य अमेरिका की सीनेट की जाँच समिति को परेशान कर दिया था। वह एक ऊँचे पद पर सरकारी अधिकारी था, लेकिन उसे इतनी भी समझ नहीं थी कि उसे कैसे स्पष्ट और सीधी बात करनी चाहिए। वह बिना किसी मतलब के लंबी–लंबी बातें करता रहा और उसका मतलब कभी स्पष्ट नहीं हो पाया। उसकी बातें बेकार और अस्पष्ट थीं, जिससे समिति के लोग और ज्यादा उलझते चले गए। आखिरकार, समिति के एक सदस्य, सैमुअल जेम्स एर्विन जूनियर, जो उत्तरी कैरोलिना से सीनेट के वरिष्ठ सदस्य थे, ने बोलने का मौका पाया–और उन्होंने कुछ प्रभावशाली शब्द कहे।

उन्होंने कहा कि वह अधिकारी उन्हें उनके एक परिचित पति की याद दिलाता है। वह पति अपने वकील को यह बताने गया कि वह अपनी पत्नी से तलाक लेना चाहता है, हालांकि उसने यह माना कि उसकी पत्नी सुंदर है, अच्छा खाना बनाती है और एक आदर्श माँ है।

"वो उसे तलाक क्यों देना चाहता है?" उसके वकील ने पूछा।

"क्योंकि वह हर समय बात करती रहती है," पति ने उत्तर दिया।

"वह किस बारे में बात करती है?"

"यही तो दिक्कत है," पति ने उत्तर दिया, "वह कभी नहीं बताती!"

यही समस्या कई वक्ताओं, चाहे वह महिलाएं हों या पुरुष, के साथ भी होती है। उनके श्रोता यह नहीं समझ पाते कि वे क्या कह रहे हैं। वे कभी अपना मतलब साफ–साफ नहीं बताते।

अध्याय सात में, आपको छोटे भाषण देने का एक तरीका बताया गया था, जिससे आप अपने श्रोताओं से कोई काम करवा सकें। अब मैं आपको कुछ तरीके बताने जा रहा हूँ, जो आपकी बात को स्पष्ट रूप से समझाने में मदद करेंगे, जब आपका उद्देश्य अपने श्रोताओं को प्रेरित करना नहीं, बल्कि उन्हें जानकारी देना हो।

हम हर दिन कई बार जानकारी प्रदान करने वाली बातें करते हैं : किसी को दिशा–निर्देश देना, समझाना, या रिपोर्ट करना। हर हफ्ते अलग–अलग जगहों पर दिए जाने वाले भाषणों में, जानकारी देने वाले भाषणों का स्थान दूसरा होता है, पहले स्थान पर वे भाषण होते हैं जिनका मकसद किसी को समझाना या काम करवाना होता है। साफ–साफ बोलने की क्षमता, लोगों को किसी काम के लिए प्रेरित करने की क्षमता से पहले आती है। ओवेन डी. यंग, जो अमेरिका के शीर्ष उद्योगपतियों में से एक थे, आज की दुनिया में स्पष्ट रूप से बोलने की जरूरत पर जोर देते हैं।

जैसे–जैसे कोई व्यक्ति अपनी बात दूसरों को समझाने की क्षमता बढ़ाता है, वैसे–वैसे उसकी उपयोगिता के अवसर भी बढ़ते जाते हैं। निश्चित रूप से, हमारे समाज में, जहां सबसे साधारण मामलों में भी लोगों को एक–दूसरे के साथ सहयोग करना पड़ता है, सबसे पहले यह जरूरी है कि वे एक–दूसरे को समझें। भाषा समझने का मुख्य माध्यम है, इसलिए हमें इसे सही ढंग से, न कि गलत तरीके से, इस्तेमाल करना सीखना चाहिए।

इस अध्याय में कुछ सुझाव दिए गए हैं जो आपको भाषा को इतनी स्पष्ट और सही तरीके से समझने में मदद करेंगे कि आपके श्रोताओं को आपकी बात समझने में कोई कठिनाई न हो। लुडविग विट्गेंस्टाइन ने कहा था, ''जो कुछ भी सोचा जा सकता है, उसे साफ–साफ सोचा जा सकता है। जो कुछ भी कहा जा सकता है, उसे साफ–साफ कहा जा सकता है।''

एक

अपने विषय को उस समय के अनुसार सीमित रखें जो आपके पास उपलब्ध है

अपने एक व्याख्यान में प्रोफेसर विलियम जेम्स ने शिक्षकों से कहा कि एक व्याख्यान में आप सिर्फ एक ही मुख्य बात पर ध्यान केंद्रित कर सकते हैं, और यह व्याख्यान एक घंटे तक चला। लेकिन हाल ही में मैंने एक वक्ता को सुना, जिसे सिर्फ तीन मिनट का समय दिया गया था, और उसने शुरुआत में ही कहा कि वह हमारे ध्यान में 11 बातें लाना चाहता है। हर बिंदु पर सोलह सेकंड से भी कम समय! यह सुनकर अविश्वसनीय लगता है, है ना? कि एक समझदार व्यक्ति इतनी स्पष्ट रूप से बेतुकी कोशिश करे। यह सच है कि यह एक प्रसिद्ध उदाहरण है, लेकिन इसी तरह की गलती करना लगभग हर नए वक्ता की कमजोरी होती है। वह एक ऐसे टूर गाइड की तरह है जो पर्यटकों को एक ही दिन में पूरे पेरिस की सैर कराने का प्रयास करता है। इसे किया जा सकता है, जैसे कोई व्यक्ति अमेरिकन म्यूजियम ऑफ नेचुरल हिस्ट्री को तीस मिनट में देख सकता है, लेकिन इससे न तो चीजें स्पष्ट होती हैं और न ही आनंद आता है। कई बार भाषण इसलिए असफल होता है क्योंकि वक्ता को ऐसा लगता है मानो उसे सीमित समय में जितनी बातें कह सके, उतनी कहने की कोशिश करनी है। वह एक बिंदु से दूसरे पर इतनी तेजी से छलांग लगाता है जैसे कोई पहाड़ी बकरी हो।

उदाहरण के लिए, अगर आपको मजदूर संघों पर बोलना हो, तो तीन या छह मिनट में यह बताने की कोशिश न करें कि वे क्यों बने, वे क्या तरीके अपनाते हैं, उन्होंने क्या अच्छा किया, क्या बुरा किया, और औद्योगिक विवादों को कैसे सुलझाया जा सकता है। अगर नहीं, तो आप ऐसा करने की कोशिश करेंगे, तो कोई भी आपकी बात को साफ–साफ नहीं समझ पाएगा। सब कुछ उलझा हुआ और अस्पष्ट लगेगा, और यह सिर्फ एक संक्षिप्त रूप में रह जाएगा।

क्या यह समझदारी नहीं होगी कि मजदूर संघों के बारे में एक ही पहलू लें, और सिर्फ उसी पर ध्यान दें, उसे अच्छे से समझाएं और उदाहरण दें? हां, यही सही होगा। इस तरह का भाषण एक ही स्पष्ट

प्रभाव छोड़ता है। यह स्पष्ट, सुनने में आसान और याद रखने में सरल होता है।

एक सुबह जब मैं एक कंपनी के अध्यक्ष से मिलने गया, तो मैंने उसके दरवाजे पर एक अनजान नाम देखा। मेरे एक पुराने दोस्त, जो उस कंपनी में कार्मिक निदेशक थे, ने मुझे कारण बताया। उन्होंने कहा, "उसका नाम उसके काम के साथ जुड़ गया।"

निजी निदेशक, मेरे एक पुराने मित्र, ने मुझे बताया कि ऐसा क्यों है।

मेरे मित्र ने कहा, "उसका नाम उसकी पकड़ में आ गया।"

"उसका नाम?" मैंने दोहराया। "वह कंपनी को नियंत्रित करने वाले जोन्सिस में से एक था, है ना?"

"मैं उसके उपनाम की बात कर रहा हूँ," मेरे मित्र ने कहा। "उसका नाम था 'अब–कहाँ–है?' हर कोई उसे 'अब–कहाँ–है' जोन्स कहता था। वह ज्यादा समय तक टिक नहीं पाया। परिवार ने उसकी जगह एक चचेरे भाई को रखा। उसने कभी यह समझने की कोशिश नहीं की कि इस व्यवसाय में असल में क्या हो रहा है। वह दिन भर काम करता था, लेकिन क्या करता था? कभी इधर, कभी उधर जाता रहता था, हमेशा इधर–उधर। बस ऐसे ही घूमता रहता था। उसे यह ज्यादा जरूरी लगता था कि एक शिपिंग क्लर्क ने बिजली बंद की या एक स्टेनोग्राफर ने पेपर क्लिप उठाई, बजाय इसके कि वह किसी बड़े बिक्री अभियान का अध्ययन करे। वह अपने कार्यालय में ज्यादा नहीं रहता था। इसीलिए हम उसे 'अब–कहाँ–है' कहते थे।"

'अब–कहाँ–है' जोन्स मुझे कई ऐसे वक्ताओं की याद दिलाते हैं जो बेहतर कर सकते थे, लेकिन वे बेहतर इसलिए नहीं करते क्योंकि वे स्वयं पर नियंत्रण नहीं रखते। वे वही लोग हैं जो, जोन्स की तरह, बहुत सारी बातें एक साथ करने की कोशिश करते हैं। क्या आपने ऐसे लोगों को सुना है? और भाषण के बीच में, क्या आपने सोचा है, "अब वो कहाँ है?"

यह गलती कुछ अनुभवी वक्ता भी करते हैं। शायद वे अन्य मामलों में कुशल होते हैं, इसलिए वे इस बात को नहीं समझ पाते कि बहुत सारे बिखरे हुए प्रयास करने का खतरा क्या है। आपको उनकी तरह नहीं होना चाहिए। अपने मुख्य विषय से जुड़े रहें। अगर आप अपनी बात को स्पष्ट करना चाहते हैं, तो आपके श्रोताओं को हमेशा यह

कहना चाहिए, "मैं उसे समझता हूँ। मुझे पता है कि वह अब क्या कह रहा है!"

दो
अपने विचारों को क्रमबद्ध रूप में व्यवस्थित करें

लगभग सभी विषयों को तार्किक क्रम का उपयोग करके समझाया जा सकता है, जो समय, स्थान या विशेष विषयों पर आधारित हो। समय के क्रम में, उदाहरण के लिए, आप अपने विषय को तीन भागों में बाँट सकते हैं – भूतकाल, वर्तमान और भविष्य। या फिर आप किसी खास तारीख से शुरू कर सकते हैं और उस तारीख से आगे या पीछे की घटनाओं की बात कर सकते हैं। सभी प्रक्रियाओं से संबंधित बातों को कच्चे माल के चरण से शुरू करना चाहिए और फिर उन विभिन्न निर्माण चरणों को दिखाना चाहिए जो अंत में तैयार उत्पाद बनाते हैं। कितना विस्तार से बताना है, यह आपके पास उपलब्ध समय पर निर्भर करेगा।

स्थान के क्रम में, आप अपनी बातों को किसी केंद्रीय बिंदु के अनुसार व्यवस्थित करते हैं और वहाँ से बाहर की तरफ बढ़ते हैं, या आप अपनी जानकारी को उत्तर, दक्षिण, पूर्व और पश्चिम दिशा के अनुसार बाँटते हैं। उदाहरण के लिए, अगर आपको वॉशिंगटन डी. सी. शहर का वर्णन करना हो, तो आप श्रोताओं को कैपिटल बिल्डिंग की छत पर ले जा सकते हैं और हर दिशा में महत्वपूर्ण स्थानों को दिखा सकते हैं। अगर आप किसी जेट इंजन या कार का वर्णन कर रहे हों, तो इसे इसके अलग–अलग हिस्सों में बाँटकर सबसे अच्छे से समझा सकते हैं।

कुछ विषयों में एक अंतर्निहित क्रमबद्धता होती है। यदि आप संयुक्त राज्य सरकार की संरचना की व्याख्या करना चाहते हैं, तो आपके लिए इस अंतर्निहित संगठनात्मक ढाँचे का अनुसरण करना और विधायी, कार्यकारी और न्यायिक शाखाओं के अनुसार इस पर चर्चा करना अच्छा होगा।

तीन

अपने बिंदुओं को क्रम से गिनते हुए बताएँ

श्रोताओं के दिमाग में अपने भाषण को साफ और व्यवस्थित रखने का सबसे आसान तरीका यह है कि आप स्पष्ट रूप से बताते चलें कि पहले आप एक बिंदु ले रहे हैं, फिर दूसरा।

"मेरा पहला बिंदु यह है :...." आप इतने सीधे तरीके से बात कर सकते हैं। जब आप उस बिंदु पर चर्चा कर लें, तो आप साफ तौर पर कह सकते हैं कि अब आप दूसरे बिंदु पर जा रहे हैं। आप इसी तरह अंत तक बात करते रह सकते हैं।

संयुक्त राष्ट्र के सहायक महासचिव रहते हुए डॉ. राल्फ जे. बंच ने न्यूयॉर्क के रोचेस्टर सिटी क्लब द्वारा आयोजित एक महत्वपूर्ण भाषण की शुरुआत इस सीधे और सरल तरीके से की :

"मैं आज रात 'मानव संबंधों की चुनौती' विषय पर बोलने का चुनाव किया है, इसके दो कारण हैं," उन्होंने कहा। उन्होंने तुरंत आगे जोड़ा, "पहली बात...." फिर उन्होंने जल्दी ही कहा, "दूसरी बात...." पूरे भाषण के दौरान, उन्होंने अपने श्रोताओं को यह स्पष्ट करने का ध्यान रखा कि वे उन्हें एक–एक बिंदु पर अपने निष्कर्ष की ओर ले जा रहे हैं :

"हमें मनुष्य की धार्मिक निष्ठा की संभावित शक्ति पर विश्वास कभी नहीं खोना चाहिए।"

जब अर्थशास्त्री पॉल एच. डगलस ने एक संयुक्त कांग्रेस समिति से बात की, जो इस देश में एक समय में व्यापार को बढ़ावा देने के तरीकों से जूझ रही थी, तो उसी तरीके को प्रभावी रूप दिया गया। उन्होंने टैक्स विशेषज्ञ के रूप में और इलिनॉय के सीनेटर के रूप में दोनों ही भूमिकाओं में बात की।

"मेरा विषय," उन्होंने शुरू किया, "यह है : सबसे तेज और प्रभावी तरीका यह है कि निचले और मध्यम आय वर्गों के लिए कर में कटौती की जाए – अर्थात, वे वर्ग जो अपनी आय का लगभग सारा खर्च करते हैं।"

"विशेष रूप से...," वे आगे बोले।

"आगे...," उन्होंने जारी रखा।

"इसके अलावा...," उन्होंने आगे कहा।

यहाँ "तीन प्रमुख कारण हैं : पहला...दूसरा...तीसरा...

"संक्षेप में, हमें माँग और क्रय शक्ति बढ़ाने के लिए निम्न और मध्यम आय वर्गों के लिए तत्काल कर में कटौती की आवश्यकता है।"

चार

अजीब चीजों की तुलना परिचित चीजों से करें

कभी–कभी आप पाएंगे कि आप अपनी बात समझाने की कोशिश में असफल हो रहे हैं। वह बात आपके लिए तो स्पष्ट है, लेकिन श्रोताओं को समझाने के लिए उसे विस्तार से बताना जरूरी है। ऐसे में क्या करना चाहिए? उसे किसी ऐसी चीज से तुलना करें जिसे आपके श्रोता पहले से समझते हैं; कहें कि एक चीज दूसरी जैसी है, अजीब बात को परिचित बात से मिलाएं।

मान लीजिए आप रसायन विज्ञान की एक खोज – उत्प्रेरक (कैटेलिस्ट) के बारे में बात कर रहे हैं। यह एक ऐसी चीज है जो दूसरी चीजों में बदलाव लाती है, लेकिन खुद में कोई बदलाव नहीं करती। यह बात काफी सरल है। लेकिन क्या यह उदाहरण बेहतर नहीं है? यह एक छोटे लड़के की तरह है जो स्कूल के मैदान में बाकी बच्चों को गिराता है, मुक्का मारता है, परेशान करता है, और खुद को कोई भी चोट नहीं लगती।

कुछ मिशनरियों को एक बार इस समस्या का सामना करना पड़ा कि अजीब बातों को परिचित शब्दों में कैसे समझाया जाए, जब वे बाइबल का अनुवाद एक अफ्रीकी जनजाति की भाषा में कर रहे थे। क्या उन्हें शब्दशः अनुवाद करना चाहिए? उन्होंने समझा कि अगर वे ऐसा करेंगे, तो कई बार उन शब्दों का उस जनजाति के लोगों के लिए कोई मतलब नहीं होगा।

उदाहरण के लिए, वे इन पंक्तियों पर आए : "भले ही तुम्हारे पाप लाल रंग के हों, वे बर्फ की तरह सफेद हो जाएंगे।" क्या उन्हें इसका शाब्दिक अनुवाद करना चाहिए? उन लोगों को बर्फ के बारे में कुछ पता नहीं था, वे सिर्फ जंगल में उगने वाली काई जानते थे। लेकिन उन्होंने कई बार नारियल के पेड़ों पर चढ़कर दोपहर के भोजन के लिए नारियल

तोड़े थे। मिशनरियों ने अज्ञात चीज की तुलना ज्ञात चीज से की। उन्होंने पंक्तियों को इस तरह बदल दिया :

"भले ही तुम्हारे पाप लाल रंग के हों, वे नारियल के गूदे की तरह सफेद हो जाएंगे।"

उन परिस्थितियों में, इससे बेहतर अनुवाद करना मुश्किल होता, है ना?

एक तथ्य को तस्वीर में प्रस्तुत करें

चाँद कितनी दूर है? सूरज कितनी दूर है? सबसे नजदीकी तारा कितनी दूर है? वैज्ञानिक आमतौर पर इन सवालों का जवाब ढेर सारे गणित से देते हैं। लेकिन विज्ञान के शिक्षक और लेखक जानते हैं कि किसी तथ्य को साधारण श्रोताओं के लिए इस तरह समझाना सही तरीका नहीं है। वे संख्याओं को चित्रों में बदल देते हैं।

प्रसिद्ध वैज्ञानिक सर जेम्स जीन्स विशेष रूप से इस बात में रुचि रखते थे कि मानव ब्रह्मांड को जानने की इच्छा रखता है। एक वैज्ञानिक विशेषज्ञ के रूप में, उन्हें इसके लिए जरूरी गणित भी पता था, और साथ ही उन्हें यह भी पता था कि अगर वे अपने लेखन या भाषण में बहुत ज्यादा संख्याओं का उपयोग न करें, तो वे सबसे प्रभावी होंगे।

हमारा सूर्य (जो एक तारा है) और हमारे आसपास के ग्रह इतने पास हैं कि हमें यह अहसास नहीं होता कि अंतरिक्ष में घूमने वाली दूसरी चीजें कितनी दूर हैं, उन्होंने अपनी किताब *"द यूनिवर्स अराउंड अस"* में बताया। "यहाँ तक कि सबसे नजदीकी तारा (प्रॉक्सिमा सेंटॉरी) भी 25,000,000,000,000 मील दूर है," उन्होंने कहा। फिर इस आंकड़े को और स्पष्ट बनाने के लिए उन्होंने समझाया कि अगर कोई व्यक्ति पृथ्वी से प्रकाश की गति (186,000 मील प्रति सेकंड) से यात्रा शुरू करे, तो उसे प्रॉक्सिमा सेंटॉरी तक पहुँचने में साढ़े चार साल लगेंगे।

इस तरह, उन्होंने अंतरिक्ष की विशाल दूरी को वास्तविक बना दिया, जो कि एक अन्य वक्ता से बेहतर था जिसे मैंने एक बार अलास्का की दूरी जैसी सरल चीज को समझाते सुना था। उसने कहा कि अलास्का

का क्षेत्रफल 5,90,804 वर्ग मील है और बस यही कहकर उसने इसका आकार बताना छोड़ दिया।

क्या इससे आपको 49वें राज्य (अलास्का) का आकार समझ में आता है? मुझे तो नहीं समझ में आया। इसके बड़े होने की कल्पना करने के लिए मुझे तब तक इंतजार करना पड़ा जब तक मैंने दूसरे स्रोत से यह नहीं सीखा कि इसका क्षेत्रफल वर्मोंट, न्यू हैम्पशायर, मेन, मैसाचुसेट्स, रोड आइलैंड, कनेक्टिकट, न्यूयॉर्क, न्यू जर्सी, पेंसिल्वेनिया, डेलावेयर, मैरीलैंड, वेस्ट वर्जीनिया, नॉर्थ कैरोलाइना, साउथ कैरोलाइना, जॉर्जिया, फ्लोरिडा, टेनेसी, और मिसिसिपी के संयुक्त क्षेत्रफल से भी बड़ा है। अब 5,90,804 वर्ग मील का अर्थ नया लगता है, है ना? अब आपको समझ में आता है कि अलास्का में घूमने के लिए बहुत जगह है।

कुछ साल पहले, हमारी कक्षा के एक सदस्य ने हमारी सड़कों पर होने वाली खतरनाक दुर्घटनाओं की भयानक संख्या को इस डरावने चित्र के माध्यम से समझाया : "आप न्यूयॉर्क से लॉस एंजिल्स तक देश भर में गाड़ी चला रहे हैं। सड़क के संकेतकों की जगह कल्पना करें कि ताबूत खड़े हैं, जिनमें से हर एक में पिछले साल सड़क दुर्घटनाओं में मारे गए लोगों का शव है। जैसे ही आप गाड़ी चलाते हैं, आपकी कार हर पाँच सेकंड में इन भयानक ताबूतों में से एक के पास से गुजरती है, क्योंकि वे पूरे देश में हर मील में बारह की दूरी पर खड़े हैं!"

जब भी मैं कार से लंबी यात्रा करता हूँ, तो यह तस्वीर फिर से मेरे मन में आ जाती है, बहुत ही चौंकाने वाली वास्तविकता के साथ।

ऐसा क्यों होता है? क्योंकि कान से सुनी गई बातें याद रखना मुश्किल होता है। वे ऐसे फिसल जाती हैं जैसे ओले चिकने पेड़ की छाल पर गिरकर फिसल जाते हैं। लेकिन आँखों से देखी गई बातें? कुछ साल पहले मैंने डेन्यूब नदी के किनारे खड़े एक पुराने घर में एक तोप का गोला देखा था – यह वही तोप का गोला था जिसे नेपोलियन की तोपों ने उल्म की लड़ाई में दागा था। दृश्य छापें उसी तोप के गोले की तरह होती हैं; वे बहुत ताकत से आती हैं और हमारे दिमाग में गहराई से बस जाती हैं। वे याद रहती हैं। वे बाकी सारी विरोधी बातें हटा देती हैं, जैसे बोनापार्ट ने ऑस्ट्रियाई सैनिकों को हटा दिया था।

तकनीकी शब्दों से बचें

अगर आप किसी तकनीकी पेशे से जुड़े हैं–जैसे आप वकील, डॉक्टर, इंजीनियर हैं, या किसी बहुत विशेष व्यवसाय में हैं–तो बाहरी लोगों से बात करते समय खास ध्यान रखें कि आप अपनी बात सरल शब्दों में कहें और जरूरी जानकारी दें।

बहुत अधिक ध्यान रखें, क्योंकि अपने पेशेवर कर्तव्यों के तहत मैंने सैकड़ों ऐसे भाषण सुने हैं जो इसी बिंदु पर आकर असफल हो गए, और बुरी तरह से असफल हुए। वक्ताओं को इस बात का बिल्कुल अहसास नहीं था कि आम जनता उनके विशेष क्षेत्र के बारे में कितनी कम जानकारी रखती है। तो क्या हुआ? वे बस लगातार बोलते रहे, अपने अनुभव के अनुसार बातें और शब्द कहे, जो उनके लिए तुरंत और लगातार समझने योग्य थे; लेकिन जो लोग उस क्षेत्र से अनजान थे, उनके लिए ये बातें मिसौरी नदी जितनी अस्पष्ट थीं।

जून की बारिश के बाद आयोवा और कंसास के ताजे जुताई किए गए मक्के के खेतों पर जब वर्षा होती है, तब नदी का पानी गंदा और मटमैला हो जाता है।

ऐसे वक्ता को क्या करना चाहिए? उसे इंडियाना के पूर्व सीनेटर बेवरिज की कलम से लिखी गई निम्नलिखित सलाह पढ़नी चाहिए और उसका पालन करना चाहिए :

यह एक अच्छी आदत है कि श्रोताओं में सबसे कम समझदार दिखने वाले व्यक्ति को चुनें और अपनी बात को उसके लिए दिलचस्प बनाने की कोशिश करें। यह केवल तथ्य को साफ–साफ बताने और स्पष्ट तर्क से ही किया जा सकता है। इससे भी बेहतर तरीका यह है कि अपनी बात किसी छोटे लड़के या लड़की पर केंद्रित करें, जो अपने माता–पिता के साथ मौजूद हो।

अपने आप से कहें–या अगर आप चाहें तो श्रोताओं से भी जोर से कहें–कि आप अपनी बात इतनी सरल तरीके से समझाने की कोशिश करेंगे कि बच्चा भी इसे समझ सके और याद रख सके, और बैठक के बाद वह दूसरों को बता सके कि आपने क्या कहा।

हमारी कक्षा के एक डॉक्टर ने अपने भाषण में कहा कि "डायफ्राम से सांस लेना आँतों की पेरिस्टाल्टिक क्रिया में मदद करता है और स्वास्थ्य के लिए वरदान है।" वह इस वाक्य के साथ उस हिस्से को खत्म करने ही वाले थे और किसी और बात पर जाने वाले थे। तभी शिक्षक ने उन्हें रोका और उन लोगों से हाथ उठाने के लिए कहा, जिन्हें समझ में आया था कि डायफ्राम से सांस लेना अन्य प्रकार के सांस लेने से कैसे अलग है, यह शारीरिक स्वास्थ्य के लिए विशेष रूप से क्यों लाभकारी है, और पेरिस्टाल्टिक क्रिया क्या है। वोट का परिणाम देखकर डॉक्टर हैरान रह गए; फिर वे वापस गए, समझाया, और इस तरीके से विस्तार से बताया :

> डायफ्राम एक पतली मांसपेशी होती है जो छाती की सतह के रूप में और फेफड़ों के निचले हिस्से में तथा पेट के हिस्से के ऊपर की छत के रूप में होती है। जब यह सक्रिय नहीं होती और छाती से सांस ली जाती है, तो यह उल्टे कटोरे की तरह मुड़ी हुई रहती है।
>
> पेट से साँस लेने में प्रत्येक साँस इस मांसपेशीय चाप को तब तक नीचे धकेलती है जब तक कि यह लगभग सपाट न हो जाए और आप अपने पेट की मांसपेशियों को अपनी बेल्ट के नीचे दबा हुआ महसूस कर सकते हैं। डायफ्राम का यह नीचे की ओर दबाव उदर गुहा के ऊपरी भाग के अंगों – पेट, यकृत, अग्नाशय, तिल्ली, स्नायु गुच्छ – की मालिश करता है और प्रोत्साहित करता है।
>
> जब आप सांस छोड़ते हैं, तो आपका पेट और आंतें डायफ्राम के खिलाफ ऊपर की ओर दबाव डालती हैं, जिससे उन्हें फिर से मालिश मिलती है। यह मालिश अपशिष्ट पदार्थों को बाहर निकालने की प्रक्रिया में मदद करती है।
>
> कई बीमारियाँ आंतों से शुरू होती हैं। अगर हमारा पेट और आंतें गहरी डायफ्रामिक सांस लेने से सही तरह से व्यायाम कर सकें, तो ज्यादातर बदहजमी, कब्ज और शरीर में बनने वाले जहरीले तत्वों की समस्या दूर हो सकती है।

किसी भी चीज को समझाने के लिए हमेशा आसान से कठिन की ओर जाना सबसे अच्छा होता है। उदाहरण के लिए, मान लीजिए कि आप घरेलू महिलाओं के एक समूह को समझाना चाहते हैं कि फ्रिज से बर्फ को गलाकर हटाना क्यों जरूरी है। अगर आप इसे कठिन शब्दों में समझाने की कोशिश करेंगे, तो यह गलत तरीका होगा :

> फ्रिज का काम करने का सिद्धांत इस पर आधारित है कि वाष्पीकरण करने वाला भाग फ्रिज के अंदर के हिस्से से गर्मी खींचता है। जैसे ही गर्मी बाहर खींची जाती है, उसके साथ आने वाली नमी एवापोरेटर से चिपक जाती है और जमकर मोटी परत बना लेती है, जो एवापोरेटर को इन्सुलेट कर देती है। इस वजह से मोटर को बार–बार चालू करना पड़ता है ताकि मोटी बर्फ की परत के कारण होने वाले प्रभाव को पूरा किया जा सके।

ध्यान दें कि अगर वक्ता उस बातचीत से आरंभ करे जिससे घरेलू महिलाएँ परिचित हैं तो यह समझना कितना सरल हो जाता है :

> जब आप अपने फ्रिज में मांस को जमा करते हैं, तो आपने देखा होगा कि फ्रीजर में बर्फ जमने लगती है। प्रतिदिन यह बर्फ और अधिक मोटी होती जाती है, और एक समय आता है जब फ्रीजर से बर्फ पिघलाना आवश्यक हो जाता है, ताकि फ्रिज ठीक प्रकार से कार्य करता रहे। यह बर्फ वैसे ही काम करती है जैसे सर्दियों में कंबल हमें गर्म रखता है या दीवारों के बीच रॉक वूल (इन्सुलेशन) होता है। जैसे–जैसे बर्फ मोटी होती जाती है, फ्रीजर के लिए फ्रिज के भीतर की गर्म हवा को बाहर निकालना और ठंडक बनाए रखना मुश्किल हो जाता है। इससे फ्रिज का मोटर अधिक बार और लंबे समय तक काम करता है ताकि फ्रिज ठंडा रहे। लेकिन यदि आपके फ्रिज में स्वचालित डीफ्रॉस्टर होता है, तो बर्फ अधिक मोटी नहीं जम पाती। इस प्रकार, मोटर कम समय के लिए चलता है और ऊर्जा की बचत होती है।

अरस्तू ने इस विषय पर एक अच्छा सुझाव दिया : ''सोचो जैसे बुद्धिमान लोग सोचते हैं, लेकिन बोलो जैसे आम लोग बोलते हैं।'' यदि आपको कोई तकनीकी शब्द इस्तेमाल करना है, तो उसे तब तक मत बोलो जब तक आप उसे समझा न दें ताकि सभी लोग उसको सही समझ सकें। यह विशेष रूप से उन शब्दों के लिए सही है, जिन्हें आप बार–बार उपयोग करते हैं और जिन पर आपके विचार आधारित होते हैं।

मैंने एक बार एक स्टॉकब्रोकर को उन महिलाओं के समूह से बात करते हुए सुना, जो बैंकिंग और निवेश की मूल बातें सीखना चाहती थीं। उन्होंने बहुत सरल भाषा में बात की और सबको सहज महसूस कराया, जैसे कि वह उनसे बातचीत कर रहे हों। उन्होंने सब कुछ स्पष्ट तरीके से समझाया, सिवाय उनके कुछ महत्वपूर्ण शब्दों के, जो महिलाओं के लिए अजीब थे। उन्होंने ''क्लियरिंग हाउस,'' ''पुट्स और कॉल्स,'' ''रिफंडिंग मॉर्गेजेज,'' और ''शॉर्ट सेल्स और लॉन्ग सेल्स'' जैसे शब्दों का इस्तेमाल किया, जिन्हें महिलाएँ समझ नहीं पाईं। जो चर्चा रोचक हो सकती थी, वह एक पहेली बन गई, क्योंकि उन्हें यह नहीं समझ में आया कि उनकी श्रोता इन शब्दों से अनजान थीं।

ऐसा कोई कारण नहीं है कि आप किसी मुख्य शब्द का उपयोग करने से बचें, जिसे आप जानते हैं कि समझा नहीं जाएगा। बस उसे इस्तेमाल करते ही तुरंत समझा दें। इसे समझाने में कभी असफल न हों; शब्दकोश आपके पास है, आप उसका उपयोग कर सकते हैं।

क्या आप गानों वाले विज्ञापनों के बारे में कुछ कहना चाहते हैं? या अचानक खरीदारी के बारे में? क्या आप लिबरल आर्ट्स कोर्सेज या लागत लेखांकन (कॉस्ट अकाउंटिंग) के बारे में बात करना चाहते हैं? या सरकारी छूट के बारे में, या उन गाड़ियों के बारे में जो गलत दिशा में आगे बढ़ती हैं? क्या आप बच्चों के प्रति एक उदार दृष्टिकोण अपनाने का सुझाव देना चाहते हैं, या ''लाइफो'' प्रणाली (जो वस्तुओं के स्टॉक को मूल्यांकित करती है) के बारे में चर्चा करना चाहते हैं? आपको बस यह सुनिश्चित करना है कि आपके श्रोता आपके मुख्य शब्दों को उसी तरह समझें जैसे आप उन्हें समझते हैं, खासकर इन विशेष क्षेत्रों में।

पाँच
दृश्यात्मक प्रचार का प्रयोग करें

आँखों से मस्तिष्क तक जाने वाली नसें कान से मस्तिष्क तक जाने वाली नसों से कई गुना बड़ी होती हैं। विज्ञान हमें बताता है कि हम आँखों से मिलने वाले संकेतों पर कान से मिलने वाले संकेतों के मुकाबले पच्चीस गुना अधिक ध्यान देते हैं।

एक पुरानी जापानी कहावत है, ''एक बार देखना सौ बार सुनने से बेहतर है।''

इसलिए, यदि आप स्पष्ट होना चाहते हैं, तो अपने बिंदुओं की कल्पना करें, अपने विचारों की कल्पना करें। यह नेशनल कैश रजिस्टर कंपनी के संस्थापक जॉन एच. पैटरसन की रणनीति थी। उन्होंने *सिस्टम मैगजीन* के लिए एक लेख लिखा, जिसमें उन्होंने अपने कर्मचारियों और बिक्री बलों से बातचीत करने के लिए उपयोग किए जाने वाले उपायों को रेखांकित किया :

> मेरा मानना है कि केवल बोलने पर विश्वास करके किसी को समझाना या ध्यान आकर्षित करना संभव नहीं है। इसके लिए एक नाटकीय पूरक की आवश्यकता होती है। जहां संभव हो, सही और गलत तरीकों को दिखाने वाले चित्रों का उपयोग करना बेहतर होता है। डायग्राम शब्दों से ज्यादा प्रभावी होते हैं, और चित्र डायग्राम से भी अधिक प्रभावी होते हैं। किसी विषय की सबसे अच्छी प्रस्तुति वह होती है जिसमें हर भाग को चित्र के माध्यम से दिखाया जाता है और शब्दों का उपयोग केवल उन्हें जोड़ने के लिए किया जाता है। मैंने जल्दी ही यह सीखा कि लोगों के साथ काम करते समय एक चित्र किसी भी बात से अधिक मूल्यवान होता है जो मैं कह सकता था।

अगर आप कोई चार्ट या आरेख (डायग्राम) बना रहे हैं, तो ध्यान रखें कि वह इतना बड़ा हो कि सभी उसे आसानी से देख सकें। ज्यादा चार्ट दिखाना उबाऊ हो सकता है, इसलिए इसे जरूरत से ज्यादा इस्तेमाल

न करें। अगर आप आरेख बनाते हुए समझा रहे हैं, तो इसे ब्लैकबोर्ड या फ्लिप चार्ट पर जल्दी और सरलता से बनाएँ। श्रोताओं को ज्यादा सुंदर आरेख नहीं चाहिए, उन्हें सिर्फ समझना है। छोटे शब्दों का इस्तेमाल करें, बड़े और साफ अक्षरों में लिखें। लिखते या खींचते समय बोलते रहें और बार–बार श्रोताओं की ओर ध्यान दें, ताकि वे आपसे जुड़े रहें।

जब आप किसी प्रदर्शनी या वस्तु का उपयोग करें, तो इन सुझावों का पालन करें और आपको यकीनन अपने श्रोताओं का पूरा ध्यान मिलेगा :

1. प्रदर्शनी को तब तक छिपा कर रखें जब तक आप उसे इस्तेमाल करने के लिए तैयार न हों।
2. प्रदर्शनी इतनी बड़ी होनी चाहिए कि उसे आखिरी पंक्ति में बैठे लोग भी आसानी से देख सकें। आपके श्रोता तब तक प्रदर्शनी से कुछ नहीं सीख सकते जब तक वे उसे देख न लें।
3. जब आप बोल रहे हों, तो कभी भी प्रदर्शनी को श्रोताओं के बीच घुमाने के लिए न दें। इससे श्रोताओं का ध्यान आपकी बात से हटकर उस वस्तु पर चला जाएगा और आपकी बात पर कम ध्यान देंगे। इसलिए, ऐसा करके खुद को प्रतिस्पर्धा में न डालें।
4. जब आप कोई प्रदर्शनी दिखाएँ, तो उसे इस तरह से ऊपर उठाएं कि आपके श्रोता उसे आसानी से देख सकें।
5. याद रखें, जो एक प्रदर्शनी चलती है उसकी कीमत उन दस प्रदर्शनियों के बराबर होती है जो नहीं चलती। यदि संभव हो तो प्रदर्शित करें।
6. बात करते समय प्रदर्शनी को न देखें – आप दर्शकों के समक्ष संवाद करने का प्रयास कर रहे हैं, प्रदर्शनी के समक्ष नहीं।
7. जब आप प्रदर्शनी का कार्य पूरा कर लें, तो यदि संभव हो तो उसे नज़रों से दूर कर दें।
8. अगर आपकी प्रदर्शनी को "रहस्यमय तरीके" से दिखाया जा सकता है, तो उसे एक मेज पर रखें जो आपके पास हो जब आप बोल रहे हों। उसे किसी कपड़े से ढककर रखें। जब आप बोल रहे हों, तो उसके बारे में बात करें ताकि श्रोताओं में

> जिज्ञासा बढ़े—लेकिन यह न बताएँ कि वह क्या है। फिर, जब आप उसे दिखाने के लिए तैयार हों, तो श्रोताओं में जिज्ञासा, रोमांच, और दिलचस्पी पहले से ही जाग चुकी होगी।

दृश्य सामग्री (तस्वीरें, चार्ट आदि) समझ को बढ़ाने के लिए अधिक महत्वपूर्ण होती जा रही हैं। अपनी बात को श्रोताओं तक अच्छे से पहुँचाने का सबसे अच्छा तरीका यह है कि आप न केवल उन्हें बताएं, बल्कि जो आप कहना चाहते हैं, उसे दिखाने के लिए भी तैयार रहें। इससे श्रोता आपकी बात को आसानी से समझ पाएंगे।

दो अमेरिकी राष्ट्रपति, जो बोलने की कला में माहिर थे, उन्होंने बताया है कि स्पष्टता से बोलने की क्षमता प्रशिक्षण और अनुशासन का परिणाम होती है। जैसा कि लिंकन ने कहा, हमें स्पष्टता के प्रति जुनूनी होना चाहिए। उन्होंने नॉक्स कॉलेज के अध्यक्ष, डॉ. गुलिवर को बताया कि उन्होंने अपने जीवन के शुरुआती दौर में इस ''जुनून'' को कैसे विकसित किया :

> मेरी शुरुआती यादों में से एक यह है कि जब मैं छोटा बच्चा था, तो मुझे तब गुस्सा आता था जब कोई मुझसे ऐसी भाषा में बात करता जिसे मैं समझ नहीं पाता था। मुझे नहीं लगता कि मुझे अपने जीवन में कभी किसी और चीज से इतना गुस्सा आया हो। लेकिन यह बात हमेशा मेरे स्वभाव को परेशान करती थी, और आज भी करती है। मुझे याद है कि जब मैंने अपने पिता के साथ पड़ोसियों की बातचीत सुनी, तो मैं अपने छोटे से कमरे में चला जाता और रात का एक बड़ा हिस्सा यह समझने की कोशिश में बिताने लगा कि उन्होंने क्या कहा था। जब तक मुझे उनके कहे शब्दों का सही मतलब समझ में नहीं आ जाता, तब तक मैं सो नहीं पाता, हालांकि मैंने कई बार सोने की कोशिश की। मैं बार–बार उन विचारों को दोहराता और उन्हें इतनी सरल भाषा में ढालने की कोशिश करता कि जिसे कोई भी बच्चा समझ सके। यह मेरे लिए एक तरह का जुनून था, और यह आज तक मेरे साथ बना हुआ है।

दूसरे महान राष्ट्रपति, वुडरो विल्सन, ने कुछ सलाह के शब्द लिखे थे, जो आपके विचारों को स्पष्ट करने के विषय पर इस अध्याय को समाप्त करने के लिए बिलकुल सही हैं :

> मेरे पिता बहुत तेज दिमाग वाले व्यक्ति थे। मुझे सबसे अच्छी शिक्षा उन्हीं से मिली। वह अस्पष्टता को बर्दाश्त नहीं करते थे। जब से मैंने लिखना शुरू किया, तब तक मैं जो कुछ भी लिखता था, उसे उनके पास लेकर जाता था, और सन् 1903 में उनकी मृत्यु तक, जब वह 81 साल के थे, ऐसा ही होता रहा। वे मुझसे जोर से पढ़वाते थे, जो मुझे हमेशा मुश्किल लगता था। बीच–बीच में वे मुझे रोकते और पूछते, ''इसका मतलब क्या है?'' मैं उन्हें बताता, और ऐसा करते समय मैं अपने विचारों को कागज पर लिखे से अधिक सरल तरीके से समझाता। फिर वे कहते, ''तुमने पहले ही ऐसा क्यों नहीं कहा?'' वे आगे कहते, ''अपने विचारों को बिखराने की बजाय सीधा लक्ष्य साधो। जैसे एक बंदूक से सही निशाना साधते हो, वैसे ही जो कहना चाहते हो, उसे साफ–साफ कहो।''

जो व्यक्ति किसी को समझाना चाहता है, उसे सही तर्क पर नहीं, बल्कि सही शब्द पर भरोसा करना चाहिए। ध्वनि की शक्ति हमेशा तर्क की शक्ति से अधिक होती है।

–जोसेफ कॉनराड

~

तालियाँ सम्मान पाने की निशानी है, न कि माँगने की चीज।

–डेल कारनेगी

13

समझाने के लिए बातचीत

एक बार कुछ पुरुषों और महिलाओं का एक छोटा समूह था, जिन्होंने खुद को एक तूफान के रास्ते में पाया। यह असली तूफान नहीं था, लेकिन उससे कम भी नहीं था। असल में, यह एक आदमी के रूप में तूफान था, जिसका नाम मॉरिस गोल्डब्लैट था। उस समूह में से एक व्यक्ति ने इसे इस तरह से बताया :

> हम शिकागो में दोपहर के खाने की मेज पर बैठे थे। हम जानते थे कि यह व्यक्ति एक प्रभावशाली वक्ता के रूप में प्रसिद्ध था। जैसे ही वह बोलने के लिए खड़ा हुआ, हमने उसे ध्यान से देखा।
>
> उन्होंने शांत तरीके से शुरुआत की–एक साफ–सुथरे, मध्यम आयु के सुखद व्यक्तित्व वाले व्यक्ति के रूप में। उन्होंने हमें धन्यवाद दिया कि हमने उन्हें बुलाया। उन्होंने कहा कि वह किसी गंभीर विषय पर बात करना चाहते हैं और आशा करते हैं कि अगर उनकी बात से हमें कोई परेशानी हो, तो हम उन्हें माफ कर देंगे।
>
> फिर, जैसे बवंडर आता है, उन्होंने हमें झकझोर कर रख दिया। वे आगे की ओर झुके और उनकी आँखों ने हमें जकड़ लिया। उन्होंने अपनी आवाज ऊँची नहीं की, लेकिन मुझे ऐसा लगा जैसे उनकी आवाज गूँजती हुई घंटी की तरह हमारे कानों में टकराई।

उन्होंने कहा, "अपने आस–पास देखो, एक–दूसरे को देखो। क्या तुम्हें पता है कि इस कमरे में बैठे लोगों में से कितने लोग कैंसर से मरने वाले हैं? आप में से जो 45 साल से ऊपर हैं, उनमें से हर चार में से एक व्यक्ति! हर चार में से एक!"

वे रुके, और उनके चेहरे पर हल्की मुस्कान आई। "यह एक सीधी और कठोर सच्चाई है, लेकिन यह हमेशा के लिए नहीं रहेगी," उन्होंने कहा।

"इसके विषय में कुछ किया जा सकता है। कैंसर के उपचार और इसके कारण की खोज में प्रगति हो रही है।"

उन्होंने गंभीरता से हमारी ओर देखा, उनकी नजरें मेज के चारों ओर घूमीं। "क्या आप इस प्रगति में मदद करना चाहते हैं?" उन्होंने पूछा।

क्या उस समय हम में से किसी के मन में "हाँ" के अलावा कोई और जवाब हो सकता था? "हाँ!" मैंने सोचा, और बाद में मुझे पता चला कि बाकी सब ने भी यही सोचा था।

एक मिनट से भी कम समय में, मॉरिस गोल्डब्लैट ने हमें जीत लिया था। उन्होंने हमें अपनी बात से व्यक्तिगत रूप से जोड़ लिया था। उन्होंने हमें अपने साथ कर लिया था, उस अभियान में जो वह मानवता के हित में चला रहे थे।

किसी भी वक्ता का उद्देश्य हमेशा सकारात्मक प्रतिक्रिया प्राप्त करना होता है, चाहे वह कहीं भी हो। मिस्टर गोल्डब्लैट के पास हमें प्रभावित करने का एक भावनात्मक और महत्वपूर्ण कारण था। उन्होंने और उनके भाई नाथन ने लगभग कुछ भी न होने से शुरू किया और एक डिपार्टमेंट स्टोर चेन बनाई, जिसका सालाना कारोबार 100,000,000 डॉलर से अधिक था। लंबी और कठिन मेहनत के बाद उन्हें शानदार सफलता मिली, लेकिन फिर नाथन, जो थोड़े समय के लिए बीमार थे, कैंसर से मर गए। इसके बाद, मॉरिस गोल्डब्लैट ने सुनिश्चित किया कि गोल्डब्लैट फाउंडेशन ने शिकागो विश्वविद्यालय के कैंसर शोध कार्यक्रम को पहला एक मिलियन डॉलर दान दिया।

उन्होंने अपना पूरा समय कैंसर के खिलाफ लड़ाई में जनता की रुचि बढ़ाने के लिए समर्पित कर दिया और व्यापार से संन्यास ले लिया।

मॉरिस गोल्डब्लैट के बारे में यह सच्चाई, और उनका व्यक्तित्व, दोनों ने हमें पूरी तरह से प्रभावित किया। उनकी सच्चाई, ईमानदारी, उत्साह, और कुछ मिनटों के लिए हमें पूरी तरह से अपना सबकुछ देने का उनका दृढ़ निश्चय, ठीक उसी तरह जैसे वे हर साल एक बड़े उद्देश्य के लिए खुद को समर्पित करते थे–इन सब बातों ने हमें उनके साथ सहमत कर दिया। हमने उनके प्रति मित्रता महसूस की और उनकी बातों में रुचि लेने के लिए तैयार हो गए।

एक
योग्य बनकर विश्वास जीतें

क्विंटिलियन ने वक्ता को "एक अच्छा इंसान जो बोलने में माहिर हो" कहा था। वह ईमानदारी और अच्छे चरित्र की बात कर रहे थे। इस पुस्तक में कही गई कोई भी बात या आगे कही जाने वाली कोई भी बात, इस महत्वपूर्ण गुण (ईमानदारी और अच्छे चरित्र) की जगह नहीं ले सकती, जो प्रभावी ढंग से बोलने के लिए बहुत जरूरी है। पियरपोंट मॉर्गन ने कहा था कि चरित्र ही सबसे अच्छा तरीका है भरोसा पाने का; और यही तरीका श्रोताओं का विश्वास जीतने का भी सबसे अच्छा तरीका है।

अलेक्जेंडर वूलकॉट ने कहा, "जिस ईमानदारी के साथ एक व्यक्ति बातचीत करता है, वह उसकी आवाज़ में सच्चाई का रंग भर देता है जिसे कोई भी झूठ बोलने वाला दिखावा नहीं कर सकता।"

खासतौर से जब हमारी बातचीत का उद्देश्य विश्वास दिलाना है, तो अपने विचारों को उस आंतरिक चमक के साथ सामने रखना आवश्यक है जो सच्चे विश्वास से आती है। दूसरों को समझाने का प्रयास करने से पहले हमें स्वयं आश्वस्त होना चाहिए।

दो
हाँ में प्रतिक्रिया प्राप्त करें

नॉर्थवेस्टर्न यूनिवर्सिटी के पूर्व अध्यक्ष वाल्टर डिल स्कॉट ने कहा कि ''प्रत्येक विचार, अवधारणा या निष्कर्ष जो मस्तिष्क में प्रवेश करता है उसे तब तक सत्य माना जाता है जब तक कि कुछ विरोधाभासी विचार उसमें विघ्न न डालें।'' इसका उद्देश्य दर्शकों की हाँ में हाँ मिलाए रखना है। मेरे अच्छे मित्र प्रोफ़ेसर हैरी ओवरस्ट्रीट ने न्यूयॉर्क शहर में न्यू स्कूल फॉर सोशल रिसर्च के एक व्याख्यान में इस अवधारणा की मनोवैज्ञानिक पृष्ठभूमि की ऐश्वर्यशाली ढंग से जाँच की :

> कुशल वक्ता शुरुआत में ही श्रोताओं से कई ''हाँ'' वाले जवाब लेता है। इससे वह श्रोताओं की मानसिकता को सकारात्मक दिशा में मोड़ देता है। यह ठीक वैसे ही है जैसे एक बिलियर्ड की गेंद को एक दिशा में धकेला जाता है। उसे दूसरी दिशा में मोड़ने के लिए काफी ताकत की जरूरत होती है, और उसे पूरी तरह विपरीत दिशा में भेजने के लिए और भी ज्यादा ताकत लगती है।
>
> यहाँ मनोवैज्ञानिक स्वरूप बिल्कुल स्पष्ट है।
>
> जब कोई व्यक्ति ''नहीं'' कहता है और वास्तव में इसका मतलब यही होता है, तो वह केवल दो अक्षरों वाला शब्द नहीं कह रहा होता है। उसका पूरा शरीर–ग्रंथियाँ, तंत्रिका तंत्र, मांसपेशियाँ–खुद को अस्वीकार करने की स्थिति में ले आता है। अक्सर यह बदलाव बहुत छोटे स्तर पर होता है, लेकिन कभी–कभी इसे देखा भी जा सकता है। व्यक्ति शारीरिक रूप से पीछे हटने के लिए तैयार हो जाता है। पूरा तंत्रिका और मांसपेशी तंत्र, सरल शब्दों में कहें तो, स्वीकार करने के खिलाफ खुद को तैयार कर लेता है। इसके विपरीत, जब कोई व्यक्ति ''हाँ'' कहता है, तो पीछे हटने की कोई गतिविधि नहीं होती। उसका शरीर आगे बढ़ने, स्वीकार करने और खुला रहने की स्थिति में होता है। इसलिए, जितनी ज्यादा ''हाँ'' हम शुरुआत में प्राप्त कर सकते हैं, उतनी ही अधिक संभावना है

कि हम अपने अंतिम प्रस्ताव के लिए ध्यान आकर्षित करने में सफल होंगे।

यह ''हाँ–प्रतिक्रिया'' एक बहुत ही सरल तकनीक है, फिर भी इसे कितना नजरअंदाज किया जाता है! ऐसा लगता है कि लोग कभी–कभी शुरुआत में ही विरोध करके अपनी महत्ता महसूस करना चाहते हैं। कोई कट्टरपंथी व्यक्ति अपने रूढ़िवादी साथियों के साथ बैठक में आता है और तुरंत उन्हें गुस्सा दिलाना शुरू कर देता है! आखिर इसका क्या फायदा है? अगर वह सिर्फ खुद को खुशी देने के लिए ऐसा करता है, तो उसे माफ किया जा सकता है। लेकिन अगर वह कुछ हासिल करने की उम्मीद करता है, तो वह मनोवैज्ञानिक रूप से मूर्खतापूर्ण है।

यदि आप किसी छात्र, ग्राहक, बच्चे, पति या पत्नी से बातचीत की शुरुआत में ही ''नहीं'' कहलवा लें, तो उस नकारात्मक जवाब को ''हाँ'' में बदलने के लिए आपको स्वर्गदूतों जैसी समझ और धैर्य की आवश्यकता होगी।

शुरुआत में ''हाँ'' वाली प्रतिक्रियाएँ कैसे प्राप्त करें? यह काफी आसान है। लिंकन ने कहा, ''बहस की शुरुआत में जीतने का मेरा तरीका यह है कि पहले ऐसा बिंदु ढूंढें, जिस पर सब सहमत हों।'' लिंकन ने ऐसा तब भी किया जब वह गुलामी जैसे कठिन मुद्दे पर बात कर रहे थे। एक निष्पक्ष समाचार पत्र द *मिरर* ने उनकी एक चर्चा की रिपोर्ट में लिखा, ''पहले आधे घंटे में उनके विरोधी उनकी हर बात से सहमत हो जाते थे। उसके बाद लिंकन धीरे–धीरे उन्हें अपनी बात मानने के लिए तैयार करते, जब तक कि ऐसा लगने लगा कि वे सभी उनके साथ हो गए हैं।''

क्या यह स्पष्ट नहीं है कि जो वक्ता अपने श्रोताओं से बहस करता है, वह केवल उनकी जिद को बढ़ाता है, उन्हें रक्षात्मक स्थिति में ला देता है, जिससे उनका मन बदलना लगभग असंभव हो जाता है? क्या यह बुद्धिमानी है कि आप शुरू में कहें, ''मैं यह साबित करने जा रहा हूँ''? क्या आपके श्रोता इसे एक चुनौती के रूप में नहीं लेंगे और मन ही मन यह नहीं सोचेंगे, ''चलो, देखते हैं, आप इसे कैसे साबित करते हैं?''

क्या यह अधिक फायदेमंद नहीं है कि शुरुआत में उन बातों पर जोर दिया जाए, जिन पर आप और आपके सभी श्रोता विश्वास करते हैं, और फिर ऐसा सवाल उठाएँ जिसे सभी जानना चाहते हों? फिर अपने श्रोताओं को उस सवाल का जवाब ढूँढ़ने के लिए आपने साथ चलने दें। इस खोज के दौरान, तथ्यों को इस तरह से प्रस्तुत करें कि वे आपकी बात को समझें और आपके निष्कर्ष को अपना मानें। श्रोता उस सच्चाई पर अधिक विश्वास करेंगे जिसे उन्होंने स्वयं खोजा होगा। "सबसे अच्छा तर्क वही होता है, जो सिर्फ एक स्पष्टीकरण की तरह लगता है।"

हर विवाद में, चाहे मतभेद कितने भी बड़े और कड़वे क्यों न हों, हमेशा कुछ न कुछ ऐसा सामान्य बिंदु होता है जिस पर वक्ता सभी को एक साथ आने के लिए आमंत्रित कर सकता है।

उदाहरण के लिए : 3 फरवरी, सन् 1960 को ग्रेट ब्रिटेन के प्रधान मंत्री हेरोल्ड मैकमिलन ने दक्षिण अफ्रीका संघ की संसद के दोनों सदनों को संबोधित किया। उन्हें यूनाइटेड किंगडम के गैर–नस्लीय दृष्टिकोण को विधायिका के समक्ष उस समय प्रस्तुत करना था जब रंगभेद की नीति प्रचलित थी। क्या उन्होंने दृष्टिकोण में इस आवश्यक अंतर के साथ अपनी बातचीत प्रारंभ की? नहीं, उन्होंने दक्षिण अफ्रीका द्वारा की गई महान आर्थिक प्रगति, दक्षिण अफ्रीका द्वारा विश्व में किए गए महत्वपूर्ण योगदान पर बल देकर आरंभ किया। पुनः, कौशल और वाक् चातुर्य के साथ उन्होंने विभिन्न दृष्टिकोणों के प्रश्न सामने रखे। यहाँ भी उन्होंने संकेत दिया कि उन्हें अच्छी तरह मालूम है कि ये मतभेद सच्चे विश्वास पर आधारित थे। उनकी पूरी बातचीत फोर्ट सम्टर से पहले के वर्षों में लिंकन के सौम्य किंतु दृढ़ कथनों की याद दिलाने वाला एक उत्कृष्ट वक्तव्य था। प्रधानमंत्री ने कहा, "राष्ट्रमंडल के एक साथी सदस्य के रूप में, दक्षिण अफ्रीका को अपना समर्थन और प्रोत्साहन देना हमारी हार्दिक इच्छा है, परंतु मुझे विश्वास है कि आप मेरे इस स्पष्ट कथन का बुरा नहीं मानेंगे कि आपकी नीतियों के कुछ ऐसे पहलू हैं जो स्वतंत्र व्यक्तियों की राजनीतिक नियति के विषय में हमारी गहरी प्रतिबद्धताओं के प्रति गलत हुए बिना हमारे लिए ऐसा करना असंभव बना देते हैं। हम अपने क्षेत्रों में प्रभाव डालने का प्रयास कर रहे हैं। मेरा मानना है कि मित्र होने के नाते हमें श्रेय या दोषारोपण किए बिना एक साथ मिलकर

इस तथ्य का सामना करना चाहिए कि आज के संसार में दृष्टिकोण का यह अंतर हमारे मध्य है। इससे आपको वक्ता की निष्पक्ष मानसिकता के विषय में विश्वास हो जाएगा।

यदि प्रधानमंत्री मैकमिलन ने समझौते के सामान्य आधार के बजाय नीति में अंतर पर बल देने के लिए तुरंत कदम उठाया होता तो परिणाम क्या होता? प्रोफ़ेसर जेम्स हार्वे रॉबिन्सन की ज्ञानवर्धक पुस्तक, द *माइंड इन द मेकिंग*, उस प्रश्न का मनोवैज्ञानिक उत्तर देती है :

> कभी–कभी हम बिना किसी विरोध या भावनात्मक तनाव के अपने विचार बदल लेते हैं, लेकिन अगर कोई हमें कहे कि हम गलत हैं, तो हमें बुरा लगता है और हम अपनी सोच पर और अड़ जाते हैं। हम अपने विश्वासों को बनाने में अविश्वसनीय रूप से लापरवाह होते हैं, लेकिन जब कोई हमें उन विचारों से दूर करने की कोशिश करता है, तो हम अचानक उनके प्रति जबरदस्त लगाव महसूस करने लगते हैं। स्पष्ट रूप से ये विचार खुद नहीं होते जो हमें प्रिय होते हैं, बल्कि हमारा आत्म–सम्मान होते हैं जो खतरे में पड़ जाता है. .. छोटा सा शब्द ''मेरा'' मानव जीवन में सबसे महत्वपूर्ण होता है, और इसे सही तरीके से समझना बुद्धिमानी की शुरुआत है। इसका प्रभाव एक जैसा होता है चाहे वह ''मेरा भोजन,'' ''मेरा कुत्ता,'' ''मेरा घर हो'', या ''मेरा विश्वास,'' ''मेरा देश,'' और ''मेरा ईश्वर'' हो। हमें न केवल यह बुरा लगता है जब कोई कहता है कि हमारी घड़ी गलत है या हमारी गाड़ी पुरानी है, बल्कि यह भी कि हमारी मान्यताएँ, जैसे मंगल ग्रह की नहरों के बारे में, ''एपिक्टेट'' के उच्चारण के बारे में, सालिसिन की औषधीय गुणों के बारे में, या सरगॉन प्रथम की तिथि के बारे में, संशोधित की जा सकती हैं। हम जो सच मानते आए हैं, उसे मानते रहना पसंद करते हैं, और जब कोई हमारे विश्वास पर संदेह करता है, तो हमें यह बुरा लगता है और हम उसे बनाए रखने के लिए हर तरह का बहाना खोजने लगते हैं। इसका परिणाम यह होता है कि हमारा अधिकांश तथाकथित

तर्क सिर्फ उसी पर विश्वास करने के लिए तर्क ढूँढने में होता है, जो हम पहले से मानते आ रहे हैं।

तीन

सांसर्गिक उत्साह के साथ बोलें

जब वक्ता अपनी बात को जोश और भावना के साथ प्रस्तुत करता है, तो श्रोता के मन में विरोधी विचारों के उठने की संभावना बहुत कम होती है। मैं "संक्रामक" उत्साह कहता हूँ, क्योंकि उत्साह ऐसा ही होता है। यह सभी नकारात्मक और विरोधी विचारों को हटा देता है। जब आपका उद्देश्य किसी को समझाना हो, तो याद रखें कि भावनाओं को जगाना विचारों को जगाने से अधिक प्रभावी होता है। भावनाएं ठंडे विचारों से अधिक शक्तिशाली होती हैं। भावनाओं को जगाने के लिए, आपको स्वयं में गहरी सच्चाई होनी चाहिए। चाहे कोई कितने भी अच्छे शब्द कहे, कितनी भी अच्छी मिसालें दे, चाहे उसकी आवाज कितनी भी मधुर हो और उसके हावभाव कितने ही सुंदर हों, यदि वह ईमानदारी से नहीं बोलता, तो ये सब दिखावा ही रह जाता है। अगर आप अपने श्रोताओं पर प्रभाव डालना चाहते हैं, तो खुद उस बात से प्रभावित हों। आपकी आत्मा, जो आपकी आँखों में चमकती है, आपकी आवाज से फैलती है और आपके व्यवहार से प्रकट होती है, वह श्रोताओं तक पहुँचती है।

जब भी आप बोलते हैं, खासकर जब आपका उद्देश्य किसी को समझाना हो, तो आपका व्यवहार श्रोताओं के रवैये को तय करता है। यदि आप उत्साहित नहीं हैं, तो वे भी उत्साहित नहीं होंगे। यदि आप हल्के ढंग से बात करते हैं या विरोध करने वाले लगते हैं, तो श्रोता भी वैसा ही महसूस करेंगे। हेनरी वार्ड बीचर ने लिखा, "जब श्रोता सोने लगें, तो सिर्फ एक ही काम करना चाहिए–सहायक को एक नुकीली छड़ी प्रदान करनी चाहिए ताकि वह उपदेशक को चुभोकर जगाए।" इसका मतलब है कि वक्ता को स्वयं उत्साहित होना चाहिए, ताकि श्रोता भी जागरूक और रुचि लेते रहें।

मैं एक बार तीन जजों में से एक था, जिन्हें कोलंबिया विश्वविद्यालय में कर्टिस मेडल देने का काम सौंपा गया था। वहाँ आधा दर्जन विद्यार्थी

थे, सभी अच्छे से प्रशिक्षित और अपनी ओर से अच्छा प्रदर्शन करने के इच्छुक थे। लेकिन–सिर्फ एक को छोड़कर–उनका मुख्य लक्ष्य केवल मेडल जीतना था। उनमें से अधिकतर को किसी को समझाने या प्रभावित करने की कोई परवाह नहीं थी।

उन्होंने अपने विषय इसलिए चुने थे क्योंकि ये विषय उन्हें भाषण देने का मौका प्रदान करते थे। उनके तर्कों में कोई गहरी व्यक्तिगत रुचि नहीं थी। उनके भाषण सिर्फ बोलने की कला का अभ्यास मात्र थे।

उसमें एक अपवाद जुलु राजकुमार का था। "आधुनिक सभ्यता में अफ्रीका का योगदान" पर उसने अपना विषय चुना था। उसने अपने हर शब्द में गहरी भावनाएँ डालीं। उसका भाषण केवल एक अभ्यास नहीं था; वह एक जीवित संदेश था, जो उसके विश्वास और उत्साह से जन्मा था। उसने अपने लोगों और अपने महाद्वीप के प्रतिनिधि के रूप में बात की। अपनी बुद्धिमानी, अच्छे चरित्र, और सद्भावना के साथ, उसने हमें अपने लोगों की आशाओं का संदेश और हमारी समझ के लिए एक अनुरोध प्रस्तुत किया।

हमने उसे मेडल दिया, भले ही वह बड़े समूह को संबोधित करने में शायद अपने दो–तीन प्रतियोगियों से अधिक कुशल नहीं था। लेकिन हम जजों ने यह पहचाना कि उसके भाषण में सच्ची ईमानदारी की आग थी; वह सच्चाई से भरा हुआ था। उसके मुकाबले बाकी भाषण सिर्फ हल्की–फुल्की गैस की आग जैसे लग रहे थे।

राजकुमार ने अपने तरीके से एक दूर देश में यह सीखा था कि आप केवल तर्कों से अपनी बात दूसरों तक नहीं पहुँचा सकते। आपको उन्हें यह दिखाना होता है कि आप स्वयं अपनी कही हुई बात पर कितनी गहराई से विश्वास करते हैं।

चार

अपने दर्शकों के प्रति सम्मान और स्नेह दिखाएँ

"मानव व्यक्तित्व प्रेम की माँग करता है और सम्मान की भी माँग करता है," डॉ. नॉर्मन विंसेंट पील ने एक पेशेवर हास्य अभिनेता के भाषण की प्रस्तावना के रूप में कहा, "हर मनुष्य में मूल्य, महत्व,

गरिमा की आंतरिक भावना होती है। उसे नुकसान पहुँचाओगे तो तुम उस व्यक्ति को सदा के लिए खो दोगे। इसलिए जब आप किसी व्यक्ति से प्रेम करते हैं एवं उसका सम्मान करते हैं तो आप उसे विकसित करते हैं और तदनुसार, वह आपसे प्रेम करता है और आपका सम्मान करता है।

''एक समय मैं एक हास्यकार के साथ एक सभा में मौजूद था। मैं उस आदमी से पूर्ण रूप से परिचित नहीं था, परंतु उस मुलाकात के बाद से मैंने उसे पढ़ा कि उसे दिक्कत हो रही थी, और मुझे लगता है कि मुझे पता है उसे दिक्कत क्यों हो रही है।

''मैं उसके पास चुपचाप बैठा था, क्योंकि मैं उससे कुछ कहने वाला था। 'तुम डर तो नहीं रहे?' उसने पूछा।

'''क्यों, हाँ,' मैंने उत्तर दिया। 'दर्शकों के पास खड़े होने से पहले मैं हमेशा डर जाता हूँ। दर्शकों के प्रति मेरे मन में अथाह श्रद्धा है और परंतु यह दायित्व मुझे थोड़ा डरा रहा है। क्या आप घबराए नहीं हैं?'

'''नहीं,' उसने कहा, 'मुझे घबराना हुआ क्यों चाहिए? दर्शक किसी भी चीज़ के लिए तैयार हो जाते हैं। वे सभी मूर्ख होते हैं।'

'''मैं आपसे सहमत नहीं हूँ,' मैंने कहा। वे आपके सर्वोच्च न्यायाधीश हैं। दर्शकों के लिए मेरे मन में बहुत श्रद्धा है।''

जब डॉ. पील ने इस व्यक्ति की कम होती लोकप्रियता के विषय में पढ़ा तो उन्हें विश्वास हो गया कि इसका कारण एक ऐसा रवैया है जो दूसरों को जीतने के बजाय उन्हें नाराज़ करता है।

हम सभी के लिए जो दूसरे लोगों को कुछ न कुछ प्रदान करना चाहते हैं, यह कितना बड़ा सबक है।

पाँच

दोस्ताना तरीके से शुरूआत करें

एक नास्तिक ने एक बार विलियम पेले को उनके इस तर्क को गलत प्रमाणित करने के लिए चुनौती दी कि कोई सर्वोच्च सत्ता नहीं है। पेले ने बहुत शांति से अपनी घड़ी निकाली, केस खोला और कहा : ''यदि मैं तुम्हें बताऊँ कि वे लीवर, पहिए और स्प्रिंग्स स्वयं बने और

स्वयं से फिट हो गए और अपने दम पर चलने लगे, तो क्या आप मेरी बुद्धिमत्ता पर प्रश्न नहीं खड़े करेंगे? बिल्कुल, आप ऐसा करेंगे। परंतु तारों को देखो। उनमें से हर एक का अपना सही निर्धारित मार्ग और गति है – पृथ्वी और सूर्य के चारों ओर ग्रह, और पूरा समूह एक दिन में दस लाख मील से अधिक की गति से परिक्रमा करता है। प्रत्येक तारा अपने स्वयं के संसारों के समूह के साथ एक और सूर्य है, जो हमारे अपने सौरमंडल की तरह अंतरिक्ष में तीव्रता से आगे बढ़ रहा है। फिर भी कोई टकराव नहीं, कोई अशांति, कोई भ्रम नहीं है। सब कुछ शांत, कुशल और नियंत्रित है। क्या इस पर विश्वास करना सरल है कि वे ऐसे ही उत्पन्न हो गए या किसी ने उन्हें ऐसा बना दिया?''

मान लीजिए कि उसने शुरूआत में ही अपने प्रतिद्वंद्वी को कटु उत्तर दिया होता : ''कोई ईश्वर नहीं है? मूर्ख मत बनो। तुम्हें पता नहीं कि तुम किस विषय में बातचीत कर रहे हो।'' क्या हो सकता था? इसमें कोई संदेह नहीं एक मौखिक काँटे की टक्कर जो शाब्दिक युद्ध छेड़ गयी होगी, एवं यह जितना निरर्थक था उतना ही उग्र था। नास्तिक अपने विचारों के लिए जंगली बिल्ली के क्रोध के साथ लड़ने के लिए एक अपवित्र उत्साह के साथ खड़ा होता। क्यों? क्योंकि, जैसा कि प्रोफ़ेसर ओवरस्ट्रीट ने बताया है, वह उसका सुझाव था, और उसके बहुमूल्य, अपरिहार्य आत्मसम्मान को खतरा था; उसका स्वाभिमान दाँव पर लग जाता।

गौरव या अहंकार मानव स्वभाव का एक बुनियादी और विस्फोटक गुण है, तो क्या यह बुद्धिमानी नहीं होगी कि हम किसी व्यक्ति के अहंकार को अपने पक्ष में काम करने दें, बजाय इसके कि वह हमारे खिलाफ हो? कैसे? जैसे पेले ने किया, हमें यह दिखाना चाहिए कि जो हम प्रस्तावित कर रहे हैं, वह पहले से ही उनके विश्वास से बहुत मिलता–जुलता है। इससे उनके लिए आपके प्रस्ताव को स्वीकार करना अस्वीकार करने से आसान हो जाता है। इससे विरोधाभासी और विरोधी विचारों के उठने से रोका जा सकता है, जिससे हमारी कही हुई बात को कमजोर होने से बचाया जा सके।

पेले ने यह बहुत अच्छे से समझा कि मानव मस्तिष्क कैसे काम करता है। लेकिन अधिकतर लोग इस सूक्ष्म क्षमता से वंचित होते

हैं कि वे किसी व्यक्ति के विश्वास के किले में उसके साथ मिलकर प्रवेश कर सकें। वे गलती से सोचते हैं कि उस किले को जीतने के लिए उन्हें सीधे हमला करना होगा और उसे तोड़ना होगा। क्या होता है? जैसे ही दुश्मनी शुरू होती है, पुल उठ जाता है, बड़े दरवाजे जोर से बंद हो जाते हैं, धनुषधारी, तीरंदाज अपने लंबे तीर खींचते हैं–बातें और चोटों की लड़ाई शुरू हो जाती है। ऐसे झगड़े हमेशा बिना किसी नतीजे के समाप्त होते हैं; न तो कोई किसी को कुछ भी समझा पाता है।

मैं जिस समझदार तरीके की बात कर रहा हूँ, वह नया नहीं है। इसे बहुत पहले सेंट पॉल ने इस्तेमाल किया था। उन्होंने इसे एथेनियनों को मार्स हिल पर दिए अपने प्रसिद्ध भाषण में बहुत ही कुशलता और चतुराई के साथ प्रयोग किया था, जो उन्नीसवी शताब्दियों के बाद भी हमारे लिए प्रशंसा का कारण है। वे एक शिक्षित व्यक्ति थे, और ईसाई धर्म में परिवर्तन के बाद उनकी वाक्पटुता ने उन्हें इसका प्रमुख प्रवक्ता बना दिया। एक दिन वे एथेंस पहुंचे–जो कि पेरिक्लीज के बाद का एथेंस था, एक ऐसा एथेंस जिसने अपनी महिमा की चोटी को पार कर लिया था और अब पतन की ओर था। उस समय के बारे में बाइबल कहती है : "सभी एथेनियन और वहाँ के अजनबी अपना समय केवल नई बातें बताने या सुनने में बिताते थे।"

कोई रेडियो नहीं, कोई केबल नहीं, कोई समाचार प्रेषण नहीं; उन एथेनियाई लोगों को उन दिनों हर दोपहर कुछ नया तैयार करने में कड़ी मेहनत करनी पड़ी होगी। तभी पॉल आया। यहाँ कुछ नया था। वे उसके चारों ओर भीड़ लगा कर खड़े थे, खुश थे, उत्सुक थे, दिलचस्पी ले रहे थे। उसे एरोपैगस में ले जाकर, उन्होंने कहा : "क्या हम जान सकते हैं कि यह नया सिद्धांत, जिसके विषय में आप बोल रहे हैं, क्या है? क्योंकि आप हमारे कानों में कुछ अनोखी बातें लाते हैं : इसलिए हम जान लेंगे कि इन चीज़ों का क्या आशय है।"

दूसरे शब्दों में, उन्होंने भाषण के लिए आमंत्रण दिया, और पॉल ने सहर्ष इसे स्वीकार कर लिया। असल में, वह इसी उद्देश्य से आए थे। संभवतः वे किसी पत्थर या चबूतरे पर खड़े हुए होंगे, और जैसे कि सभी अच्छे वक्ता शुरुआत में थोड़े घबराए हुए होते हैं, उन्होंने अपने हाथों

को सूखे से रगड़ा होगा और गला साफ किया होगा, इससे पहले कि वे बोलना शुरू करें।

लेकिन पॉल को यह पसंद नहीं आया कि एथेनियनों ने अपने आमंत्रण में "नए सिद्धांत" और "अजीब बातें" जैसे शब्दों का उपयोग किया था। ये शब्द उनके विचारों के खिलाफ थे और उन्होंने सोचा कि इन्हें बदलना होगा। ये शब्द विवाद पैदा कर सकते थे, और वह अपनी आस्था को कुछ अजीब और अलग चीज के रूप में नहीं दिखाना चाहते थे। वह इसे ऐसी चीज के रूप में दिखाना चाहते थे, जिसमें लोग पहले से ही विश्वास रखते हों। इससे लोगों का विरोध कम हो सकता था। लेकिन यह कैसे करें? उन्होंने थोड़ी देर सोचा और फिर एक शानदार तरीका अपनाया। उन्होंने अपने भाषण की शुरुआत की : "हे एथेनियनों! मैं देखता हूँ कि आप हर बात में बहुत धार्मिक हैं।"

कुछ अनुवादों में यह लिखा है, "आप सभी बहुत धार्मिक हैं।" मुझे लगता है कि यह बेहतर और अधिक सही है। वे कई देवताओं की पूजा करते थे; वे बहुत धार्मिक थे और इस पर गर्व करते थे। पॉल ने उनकी तारीफ की और उन्हें खुश किया। वे उनके प्रति अच्छा महसूस करने लगे। प्रभावी बोलने की कला का एक नियम है कि किसी बयान का समर्थन एक उदाहरण से करें। पॉल ने ठीक ऐसा ही किया :

"क्योंकि जब मैं वहाँ से गुजरा और आपकी भक्ति देखी, तो मुझे एक वेदी मिली जिस पर यह लिखा हुआ था, अज्ञात देवता के लिये।"

इससे यह साबित होता है कि वे लोग बहुत धार्मिक थे। वे किसी भी देवता को अपमानित करने से डरते थे, इसलिए उन्होंने एक वेदी "अज्ञात देवता" के लिए भी बना रखी थी, जैसे कि सभी अज्ञात या अनजाने में हुई गलतियों से बचने के लिए कोई सुरक्षा नीति हो। पॉल ने इस विशेष वेदी का उल्लेख करके दिखाया कि वह सिर्फ खुशामद नहीं कर रहे थे; बल्कि उन्होंने अपनी बात सच्ची प्रशंसा के रूप में कही थी, जो उनकी अपनी देखी–समझी चीजों से आई थी।

अब यहाँ इस शुरुआत की पूर्णता सामने आती है : "जिसे आप अज्ञानता से पूजते हो, मैं आपको उसी के बारे में बताने आया हूँ।"

"नए सिद्धांत... अजीब बातें?" बिल्कुल भी नहीं। वह केवल उन सच्चाइयों को समझाने के लिए वहाँ थे, जिनके बारे में वे पहले से ही पूजा कर रहे थे, भले ही उन्हें इसका पता न हो। उन बातों को, जिन्हें वे नहीं मानते थे, कुछ ऐसी बातों से जोड़ना जो वे पहले से ही पूरी तरह से स्वीकार करते थे–यही उनकी शानदार तकनीक थी।

उन्होंने अपने उद्धार और पुनरुत्थान के सिद्धांत का वर्णन किया, और उनके अपने ग्रीक कवि की कुछ पंक्तियाँ उद्धृत कीं; और फिर वह शांत हो गए। उनके कुछ श्रोताओं ने उनका मजाक उड़ाया, लेकिन कुछ ने कहा, "हम इस विषय पर फिर से तुम्हारी बात सुनेंगे।"

जब हम किसी को समझाने या प्रभावित करने के लिए भाषण देते हैं, तो हमारी समस्या यह होती है कि हमें उनके मन में अपने विचार को स्थापित करना होता है और विरोधी विचारों को उभरने से रोकना होता है। जो व्यक्ति इसमें माहिर होता है, वह बोलने और दूसरों को प्रभावित करने में सक्षम होता है। इसी जगह मेरी पुस्तक *हाउ टू विन फ्रेंड्स एंड इन्फ्लुएंस पीपल* में दिए गए नियम आपकी मदद करेंगे।

लगभग हर दिन आप ऐसे लोगों से बात करते हैं जिनके विचार किसी विषय पर आपसे अलग होते हैं। क्या आप हमेशा घर पर, दफ्तर में, या अन्य सामाजिक परिस्थितियों में लोगों को अपनी सोच के अनुसार करने की कोशिश नहीं करते? क्या आपके तरीकों में सुधार की गुंजाइश है? आप शुरुआत कैसे करते हैं? क्या आप लिंकन और मैकमिलन की तरह समझदारी और सच्चाई से काम लेते हैं? अगर ऐसा है, तो आप एक बहुत ही समझदार और विवेकशील व्यक्ति हैं। वुडरो विल्सन के शब्दों को याद रखना अच्छा होगा : "यदि आप मेरे पास आएँ और कहें, 'आइए हम बैठकर मिलकर बातचीत करें, और अगर हमारे बीच मतभेद हैं, तो समझें कि वे क्यों हैं और मुद्दे क्या हैं,' तो हमें जल्द ही पता चलेगा कि हमारे बीच इतना बड़ा फर्क नहीं है। जिन मुद्दों पर हम अलग सोचते हैं, वे बहुत कम हैं, और जिन मुद्दों पर हम सहमत हैं, वे बहुत ज्यादा हैं। अगर हमारे पास धैर्य, सच्चाई और एकजुट होने की इच्छा हो, तो हम एक साथ आ सकते हैं।"

आपकी प्रस्तुति की सफलता का आकलन इस बात से नहीं लगाया जा सकता कि आप कितना ज्ञान देते हैं, बल्कि इस बात से लगाया जाता है कि श्रोता कितना समझ पाता है।

—लिली वाल्टर्स

~

आपके पास अभी इस दुनिया की खुशी को बढ़ाने का आसान तरीका है। कैसे? किसी ऐसे व्यक्ति को, जो अकेला या निराश महसूस कर रहा हो, कुछ सच्चे और अच्छे शब्द कहकर। हो सकता है कि आप कल उन अच्छे शब्दों को भूल जाएं जो आपने आज कहे हैं, लेकिन जिसे आपने वे शब्द कहे हैं, वह उन्हें अपनी पूरी जिंदगी याद रख सकता है।

—डेल कारनेगी

14

आशुभाषण

कुछ समय पहले व्यापारिक नेताओं और सरकारी अधिकारियों का एक समूह एक फार्मास्युटिकल कॉर्पोरेशन की नई प्रयोगशाला के अवसर पर मिला था। एक के बाद एक, शोध निदेशक के अधीन काम करने वाले छह लोग खड़े हुए और उन्होंने बताया कि प्रयोगशाला में रसायनज्ञ और जीव विज्ञानी कितना रोचक काम कर रहे थे। वे संक्रामक बीमारियों के खिलाफ नए टीके, वायरस से लड़ने के लिए नई एंटीबायोटिक्स, और तनाव कम करने के लिए नई दवाएं विकसित कर रहे थे। पहले जानवरों पर और फिर इंसानों पर उनके प्रयोग के परिणाम बहुत ही रोचक और प्रभावशाली थे।

"यह तो बहुत शानदार है," एक अधिकारी ने शोध निदेशक से कहा। "आपके लोग सच में जादूगर हैं। लेकिन आप वहाँ ऊपर खड़े होकर क्यों नहीं बोल रहे हैं?"

"मैं अपने पैरों से बात कर सकता हूँ–श्रोताओं से नहीं," शोध निदेशक ने उदासी से कहा।

थोड़ी देर बाद, अध्यक्ष ने उसे चौंका दिया।

"हमने अभी तक हमारे शोध निदेशक की बात नहीं सुनी है," उन्होंने कहा। "उन्हें औपचारिक भाषण देना पसंद नहीं है, लेकिन मैं उनसे आग्रह करूँगा कि वे हमें कुछ शब्द कहें।"

यह काफी दुखद था। निदेशक खड़े हुए और सिर्फ दो–तीन वाक्य ही बोल पाए। उन्होंने लंबे समय तक न बोल पाने के लिए माफी मांगी, और यही उनकी बात का सार था।

वह व्यक्ति अपने क्षेत्र में बहुत प्रतिभाशाली था, लेकिन वह उतना ही असहज और उलझा हुआ दिख रहा था जितना कोई हो सकता है। यह आवश्यक नहीं था। वह खड़े होकर बिना तैयारी के बोलना सीख सकता था। मैंने कभी अपनी कक्षाओं में ऐसा कोई गंभीर और दृढ़संकल्पी सदस्य नहीं देखा जो यह नहीं सीख सकता था। शुरुआत में इसके लिए उस दृढ़ संकल्प और साहस की जरूरत होती है, जो इस शोध निदेशक के पास नहीं थी–अपनी हार मानने वाले रवैये को पूरी तरह से ठुकराने का साहस। फिर, शायद कुछ समय के लिए, इसे करने की अडिग इच्छा की जरूरत होती है, चाहे यह कितना भी कठिन क्यों न हो।

आप कह सकते हैं, "मैं ठीक से बोल लेता हूँ अगर मैंने अपनी बात की तैयारी की हो और इसका अभ्यास किया हो। लेकिन जब मुझे बिना उम्मीद के बोलने के लिए कहा जाता है, तब मुझे शब्द नहीं मिलते।"

तुरंत अपने विचारों को इकट्ठा करने और बिना तैयारी के बोलने की क्षमता, कुछ मामलों में, लंबी तैयारी के बाद बोलने की क्षमता से भी अधिक महत्वपूर्ण होती है। आधुनिक व्यापार की जरूरतें और मौखिक संवाद में आज की साधारणता हमें यह अनिवार्य बनाती हैं कि हम जल्दी से अपने विचारों को इकट्ठा करें और आसानी से बोल सकें। आजकल उद्योग और सरकार से संबंधित कई महत्वपूर्ण फैसले एक व्यक्ति द्वारा नहीं, बल्कि बैठक की मेज पर समूह में किए जाते हैं। हर व्यक्ति को अपनी बात कहने का मौका मिलता है, लेकिन उसे अपनी बात समूह के सामने मजबूती से रखनी होती है। यहीं पर बिना तैयारी के बोलने की क्षमता काम आती है और अच्छे परिणाम देती है।

एक

आशुभाषण के लिए अभ्यास

साधारण बुद्धिमत्ता वाला कोई भी व्यक्ति, जिसके पास खुद पर अच्छा नियंत्रण हो, बिना तैयारी के भी एक अच्छा और कभी–कभी शानदार भाषण दे सकता है–जिसका मतलब है "तुरंत बोलना"। जब अचानक कुछ शब्द कहने के लिए कहा जाए, तो खुद को आसानी से

व्यक्त करने की क्षमता बढ़ाने के कई तरीके हैं। एक तरीका वह है जिसे कुछ प्रसिद्ध फिल्म अभिनेता इस्तेमाल करते थे।

कई साल पहले डगलस फेयरबैंक्स ने अमेरिकन मैगजीन के लिए एक लेख लिखा था, जिसमें उन्होंने बताया कि कैसे वे, चार्ली चैपलिन और मैरी पिकफोर्ड ने लगभग दो साल तक हर रात एक बुद्धिमत्ता का खेल खेला। यह सिर्फ एक खेल नहीं था। यह बोलने की सबसे कठिन कला–खड़े होकर तुरंत सोचने–का अभ्यास था। फेयरबैंक्स के अनुसार, "खेल" इस तरह से होता था :

हम में से हर कोई एक कागज के टुकड़े पर एक विषय लिखता था। फिर हम उन्हें मोड़ते और मिलाते थे। एक व्यक्ति एक पर्ची निकालता और उसे तुरंत खड़ा होकर उस विषय पर साठ सेकंड तक बोलना पड़ता था। हम कभी भी एक ही विषय का दोबारा उपयोग नहीं करते थे। एक रात मुझे "लैम्पशेड" पर बोलना पड़ा। अगर आपको यह आसान लगता है तो इसे आजमाकर देखिए। मैंने किसी तरह से इसे पूरा किया।

मुद्दा यह है कि हम तीनों ने इस खेल की शुरुआत से ही अपने दिमाग को तेज कर लिया है। अब हम कई अलग–अलग विषयों के बारे में बहुत कुछ जानते हैं। लेकिन इससे भी बेहतर बात यह है कि हम किसी भी विषय पर तुरंत अपने ज्ञान और विचारों को एकत्रित करना सीख रहे हैं। हम यह सीख रहे हैं कि कैसे तुरंत और सही समय पर सोच सकते हैं।

मेरे पाठ्यक्रम के दौरान कई बार कक्षा के सदस्यों से अचानक बिना तैयारी के बोलने के लिए कहा जाता है। लंबे अनुभव ने मुझे यह सिखाया है कि इस तरह के अभ्यास से दो फायदे होते हैं : (1) इससे कक्षा के लोगों को यह साबित हो जाता है कि वे तुरंत सोचकर बोल सकते हैं, और (2) इस अनुभव से उन्हें अपने तैयार किए हुए भाषण देते समय ज्यादा आत्मविश्वास और सुरक्षा महसूस होती है। उन्हें यह समझ में आता है कि अगर सबसे बुरा हो और उनके तैयार किए हुए भाषण के दौरान उन्हें कुछ याद न आए, तब भी वे बिना तैयारी के समझदारी से बोल सकते हैं, जब तक कि वे वापस अपनी बात पर लौट नहीं आते।

किसी न किसी समय, कक्षा के सदस्यों को यह सुनने को मिलता है, "आज रात आप में से प्रत्येक को एक अलग विषय पर बात करने

के लिए कहा जाएगा। आपको तब तक यह नहीं पता चलेगा कि विषय क्या है, जब तक आप बोलने के लिए खड़े नहीं होते। शुभकामनाएँ!''

क्या होता है? एक अकाउंटेंट से विज्ञापन पर बोलने के लिए कहा जाता है। एक विज्ञापन सेल्समैन को किंडरगार्टन पर बात करनी पड़ती है। एक स्कूल शिक्षक का विषय बैंकिंग हो सकता है, और एक बैंकर का विषय स्कूल पढ़ाना हो सकता है। एक क्लर्क को उत्पादन पर बात करने के लिए कहा जा सकता है, और एक उत्पादन विशेषज्ञ से परिवहन पर चर्चा करने को कहा जा सकता है।

क्या वे हार मानकर सिर झुका लेते हैं? कभी नहीं! वे यह दिखावा नहीं करते कि वे उस विषय के विशेषज्ञ हैं। वे विषय को अपनी जानकारी के अनुरूप मोड़ते हैं, ताकि उसे अपनी समझ के अनुसार प्रस्तुत कर सकें। शुरू में उनकी बात शायद बहुत अच्छी न हो, लेकिन वे खड़े होते हैं और बोलते हैं। कुछ के लिए यह आसान होता है, और कुछ के लिए कठिन, लेकिन वे हार नहीं मानते। अंत में, वे पाते हैं कि वे जितना सोचते थे, उससे बेहतर कर सकते हैं। यह उन्हें रोमांचित करता है। वे देखते हैं कि उनमें एक ऐसा कौशल है, जिसका उन्हें पहले विश्वास नहीं था।

मेरा मानना है कि अगर वे ऐसा कर सकते हैं, तो कोई भी इसे कर सकता है – इच्छाशक्ति और आत्मविश्वास के साथ – और जितनी अधिक बार कोई इसे करने की कोशिश करेगा, यह उतना ही सरल होगा।

हमारे पास लोगों को बिना तैयारी के बोलने के लिए तैयार करने का एक और तरीका है, जिसे हम तत्काल भाषण को कड़ी जोड़ने का तरीका कहते हैं। यह हमारी के कक्षा सत्रों की एक रोमांचक गतिविधि होती है। एक कक्षा के सदस्य को एक कहानी शुरू करने के लिए कहा जाता है, जिसे वह जितना चाहे उतना काल्पनिक बना सकता है। उदाहरण के लिए, ''वह कह सकता है, कुछ दिन पहले मैं अपने हेलीकॉप्टर को उड़ा रहा था, जब मैंने देखा कि उड़न तश्तरियों का एक झुंड मेरी ओर आ रहा है। मैं नीचे उतरने लगा, लेकिन पास की तश्तरी में एक छोटा आदमी मुझ पर गोली चलाने लगा। मैं...''

इस बिंदु पर एक घंटी बजती है, जो यह संकेत देती है कि इस वक्ता का समय समाप्त हो गया है, और अगला सदस्य कहानी को वहीं

से आगे बढ़ाता है। जब तक कक्षा के सभी सदस्य अपनी–अपनी बारी में योगदान कर चुके होते हैं, तब तक कहानी मंगल ग्रह की नहरों में समाप्त हो सकती है या फिर संसद के गलियारों में!

बिना तैयारी के बोलने का कौशल विकसित करने की यह विधि एक प्रशिक्षण उपकरण के रूप में सराहनीय है। एक व्यक्ति जितना अधिक इस तरह का अभ्यास करेगा उतना ही बेहतर उन वास्तविक परिस्थितियों का सामना करने के लिए सक्षम होगा जो तब उत्पन्न हो सकती हैं जब उसे अपने व्यवसाय और सामाजिक जीवन में बोलना पड़ता है।

दो
आशुभाषण के लिए मानसिक रूप से तैयार रहें

जब आपसे बिना तैयारी के बोलने को कहा जाता है, तो आमतौर पर आपसे उस विषय पर टिप्पणी करने की अपेक्षा की जाती है, जिस पर आप आत्मविश्वास से बोल सकते हैं। असली चुनौती यह होती है कि आप स्थिति का सामना करें और तय करें कि दिए गए कम समय में आप क्या कहना चाहते हैं। इसका सबसे अच्छा तरीका यह है कि आप मानसिक रूप से पहले से ऐसी परिस्थितियों के लिए खुद को तैयार रखें। जब आप किसी बैठक में होते हैं, तो खुद से पूछते रहें कि अगर आपको अभी बोलने के लिए कहा जाए, तो आप क्या कहेंगे। उस समय आपके विषय का कौन सा पहलू सबसे उपयुक्त होगा? अभी जो प्रस्ताव दिए जा रहे हैं, उन पर सहमति या असहमति कैसे व्यक्त करेंगे?

इसलिए मैं जो पहली सलाह देता हूँ वह यह है : सभी अवसरों पर बिना सोचे–समझे बोलने के लिए स्वयं को मानसिक रूप से तैयार करें।

इसके लिए आपको सोचने की जरूरत होती है, और सोचने का काम दुनिया में सबसे कठिन होता है। लेकिन मैं निश्चित रूप से कह सकता हूँ कि कोई भी व्यक्ति बिना तैयारी के अच्छा वक्ता नहीं बन सकता, अगर उसने हर सार्वजनिक स्थिति का विश्लेषण करने में घंटों का समय न लगाया हो, जिनमें वह हिस्सा लेता है। जैसे एक विमान चालक किसी आपातकालीन स्थिति में शांत रहकर सटीकता से काम

करने के लिए स्वयं को लगातार उन समस्याओं से रूबरू करता है जो कभी भी आ सकती हैं, वैसे ही बिना तैयारी के अच्छा बोलने वाला व्यक्ति भी अपनी तैयारियों के जरिए खुद को निखारता है। वह कई बार ऐसे भाषण की तैयारी करता है जो उसे कभी देना नहीं पड़ता। ऐसे भाषण वास्तव में 'बिना तैयारी के' नहीं होते; वे आम तैयारी के साथ होते हैं।

क्योंकि आपका विषय पहले से तय होता है, आपकी चुनौती यह होती है कि आप इसे समय और अवसर के अनुसार कैसे व्यवस्थित करें। जब आप बिना तैयारी के बोलते हैं, तो स्वाभाविक रूप से आपको कम समय के लिए बोलना होता है। यह तय करें कि आपके विषय का कौन सा हिस्सा इस स्थिति के लिए सबसे बेहतर है। यह मत कहें कि आप बिना तैयारी के हैं–यह सामान्य बात मानी जाती है। जितनी जल्दी हो सके, अपने विषय पर बात शुरू कर दें, और कृपया, मैं आपसे विनती करता हूँ, इस सलाह का पालन करें।

तीन
तुरंत एक उदाहरण से शुरू करें

क्यों? इसके तीन कारण हैं : (1) आप स्वयं को तुरंत इस परेशानी से बचा लेंगे कि अगला वाक्य क्या होना चाहिए, क्योंकि अपने अनुभवों को बताना आसान होता है, भले ही वह बिना तैयारी की स्थिति हो। (2) आप बोलने की लय में आ जाएंगे, और शुरू की घबराहट दूर हो जाएगी, जिससे आपको अपने विषय पर ध्यान केंद्रित करने का मौका मिलेगा। (3) आप अपने श्रोताओं का ध्यान तुरंत खींच लेंगे। जैसा कि अध्याय सात में बताया गया है, घटनात्मक–उदाहरण से शुरुआत करना ध्यान आकर्षित करने का सबसे असरदार तरीका है।

जब आपका श्रोता आपकी बताई गई कहानी की मानव–संवेदना से जुड़ी बातों में खो जाता है, तो आपको उस समय सबसे अधिक समर्थन मिलता है–खासकर बोलने के पहले कुछ क्षणों में। संचार एक दो–तरफा प्रक्रिया है; जो वक्ता ध्यान खींचता है, उसे तुरंत इसका एहसास हो जाता है। जब वह श्रोताओं की सकारात्मक प्रतिक्रिया को महसूस करता है, जैसे कि एक विद्युत धारा की तरह, उसे और भी बेहतर बोलने की

चुनौती मिलती है। वक्ता और श्रोता के बीच यह जुड़ाव किसी भी सफल बातचीत की कुंजी है–इसके बिना वास्तविक संचार संभव नहीं है। यही कारण है कि मैं आपसे आग्रह करता हूँ कि जब भी आपसे कुछ शब्द कहने को कहा जाए, तो एक उदाहरण से शुरुआत करें।

चार

जोश और उत्साह के साथ बोलें

जैसा कि इस किताब में पहले कई बार कहा गया है, अगर आप ऊर्जा और जोश के साथ बोलते हैं, तो आपकी बाहरी गतिविधि का आपके मानसिक विचारों पर सकारात्मक प्रभाव पड़ेगा। क्या आपने कभी किसी व्यक्ति को बातचीत करते हुए देखा है, जो अचानक इशारों का इस्तेमाल करने लगता है? थोड़ी ही देर में वह धाराप्रवाह, कभी–कभी शानदार तरीके से बोलने लगता है, और उसकी ओर कई उत्सुक श्रोता आकर्षित होते हैं। शारीरिक गतिविधि और दिमाग के बीच गहरा संबंध है। हम हाथों से और दिमाग से काम करने के लिए एक जैसे शब्दों का इस्तेमाल करते हैं; उदाहरण के लिए, हम कहते हैं 'हमने एक विचार को पकड़ा' या 'हम एक सोच को पकड़ने की कोशिश कर रहे हैं।' जब शरीर में ऊर्जा और उत्साह भर जाता है, जैसा कि विलियम जेम्स ने कहा, तो बहुत जल्दी हमारा दिमाग भी तेजी से काम करने लगता है। इसलिए मेरी सलाह यह है कि खुद को पूरी तरह से अपने भाषण में झोंक दें, इससे आप बिना तैयारी के बोलने में सफल हो सकते हैं।

पाँच

यहाँ और अभी के सिद्धांत का प्रयोग करें

ऐसा समय जरूर आएगा जब कोई आपके कंधे पर थपथपाएगा और कहेगा, 'कुछ शब्द कहेंगे?' या यह बिना किसी चेतावनी के भी हो सकता है। आप आराम से बैठे हुए समारोह के संचालक की बातों का आनंद ले रहे होते हैं, और अचानक आपको एहसास होता है कि वह आपके बारे में बात कर रहे हैं। हर कोई आपकी ओर देखने लगता है,

और इससे पहले कि आप समझें, आपकी अगले वक्ता के रूप में घोषणा हो जाती है।

ऐसी स्थिति में आपका दिमाग उलझ सकता है, जैसे कि प्रसिद्ध लेखक स्टीफन लीकॉक का घुड़सवार, जो अपने घोड़े पर सवार हो गया और 'सभी दिशाओं में भाग निकला।' अब, अगर कभी शांत रहने का समय है, तो वह यही है। आप सभापति को संबोधित करते हुए थोड़ा समय ले सकते हैं और खुद को शांत कर सकते हैं। इसके बाद, जो भी बातें आप कहें, उन्हें सभा से संबंधित रखें। श्रोता आपकी बातों और गतिविधियों में दिलचस्पी रखते हैं। इसलिए, बिना तैयारी के भाषण देने के लिए तीन स्रोत होते हैं जिनसे आप विचार ले सकते हैं।

सबसे पहले दर्शक ही हैं। सरल बात कहने के लिए, मैं आपसे आग्रह करता हूँ, इसे याद रखें। अपने श्रोताओं के विषय में बातचीत करें, वे कौन हैं और क्या कर रहे हैं, विशेष रूप से वे समुदाय या मानवता के लिए क्या विशिष्ट प्रदर्शन कर रहे हैं। एक उत्कृष्ट उदाहरण का प्रयोग करें।

दूसरा स्रोत अवसर होता है। आप निश्चित रूप से उस परिस्थिति पर बात कर सकते हैं, जिसने इस बैठक का आयोजन किया। क्या यह कोई सालगिरह है, किसी की प्रशंसा के लिए किया गया कार्यक्रम है, वार्षिक बैठक है, या कोई राजनीतिक या देशभक्ति से जुड़ा अवसर है?

अंत में, अगर आपने ध्यान से सुना है, तो आप यह बता सकते हैं कि आपको किसी अन्य वक्ता की कौन–सी विशेष बात अच्छी लगी और उसे आगे बढ़ा सकते हैं। सबसे सफल बिना तैयारी के भाषण वही होते हैं, जो वास्तव में बिना तैयारी के होते हैं। वे, वे बातें व्यक्त करते हैं जो वक्ता अपने दिल से महसूस करता है, श्रोताओं और अवसर के बारे में। ऐसे भाषण बिल्कुल उस स्थिति के अनुरूप होते हैं, जैसे हाथ में दस्ताना। वे विशेषतौर पर उस अवसर के लिए बनाए गए होते हैं, और केवल उसी अवसर के लिए। यही उनकी सफलता का राज है : वे उसी पल से उत्पन्न होते हैं और फिर जैसे अद्‌भुत खिलने वाले गुलाब की तरह, समय के साथ दृश्य से मिट जाते हैं। लेकिन श्रोताओं को जो आनंद मिलता है, वह बना रहता है, और इससे पहले कि आप समझें, लोग आपको बिना तैयारी का अच्छा वक्ता मानने लगते हैं।

छह
आशुभाषण ना करें–आशुभाषण प्रदान करें

उपरोक्त कथन में निहित एक फर्क है। मात्र इधर–उधर भटकना और असंगतता के कमज़ोर धागे पर अलग–अलग चीजों की एक शृंखला को एक साथ बाँधना पर्याप्त नहीं है। आपको अपने विचारों को तार्किक रूप से एक केंद्रीय विचार के इर्द–गिर्द समूहीकृत रखना चाहिए, जो संभवतः वह बिंदु हो सकता है जिसे आप व्यक्त करना चाहते हैं। आपके उदाहरण इस केंद्रीय विचार के अनुरूप होंगे एवं पुनः, यदि आप उत्साह के साथ बोलते हैं, तो आप पाएँगे कि आप बिना सोचे–विचारे जो कहते हैं उसमें एक जीवंतता और शक्ति है जो आपकी तैयार की गई बातचीत में नहीं है।

यदि आप इस अध्याय में दिए गए कुछ सुझावों को ध्यान में रखते हैं तो आप एक सक्षम तात्कालिक वक्ता बन सकते हैं। आप इस अध्याय के आरंभिक भाग में बताई गई कक्षा विधियों के अनुसार अभ्यास कर सकते हैं।

किसी सभा में आप थोड़ी प्रारंभिक योजना बना सकते हैं और यह ध्यान में रख सकते हैं कि किसी भी समय आपको बोलने के लिए बुलाया जा सकता है। यदि आपको लगता है कि आपसे अपनी प्रतिक्रिया या सुझाव देने के लिए कहा जा सकता है, तो अन्य वक्ताओं को ध्यान से सुनें। अपनी बातों को कुछ शब्दों में संक्षेपित करने की कोशिश करें। जब आपका समय आए, तो जो भी आपके मन में है, उसे जितना हो सके सीधे और सरल रूप में कहें। आपकी राय माँगी गई है, उसे संक्षेप में बताएँ और बैठ जाएँ।

नॉर्मन बेल गेडेस, जो एक वास्तुकार और औद्योगिक डिजाइनर थे, कहा करते थे कि वे अपने विचारों को शब्दों में नहीं रख सकते थे जब तक वे खड़े न हों। अपने ऑफिस में टहलते हुए, जब वे अपने सहयोगियों से भवन या प्रदर्शनी के जटिल योजनाओं के बारे में बात करते थे, तब वे सबसे अच्छा प्रदर्शन करते थे। उन्हें बैठकर बोलना सीखना पड़ा, और निश्चित रूप से उन्होंने यह सीख लिया।

हम में से अधिकतर लोगों के लिए स्थिति उल्टी होती है; हमें खड़े होकर बोलना सीखना पड़ता है, और निश्चित रूप से हम यह कर

सकते हैं। मुख्य रहस्य इसमें है कि शुरुआत करें–पहला छोटा भाषण दें–और फिर दूसरी शुरुआत करें, और फिर तीसरी, और इसी तरह आगे बढ़ते रहें।

हम पाएंगे कि हर अगला भाषण पहले से आसान होता जाएगा। हर बार हमारा भाषण पिछले से बेहतर होगा। अंत में हमें यह समझ में आएगा कि बिना तैयारी के किसी समूह से बात करना उसी का विस्तार है जो हम अपने लिविंग रूम में दोस्तों से बिना तैयारी के बातचीत करते समय करते हैं।

एक अच्छा तात्कालिक भाषण तैयार करने में मुझे सामान्यतः तीन सप्ताहों से अधिक का समय लगता है।

–मार्क ट्वेन

~

लोगों के साथ व्यवहार करते समय, याद रखें कि आप तर्क के प्राणियों के साथ नहीं, बल्कि भावनाओं के प्राणियों के साथ व्यवहार कर रहे हैं।

–डेल कारनेगी